见胜不过众人之所知，非善之善者也；战胜而天下曰善，非善之善者也；百战百胜，非善之善者也；不战而屈人之兵，亦非善之善者也。

既不战，亦不屈人之兵，然尽得屈人之兵之利，善之善者也。

——汪 涛

Beyond War

----- Mathematical Principles of War and Peace

超越战争论

——战争与和平的数学原理

汪 涛 著

人民东方出版传媒

东方出版社

目录

序言　战争理论——从艺术到科学＿001

第一章　战争能被精确预测吗？

　　第一节　战争理论只有数学化才能算科学＿003
　　第二节　基本概念＿005
　　第三节　战争的循环因果＿014
　　第四节　逼近真实的战争——击毁效率可变＿023

第二章　战争的精确评估

　　第一节　战争维：让战争的研究精确化＿029
　　第二节　评估武器的单项技术指标＿033
　　第三节　评估武器的综合性指标＿042

第三章　战争艺术的精确量化

　　第一节　提升战争获胜能力的途径＿049
　　第二节　突袭＿054
　　第三节　应对突袭的一般方法＿061
　　第四节　其他获取战争胜利的方法＿063

第五节 战术的最高境界——0 伤亡及其类型＿065

第六节 战争维包含型 0 伤亡的绝对优势＿070

第七节 0 伤亡时间＿072

第八节 战略纵深＿074

第九节 追求最杰出的战争成就＿076

第十节 预备队＿079

第四章 0 伤亡与战争维分割

第一节 坎尼会战的数学分析＿085

第二节 马拉松战役＿092

第三节 再论战争维分割＿096

第五章 势均力敌的消耗战

第一节 博罗季诺会战＿101

第二节 控制军队战损崩溃点的重要性＿102

第三节 该投入皇家近卫军吗？＿104

第四节 大国是不可战胜的＿110

第五节 不打无胜利条件战役的重要性＿111

第六节 分割＿113

第六章 如何成为战神？

第一节 淮海战役是以少胜多吗？＿117

第二节 孟良崮战役＿119

第三节 孟良崮战役真的存在反包围险情吗？＿121

第四节 孟良崮战役的战争维分割＿125

第五节 国民党军队潜在的正确应对方法＿127

第六节 战争维与战场＿130

第七节 永恒的战争循环因果序列＿133

第七章　作为特殊投资手段的战争

第一节　战争与和平＿ 137

第二节　战争哲学的基本逻辑＿ 140

第三节　战争成本与战争成就＿ 142

第四节　不同战争成就的价值分析＿ 149

第八章　战争成本与收益分析

第一节　效费比与安费比＿ 157

第二节　武器系统的成本分析＿ 159

第三节　增强防御能力的成本分析＿ 164

第四节　寓军于民＿ 167

第五节　附带战争成就扩大化引起的后果＿ 171

第六节　转移政治收益＿ 174

第七节　适合采用战争手段的绝对条件与相对条件＿ 176

第九章　人的要素对战争的影响

第一节　影响战争结束的要素＿ 181

第二节　人的要素对战争的影响＿ 183

第三节　影响战争意志强弱的因素＿ 186

第四节　抗美援朝为什么选彭德怀为主帅？＿ 188

第五节　模型评估结果＿ 193

第六节　对战争的理性自知＿ 201

第七节　知战＿ 207

第十章　战策循环因果序列

第一节　战争从哲学角度看的本质与基本概念＿ 211

第二节　战策循环因果序列＿ 223

第三节　为什么以往的军事理论会对战役的胜负给予过高评价？＿232

第四节　参战者规模对战争的影响＿234

第十一章　战争能力的恢复与消耗

第一节　恢复能力对战争的影响＿239

第二节　近程恢复——修复与转化＿241

第三节　远程恢复方式＿249

第四节　以恢复观点设计的亿吨级"航母"＿253

第五节　消耗＿265

第十二章　战争结束的层次

第一节　忽视结束的传统战争理论＿275

第二节　战争结束的五个层次＿276

第三节　实际停战＿277

第四节　停战合法化＿278

第五节　关系正常化＿279

第六节　战争遗留隐患解除＿280

第七节　完全结束＿281

第十三章　善战者不仅要赢，而且要赢得最高的利润

第一节　战争没有胜负只有互相的消耗＿285

第二节　美国南北战争消耗分析＿286

第三节　第二次世界大战中的恢复与消耗＿293

第四节　惨烈的苏德战争＿300

第十四章　科学地总结战争历史

第一节　战争意志＿317

第二节　如何看待军事能力__ 323

第三节　避免简单的内部相互指责__ 325

第四节　战争的心理准备__ 327

第五节　从日本角度应得到的教训__ 330

第六节　日本几场相关战争的趋势分析__ 331

第十五章　战争可获利的条件与反恐战争

第一节　战争利益性条件分析__ 337

第二节　对战争正义性如何理解？__ 348

第三节　　反恐战争__ 352

第四节　低烈度战争培育高烈度恐怖__ 356

第十六章　和平之路

第一节　谁打赢了？__ 361

第二节　中立国__ 366

第三节　只有核武器才能毁灭世界吗？__ 368

第四节　现代战争旁观者胜__ 370

目录

序 言

战争理论——从艺术到科学

战争艺术

战争在过去是一个充满迷雾的研究领域。一方面，战争的直接测量数据因保密原因存在大量空白，甚至因军事的战略和战术欺骗、鼓舞士气而存在大量的错误和误导；另一方面，即使能够获得全面和真实的战史资料和数据，也因为缺乏合适的数学及逻辑模型而难以对它们进行系统的科学总结和研究。但本书通过全新的科学工具，完备地获得了可以准确描述战争过程的真实因果规律，从而将笼罩在战争问题上的迷雾彻底吹散，将一切战争的谜底清晰地展现在人们面前。

一切科学都具有两个方面的基本方法：以数学和逻辑为基础的科学理论与以测量为基础的研究对象信息获取。在《战争艺术概论》一书中，瑞士军事理论家 A.H. 若米尼认为唯一合理的战争理论就是以研究战争史为基础的理论。战争史是获取战争研究对象信息的最合理测量渠道。利用数学工具来研究战争一直是战争理论研究者们追求的目标。在 A.H. 若米尼的军事理论研究中就大量引入了几何学的数学工具，作战线理论是应用几何学非常成功的范例。但即使如此，过去依然难以对战争获得完全科学的研究规范，其原因在于以往的数学和理论工具，无论是几何学、统计学还是牛顿力学的体系结构不能完全适用于描述战争。在缺乏完备适用理论模型的情况下，显然不可能得到完善的研究结果。因此，尽管若米尼对几何学的酷爱揭示了大量战争的精确规律，但如果仅仅以这些原则为基础直接得出结论却很可能是错误的，或不完善的。例如，他认为进攻远远优于防御，这样的观点使他受到克劳塞维茨等人的批评。直到今天，军事理论依然是一种技术与艺术的结合体。其实，若米尼的著作本身书名就是"战争艺术"，而不是"战争科学"。

在这些古典军事理论之后发展的大量军事理论更大程度上只是一种与特定武器技术历史条件下的战争经验总结，而很难想象建立一种可以超脱于特定武器技术的、具有永久普适性的军事科学体系。马汉的《海军战略》、杜黑的《制空权》、H. 古德里安的《坦克——前进！》等等，以及冷兵器、热兵器、机械化兵器、空军武器、海军武器、信息化兵器、热核兵器、太空武器等概念尤其显示了与特定武器技术紧密相连的军事理论。另外，很多的军事理论往往只是研究战争的某一个方面，如后勤战、破交战、协同作战、战争史等。

兰彻斯特定律及其缺陷

在战争研究的科学化过程中，兰彻斯特定律是一个非常重要的里程碑。从 1914 年开始，英国工程师 F.W. 兰彻斯特在《工程》杂志上发表了一系列文章，提出了交战中的数量法则：远距离交战的时候，任一方实力与本身数量成正比，即兰彻斯特线性律。在近距离交战的时候，任一方实力与本身数量的平方成正比，即兰彻斯特平方律。尤其是其平方律最为受人关注，它意味着武器装备的劣势，可以通过数量的优势得到很好的弥补。如果武器装备的毁伤效率只有敌方的 1/4，只要数量高于敌方 1 倍，就可以拉平武器装备的劣势，因为 2 的平方为 4。

平方律的证明是通过如下微分方程来实现的：

$$\frac{dn(t)}{dt} = -\alpha m\,(t)$$

$$\frac{dm(t)}{dt} = -\beta n\,(t)$$

式中：t 表示战斗时刻。$m(t)$，$n(t)$ 分别表示战斗中 t 时刻蓝方、红方在战斗中生存下来的战斗单位数量。α、β 分别表示蓝方、红方在单位时间内每一战斗单位杀伤对方战斗单位的比例。

假设蓝红双方战斗力相等时，会有如下关系：

$$\left(\frac{dn(t)}{dt}\right) / n\,(t) = \left(\frac{dm(t)}{dt}\right) / m\,(t)$$

即：

$$-\alpha m（t）／n（t）= -\beta n（t）／m（t）$$

$$\alpha／\beta =（n(t)／m(t)）^2$$

以上关系就是平方律。

在特定假设下，还可以推导出更多的结论。如，以上微分方程还可以做如下推导：

$$\frac{dn(t)}{dm(t)} = \frac{\alpha m(t)}{\beta n(t)}$$

$$\alpha（m_0^2 - m(t)^2）= \beta（n_0^2 - n(t)^2）$$

假设最终 $n（t）$ 首先为零，即蓝方将红方全歼，则有最终蓝方剩余战斗单位数量为：

$$m（t）= \sqrt{m_0^2 - \frac{\beta}{\alpha} n_0^2}$$

在兰彻斯特研究的基础上，B.O.库普曼等将双方作战单位数量作为随机变量，并运用马尔可夫过程来描述交战过程中出现的毁伤情况，从而得出随机型兰彻斯特方程。S.J.梯曲曼等从平方律、第二线性律的微分方程组中各取一式，以描述游击战中正规军与游击队毁伤的情况，并由此得出"混合律"。S.邦德等研究了兰彻斯特方程中毁伤率系数与敌对双方的射击状态、武器战术技术性能参数间的关系，从而建立了描述合成军交战并包含部队增援与非战斗毁伤等方面的广义兰彻斯特方程组。H.K.威斯等将战术决策者所采用的策略作为决策参数纳入兰彻斯特方程，并运用最优化理论研究了"最佳战术决策"等方面的问题。J.H.恩格尔等运用历史上一些著名战斗（美军二战中攻占硫磺岛战役等）中双方伤亡的数据对兰彻斯特定律进行了验证。兰彻斯特定律还在运筹学、企业营销等领域获得很多研究和应用。

但是，以上研究都是继承了兰彻斯特的微分方程基本数学框架，这一数学框架存在如下缺陷：

（1）对双方杀伤效率需要有相对理想的假设，否则其数学模型研究起来会非常困难。

（2）即使在相当理想假设的前提下，一般也很难直接求出$m(t)$，$n(t)$的数学解析式。因此，对于实际$m(t)$，$n(t)$的计算通常还是依赖于编程的计算机数值计算，这样每改变一种假设和条件往往要重新编程，分析效率较低。

（3）实际交战过程中，杀伤效率α、β很可能不是常量，而是呈现可变的、可用$\alpha(t)$、$\beta(t)$表达的变量。一旦如此，兰彻斯特微分方程将更难求解。

（4）科学并不仅仅是数学模型，而必须是数学模型与测量紧密的结合。对于战争和军事来说，还需要与有效的战略战术相结合。以战史和战略战术为研究传统的军事家，往往对将战争过程变成一个确定的数学模型感到迷惑和不解。战争过程的艺术性正是表现为通过战略战术的运用改变双方的杀伤效率，以及通过军事调动改变双方参战的军队数量，但兰彻斯特模型研究传统很难体现出这些。因为进行这种数学模型的研究往往需要较深的数学功底，因此常常是数学专业的学者们喜爱单纯的兰彻斯特模型研究，而战史研究和战略战术研究的学者们又很可能对数学模型望而生畏。因此战争和军事研究的科学化需要数学模型、战史、战略战术、武器装备甚至后面会谈到的经济学等知识紧密结合才能获得最有效的结果。

（5）出现线性律和平方律两个不同的规律和模型，影响了理论统一性。而本书将给出单一的数学模型，并在完全统一的公理基础上推导出所有不同类型的战争规律。

（6）没有充分考虑敌方资源转化因素，而这一因素正是毛泽东军事思想体系非常突出和重要的方面。通过历史上空前的优待俘虏政策和统一战线策略，毛泽东领导的共产党军队不仅在物资上"因粮于敌"，将对手变成自己战争资源的"运输大队长"，而且通过大量转化敌方的士兵资源，使自己的力量在战争中迅速增长。

（7）S.J.梯曲曼对游击战的假设（伤亡率与自身作战单位数量成正比）

与真正的游击战本质相去甚远。游击战的本质绝非简单的"游击队参加的战斗",更不是伤亡率与自身数量成正比,而是在敌强我弱条件下以突袭型作战实现的"使强大敌方击毁效率趋零化"。一切突袭都具有使敌方击毁效率趋零化的特征,但游击战的不同之处在于:一般的突袭只能在整场战争初期保持这种状态有限的时间,当敌方从遭受突袭中清醒过来后,交战就会越来越转入常规的互相消耗型战斗。但游击战是一旦从突袭状态将要转入常规互消耗状态时,进行游击战的一方就会迅速撤出战斗,而完全不管实际达成的战果是什么,都要坚决避免陷入常规消耗型的战斗。因此,游击战的精确本质是"无必须达成战果目标的全过程突袭型0伤亡作战"。这个定义其实还只是对游击战交战模式的定义,就更广泛的意义上说,游击战还包含了"以非战斗方式消耗敌方"的运动战等模式。游击战远远超越了传统军事理论的范畴,但它们却都很好地体现了本书所描述战争手段的本质——消耗敌人,保存和壮大自己。传统军事理论仅仅把交战,甚至主力会战看作是消耗敌人的真正模式,但事实上它包含了交战、敌方资源转化、对敌方的疲惫、诱导敌方的自然损耗等众多手段。很多战争历史事实表明,敌方的非战斗损耗(疾病、饥饿、酷寒、炎热、事故、过于远途和恶劣环境下的运输和奔跑、为避免落入敌手而自我毁灭等),甚至远远大于交战中的直接物资和人员损耗。

(8)战争本质上是战争各方互相消耗的循环因果过程,它必须采用循环因果律才能进行精确的描述。

本书采用循环因果律基础上的离散循环因果序列数学工具,完全突破了兰彻斯特研究体系以微分方程或马尔科夫链为基础的研究框架,从而完全克服了以上缺陷。

在本书作者另一本书(参见汪涛:《生态社会人口论》,人民出版社,2015 年 6 月)的附录中,作者详细讨论了循环因果律,这一基本逻辑规律具有非常广泛的应用前景。《生态社会人口论》一书讨论了这一规律在生物进化、人类进化和人口领域的应用,本书将展示这一规律应用于战争过程将带来的根本理论变化。

战争理论科学化

本书通过建立"战争循环因果序列"和"战策循环因果序列",重新分析、计算和解释了历史上的大量实际战例。以此为基础,有效推导出了"兰彻斯特定律"等以往战争规律研究中归纳的量化规律,以及诸如《孙子兵法》、若米尼的《战争艺术概论》、克劳塞维茨的《战争论》、毛泽东《集中优势兵力各个歼灭敌人》、杜黑的《制空权》、马汉的《海军战略》等战争经典名著中量化的正确用兵原则。不仅如此,作者以全新数学框架为基础,更进一步推导出了"交换比定理""存量比定理",以及远比兰彻斯特定律更为一般化的"战策定理"等战争最基本的数学规律。这个研究框架不仅可以适应作战单位的任何变化,而且可以很容易适用于毁伤效率在战争过程中任意变化的情况。

这些数学规律本身都是超越于具体武器技术的。它们获得了对战争过程空前精确和系统的理解,并使在过去相当大程度上只是作为艺术、技术和哲学来看待的战争,真正变成与物理学相同的科学。因此,本书既是循环因果律在战争和军事领域的理论应用,也是反过来以战争和军事领域的研究证明循环因果律强大的普遍适用能力。

如果说兰彻斯特定律等是战争领域的开普勒三定律,本书建立的就是关于战争的牛顿经典力学体系。牛顿力学是第一个完善的近代科学体系,她用最精简的三大定律加上万有引力定律,即可解释宇宙间万事万物的一切运动规律并且要求不能出现任何例外。正因为如此严格要求,才在其基础上发展出相对论和量子力学。本书建立的战争理论用最精简的三个数学框架:"战争循环因果序列""战策循环因果序列""战争的成本和收益分析",即可有效解释一切战争的规律,并且不容许有任何例外存在(有些类似于科学哲学家波普尔所说的"可证伪"要求,但并不完全等同)。战争循环因果序列甚至还可看作是战策循环因果序列在恢复量全都为 0 情况下的特例。

如果只是简单地运用兰彻斯特定律,或其他传统军事理论中的原则,都很容易发现存在大量反例，这是传统战争理论，以及更广范围来看的社会科学中常遇到的情况。这样的不能有效解决反例的理论难以成为真正的科学。如果发现反例，必须予以合理的解决，而不是满足于"社会科学的理论能符合70%–80%以上的情况就不错了"的传统认知。

作者在研究如何从理论上有效解释粟裕所指挥的孟良崮战役等战例过程中，建立了"战争维"的概念。这一概念补充了以往过于粗糙的"战场"和"战区"概念，有效地消解了经验型的兰彻斯特定律，以及各种传统军事理论规律存在的大量反例。

传统的军事理论可以告诉人们：胜利之神永远垂青于实力更强大的一方，但他们不能最精确地说出什么叫"实力更强大"的一方。本书可以精确地告诉人们，胜利永远属于"处于战争维中战斗单位数量的平方乘以击毁效率"数值更大的一方。

孟良崮战役，国民党为什么会失败？中心开花战略为什么根本不可能成功？国民党军队可能存在的最有效战略战术是什么？直到今天，台湾的军事将领们对这些问题都还没搞清楚，甚至今天的大陆军事理论家们对这场战役粟裕为什么会成功也不是完全清楚，因为没有战争维概念，这些问题是根本不可能真正从理论上解释清楚的。

通过"战争维""0伤亡作战"、以"崩溃点战损率"精确描述的"战争意志"等边界条件的引入，消解了所有发现的"反例"，并且使所有反例，全都变成了更加有效地验证本书提出战争理论的有力证据，战争史上大量战例中的疑难问题就都可以迎刃而解了。而这些新引入的概念，并非独立存在，而是全都可以逻辑地归入到战争循环因果序列和战策循环因果序列的边界条件或特定数值假设中去。

本书利用全新的理论和工具对大量历史上的战例进行了重新的分析，从中得出全新的结论。它们不仅令人耳目一新，而且全是通过数学计算后得出的结论，因此结论极为清晰明了。其每个结论不仅是用于解释特定的战例，而且都对历史上的大量同类战例用相同的结论去进行相同的解释，从而达到真正科学的程度。而过去单纯"就史论史"的解说，可以得出几乎无数的解释，似乎各个不同解释全都有理，却都无法令人真正信服。因为同样的道理用到另一个战例后，就会发现事情不是那么一回事了。甚至同一个战例，从不同参战者角度来看，用相同的结论也无法去解释同类的史实。传统对战争研究的结论遇到每一个战例，就给出一堆不同的特定解释，到另一个战例，更是另外一堆特定的解释。但本书所得的一切结论，都要求是在所有同类战例情况下，解释应当是完全一样的。能做到这一点，其科学化的程度可以说是空前的。

战争经济学与毛泽东军事思想

本书另一个重大的理论基础是将经济学原则全面引入战争研究。克劳塞维茨的一个经典观点是："战争无非是政治通过另一种手段的继续。"战争本身只是一种实现政治目的的手段和工具。那么，从经济学角度来看，战争工具本身主要只是体现为一种消耗与"投资"，也就是成本。要使这些成本体现出效益，就需要经济学原则来评估一切战争行为，即投入产出比最大化和利润最大化原则来比较不同战争工具实现政治目的优劣差异。克劳塞维茨在《战争论》一书中大量体现了经济学的思想，在书中很多地方都可以看到"只有这些才是可以计入账本的成果"等表述。但克劳塞维茨并没有把这一经济学原则明确地提出，并把它作为基本的原则。将"政治"作为战争的目的也很容易因为政治本身的含混不清而失去方向。因为战争是一种相当充分体现军人意志、英勇、胜利等精神价值的活动，这很容易使某些战争参与者忘掉战争手段的最终目的是什么。一旦脱离这一点，就会导致为战争而战争的"乐兵者亡，利胜者辱"。经济学原则的引入，将可以使对战争终极目的研究获得精确的科学工具。

毛泽东的军事思想的确在战争史上空前地达到了普遍最优的状态。但直到目前为止，即使是在产生这一军事思想的中国，对其进行的理论总结依然仅仅局限于经验性规律的层次。本书所提出的战争理论，充分证明了毛泽东的军事思想是如何在各个方面都充分地体现出投入产出比最大化和利润总额最大化原则，从而在各个方面都实现了最优的军事战略策略。这一最优策略绝非仅仅适用于陆战，而是可以普遍适用于一切战争类型和战争过程。因此，本书可认为是对毛泽东军事思想的系统数学化和公理化。

获得和平的完备判决式和条件

既然战争只是一种工具而不是目的，就必须在超越战争手段的更广层面上对各种可以实现目的的手段进行对比分析。各种和平方式同样是实现目的潜在的工具和手段，当和平方式实现的投入产出比与利润额高于战争手段时，就没有理由采用战争方式。仅仅热爱和平是没有意义的，如果不能找到实现和平的科学条件，当这一条件客观上不能满足时，战争方式就难以避免。

令人欣慰的是，在这一基础上，我们将找到获得和平的完备判决公式和条件。因此，本书是人类历史上第一个以追求将和平方式变成普遍手段解决问题为目的而对战争问题进行的研究努力，但它所获得的却是使人们对神秘的战争过程，比一般专业的战争研究更加一览无余的精确和系统，从而纠正了过去大量错误的战争观念和对很多战例的错误理解。

本书所引用的资料来源极为广泛。网络是资料来源的主要渠道，也是我研究的主要方法。网络的突出优势是知识间的相关链接性和信息的广泛性，它是一个发现知识信息资料相互关系和索引的极佳工具。例如，当搜索"马关条约"时，百度百科的相应条目里会出现"三国干涉还辽"条目，并且只要简单点击就可以进入相应的条目。虽然这些条目中具体信息未必准确，但它可以很方便地使对相应历史事件中间的各个脉络不是很清楚的人，可以快速地对相应研究对象有全面系统的"知晓"。如果没有网络，我们可能根本就不知道很多知识和信息的存在。我所经常使用的网络工具有百度、GOOGLE、360搜索、维基百科、微软的必应等，这些都是免费信息的获取渠道。另外，微信公众号、博客、军事网站、网络论坛、电视中的军事节目等都是我获得相应信息的来源。

但网络上的资料存在的一个很大的问题是其数据的准确性。这需要对搜索到的信息进行准确性的校正。一般来说，纯粹战争历史事实的资料被人为修改的可能性相对较低，如战役名称、时间、事件名称、人物、武器型号等。而对人物评价性的数据则相对较容易被人修改，例如双方在战役中伤亡的数字等。这些数据本身甚至都容易受到双方当事者人为的修改。在网络数据准确性校正上采取的方法是进行多个不同信息来源的比对，另外以中国国防部网站（http：//www.mod.gov.cn/）等权威网站资料进行较高信息准确级别的验证。收费的 CNKI 中国知网（http：//www.cnki.net/）是获取正式期刊信息的主要渠道。战争研究网站（http：//warstudy.com/index.html）有大量经典战争理论和战争史书籍资料的免费电子版可供参考。除著名的冯·克劳塞维茨《战争论》等名篇，还可找到很多史料的书籍如美国 T.N. 杜普伊所著的《战略之父汉尼拔的军事生涯》。我在一些数据提取上并非只是引用单一来源数据，而大多综合了多个来源数据。例如，第九章中为清楚表明抗美援朝战争中志愿军使用武器的情况，引用了文登里战役的案例。中国国防部网站资料中并未说明志愿军各种反坦克武器的型号，如只是提到 76.2 毫米加农炮，我是综合多个信息来源确认该武器型号为苏制 ZIS–3 型 76.2 毫米加农炮。

如果没有网络手段的帮助，作为一个非军事专业的研究者是不可能极为高效率地完成如此庞大和系统研究工作的，尽管本书的写作过程严格说经历了 20 多年的漫长岁月。另外，为保证一些关键数据的准确性，也采用了较多学院派的作者的专著，如徐焰将军所著的《铁血苏德》（辽宁人民出版社，2014 年 1 月）等。

在此，也感谢在这个过程中始终给予我支持的我的太太陈雯。她不仅为此牺牲了很多作为家人应得的时间，而且为我的写作资料进行了很多的整理。

战争能被精确预测吗？

战争理论只有数学化才能算科学

与其说战争是政治以另一种方式的继续，不如更准确地说战争是利益以市场之外的另一种方式的继续，而市场，不过是一种不流血的战争。因此，我们在今天更多见到"石油战争""金融战争""货币战争"的概念。战争只是一种实现利益的手段，只不过这种手段采用的是特殊的暴力形式。以和平的市场投资手段获得利益现在已经可以有相对精确的计算，而对以战争投资手段产生的结果，以及它能够获得多少利益的计算还远不能达到这种程度。

传统军事理论认为，战争的规律是军事艺术和武器技术的结合。一场战争或战役会是什么结果，是双方英勇的士兵与指挥员的博弈。如果它的结果在进行战争之前就已经可以被双方确知，那么大多数战争可能就不会发生了。因此，绝大多数观点认为对战争的规律研究不可能达到精确的程度。无论早期西方战争理论家若米尼还是克劳塞维茨等，以及近代相当多的军事家都这么认为。

但是，任何研究对象，如果不能以精确的数学进行研究，它就不可能成为科学。战争这个研究对象同样如此。

关于战争，有两个根本性的问题：一是发生或发起战争的原因——即为什么要进行战争？这属于战争的目的问题；二是战争开始后，其本身的运行规律是什么？这属于战争的艺术或技术问题。事实上，这两个问题都可以进行精确的分析和研究。要对战争的原因进行精确的数学分析，需要对战争开始后其本身规律做精确的分析。

无论对战争最终目的如何理解，一般来说，如果战争打不赢的话，一切战争目的都不可能实现。只有战争最终获胜，才有可能谈到从中获得什么益处。但仅仅是战争获得胜利，并不意味着一定可以从中得到益处，或者只是获得表面的战争政治利益，也可能因此埋下长久的祸患。如普遍认为第一次世界大战胜利后盟国对德国的条约过于苛刻，成为后来第二次世界大战发生的重要原因之一。因此，战争本身的胜负并不完全等同于以战争为手段获取的政治或经济利益的大小。

更重要的是，有关战争哲学和艺术，这两个问题精确分析的数学方法有非常大的区别。战争胜利之后，如何从中获取相应的利益，其精确数学分析方法，总体上可归入常规的经济学投入产出比分析，虽然它们之间还是有重要的区别。而战争本身的规律则远非常规方法可以涵盖，它必须用到循环因果分析。

可以说，战争的两个根本性的问题，体现为战争的外在目的和内在目的（或目标）两个方面。战争本身并不是终极目的，它只是一个手段，这个手段所要达成的终极目的就是它的外在目的。而作为战争本身的运行，一切战争行为都要首先达成其内在目的或目标。克劳塞维茨对这两个目的都有深刻的分析，尤其对战争外在目的："战争是政治以另一种方式的继续"的论断广为人知。但事实上，更准确地说，战争的外在目的是为达成一定的政治和经济等目标，并非仅仅以"政治目的"能够概括。相比之下，克劳塞维茨对战争内在目的的描述更为准确：战争的目的是消灭敌人的军队，或使其失去继续作战的能力。

战争是一种特殊的投资行为。它的最终目的无非是想获得战争投资的政治和经济利益。只有获得战争胜利之后，才能计算战争的投入产出和利润是否划算。战败几乎意味着毁掉一切，甚至亡国，能够存活下来都只能算侥幸，更谈不上获得任何政治和经济利益了。因此，对战争本身规律的精确分析，对应的是战争的经济可行性和成本，它从根本上决定了战争是否能成为政治和经济利益有效投资手段。

通过离散循环因果序列方法，我们将把一切战争过程的精确结果，清晰地展示在世人面前。

第二节

基本概念

一切战争都是战争双方相互作用的循环因果过程。因此，它是典型的适合用循环因果分析方法来进行分析的对象。为对战争规律进行离散循环因果序列分析，我们先进行一些定义。

1. 战斗单位

是指战争中双方进行交战的最小单位。如一个士兵、一辆坦克、一架战斗机、一艘潜艇、一艘军舰，甚至一艘航母等。一个单一的战斗单位的基本性质是：

相对于特定敌方目标，在一定客观条件下，它具有一定的毁伤能力和毁伤效率。

一旦这个战斗单位在战争中被完全消灭，或被敌方俘虏、缴获，它所具有的毁伤能力就会完全消失，甚至转变成敌方的战斗单位。

2. 战斗单位数量

具有相同的毁伤能力和相同的技术特性的战斗单位统计。事实上，对于士兵来说，因为个人体力和能力的差异，他们很难具有完全相同的作战能力。以相同技术制造的武器系统，其技术能力水平趋同性会更高。但就算具有相同作战能力的战斗单位，在敌方表现不同的情况下，其准确的毁伤能力也会体现出差异性。虽然有这些困难，在一场战争中，如果以统计平均来看，假设"相对趋同的战斗单位具有相同的毁伤能力"，其带来的误差是可接受的，这样做将会极大地方便计算。

3. 击毁

通过战争行动使敌方战斗单位军事能力彻底失能，甚至使其本身完全毁灭。需要注意的是，击毁并不一定是指将对方战斗单位本身完全消灭，而是使其作战能力完全丧失。在军事上，实现击毁可以有多种形式：

（1）士兵在战斗中战死。

（2）武器系统在战斗中完全毁坏。

（3）士兵因战斗中负伤不治身亡。

（4）士兵被俘。

（5）武器被缴获。

（6）士兵成为逃兵离开部队。

（7）士兵失踪（成为逃兵、无法统计到的死亡或虽然还存活但无法联系到的与部队失散人员）。这个不是独立的一个类别，只是从军事统计上将不能被统计到的人员统一列入。

（8）撤退中自己摧毁的武器装备。

（9）士兵因疾病、事故等死亡。

（10）武器因故障或事故等丧失作战能力。

（11）其他，因违反军法被处决、意外受到野生动物攻击死亡等。

以上种种原因中，只有（1）至（7）是确切的因直接战斗原因而导致的作战能力丧失。（8）虽是自己摧毁，但也是因敌方作战行动的战争原因造成。（9）到（11）并非直接原因，但也可能有一定关系。如疾病也可能是因军事行动带来的恶劣环境等导致。尽管原因多种多样，但最终结果是一样的，也就是战斗单位完全丧失了作战能力。只是某些丧失有可能是永久性的，而有些丧失的能力有可能在未来得到恢复。如暂时失散的人员以后有可能归队，或被俘的士兵以后也可能逃回等。为了后续分析的简便，我们暂时把一切无法恢复的战斗单位能力的丧失都考虑为被"击毁"。例如，如果对方因投降等完全失去作战意志，由此带来战斗能力的完全丧失，我们也把它称为"击毁"。这是击毁了敌方继续战斗的意志或意愿，从而完全丧失继续作战的能力。

如果敌方战斗单位因受伤而退出战斗，尽管它在被修复后也可以恢复战斗能力，但仅仅相对于该次战争范围来说，也属于被"击毁"了。对于击毁的定义，可以借用克劳塞维茨《战争论》中对战争目的的观点：消灭敌人的军队，或使其失去继续作战的能力。[①]

如果我们仅仅考虑一场战斗，这种"继续作战的能力"的丧失可以只限于这一场战斗。那么很可能存在这种情况：某个士兵在一场战斗中因伤退出了战斗，相对于这场战斗来说，其继续作战的能力已经完全丧失了。但不排除这个士兵并没有死亡，而在治疗之后恢复了继续作战的能力，并参加了后来另外的一场战斗。就前述的战斗来说，这个士兵与死亡的士兵在"继续作战的能力为零"这一点上是完全相同的。毫无疑问，它们也有本质的区别，但这个区别只是体现在后续恢复作战能力上，而不是体现在所讨论的前述战斗上。如果战斗单位是一辆坦克或无人机，也是类似的。此处涉及到的继续作战能力完全丧失的"负伤"，与我们下面要讨论的负伤是有本质区别的。

因此，击毁也可以从被击毁一方的击毁能力来判断。即使敌方击毁效率和击伤效率（所有作战能力）都降低为 0。如果被击毁的战斗单位是士兵，也称"击毙"。

直接击毁与间接击毁

当人们在讨论战争能力的时候，一般倾向于研究战斗单位直接击毁能力。但事实上，在战争中最关键的问题是敌方战斗单位的实际损失，而这种损失往往并不一定是由武器的直接打击造成，而是由于战争行动导致的疲劳、混乱、疾病、遭遇自然灾害等造成。大量自然的或人造的东西具有的杀伤能力可能远远大于专门为军事目的开发的武器。

例如，大型民航客机因携带巨量的燃油，本身就会成为重磅的燃烧

---

① 参见［德］克劳塞维茨著，张蕾芳译：《战争论》，第一篇，第二章"战争中的目的和手段"，译林出版社，2012年6月。

弹。9·11 恐怖袭击就是把大型民航客机当作武器来使用导致的重大杀伤。

第二次世界大战中由李梅领导的东京大轰炸，利用燃烧弹引燃东京大量木质房屋产生的破坏力，远远超过直接投放的燃烧弹本身。

英国用专门改装的兰开斯特轰炸机炸毁德国鲁尔水坝，淹没了几乎整个鲁尔工业区，产生了远比大批量轰炸机攻击更大的破坏。

水攻、火攻是历史很悠久的间接击毁手段。这些间接击毁手段虽然不是武器直接打击造成，但有可能产生远远比武器打击能量大得多的破坏力。间接击毁所引发的破坏能量往往又出乎敌方意料之外，因此间接击毁更多体现出战争手段艺术性的方面。尤其在武器装备不如对手情况下，充分采用间接击毁方式会起到有效改变力量对比的作用，从而达到日月星辰、山川草木皆可为兵的境界。

水坝、大型燃料仓库、茂密的草丛或树林、成片的木质结构建筑、易燃易爆物品仓库尤其敌方军火库等都可以成为极度放大武器攻击力的间接击毁渠道。2015 年 8 月 12 日晚 23 点 30 分左右，天津塘沽滨海新区第五大街与跃进路交叉口的一处集装箱码头发生的化学品大爆炸所产生的破坏力震惊了世界，爆炸后的废墟如同核战争遗迹。据中国国家地震台网记录有两次爆炸，第一次爆炸发生在 8 月 12 日 23 时 34 分 6 秒，近震震级 ML 约 2.3 级，相当于 3 吨 TNT，等于 7 枚战斧式巡航导弹。第二次爆炸在 30 秒钟后，近震震级 ML 约 2.9 级，相当于 21 吨 TNT，等于 46 枚战斧式巡航导弹。如果在战争中，这样的仓库被敌方故意击中引爆，相当于把武器直接攻击的破坏力放大了几十倍。

普遍认为，第二次世界大战中日本偷袭珍珠港行动中有一个很大失策的地方是没有去攻击珍珠港的油库。该油库储藏了 450 万桶燃油，且目标极大，攻击非常容易。如果用一枚航弹引爆整个油库，450 万桶燃油释放的能量会把整个珍珠港烧得很长时间为都无法使用。

第一次世界大战的凡尔登战役中，德法双方都投入了上百万的兵力，打成消耗战，双方都伤亡惨重。法军在炮火数量上本来弱于德军，但一枚落入德军弹药库的炮弹引爆了其储藏的 150 多万枚炮弹，整个弹药库物资被彻底摧毁，并且对德军造成巨大破坏，最后法军获胜。军事史学家普遍认同这一枚引爆德军弹药库的炸弹起到相当重要的作用。

贾雷德·戴蒙德在《枪炮、病菌与钢铁》一书中深入讨论了殖民者侵入美洲后，所带去的传染病造成了美州当地居民90%以上的人员死亡，这远远超过殖民者军事行动给当地人造成的直接损失，尽管殖民者往往能以0伤亡作战方式打击当地抵抗者。

虽然间接击毁可极大地放大作战单位的击毁能力，但也有诸多的限制，并不如直接击毁能力那样可以高度自由地被自己所控制和计划。可被间接利用的能量源是否存在，以及存在于什么地方，什么时间会存在，很可能是可遇而不可求的。有时是敌方自己失误造成，这显得有很大运气的成分。例如，中途岛海战中，因日军指挥官南云忠一在复杂和混乱信息影响下短时间内一再改变作战指令，使日军航母陷入一片混乱，大量鱼雷和航空炸弹堆积在航母甲板上。1942年6月4日10点24分，从美军企业号航母上飞来的33架"无畏"式俯冲轰炸机，分成2个中队分别攻击日军和加贺号航空母舰。接踵而至的17架从美军约克镇号航空母舰上起飞的"无畏"式俯冲轰炸机则专门攻击苍龙号航空母舰。日军的3艘航空母舰在分别被命中2—3枚炸弹后，引爆了堆放在甲板上的飞机燃料和弹药，引起大爆炸，短短的5分钟内，日本三艘巨型航母就被彻底炸毁了。一般情况下巨型航母在被命中多枚航弹后也可能只是受伤，而很难快速沉没。但在该海战中美军直接击毁引爆的燃油和炸弹所形成的间接击毁，使破坏威力呈数量级地被放大了。造成这种局面相当程度上是日军自己的失误所造成的。

而从防御角度来说，在战前就关注自己一方有哪些资源可能成为敌方引发间接击毁的地方，并提前做好防范就成为一个重要的工作。

4. 毁损

被击毁的结果。战斗单位是士兵时也称"减员"。毁损如果是前述讨论击毁时（9）至（11）项原因造成，并且与敌方攻击行动无关，可称为

"非战斗毁损"。相应的，（1）到（8）项原因统称为"战斗毁损"，战斗毁损是敌方直接击毁和间接击毁加在一起造成的。我们在分析时并不特别区分是战斗毁损还是非战斗毁损。只是一般情况下在评估某一方的作战能力时，敌方的非战斗毁损一般不会列为"自己的功绩"。不过，我们之所以可以把这一部分也列入进去，原因是两个方面：一是最终效果是一样的，战斗能力都完全丧失了。二是这一类原因看似"非战斗损毁"，但它们也常常能够被主动加以利用，从而一定程度上变成间接击毁的成果。例如欧洲多次入侵俄罗斯的战争中，俄罗斯极为恶劣的气候都曾成为其成功抵御外来入侵的重要因素。这种因素很多时候所起的作用很难分清是主动军事上利用，还是纯粹非战斗原因造成。如果去主动利用这些"非战斗毁损"，它们也就可以转化为非常有效的对敌方直接击毁或间接击毁的战斗毁损。

武器装备毁损数量 = 战斗毁损数量 + 非战斗毁损数量

= 被直接击毁数量 + 被间接击毁数量 + 非战斗毁损数量

士兵减员数量 = 战斗减员数量 + 非战斗减员数量

= 被直接击毙数量 + 被间接击毙数量 + 非战斗减员数量

5. 击伤

一般情况下是击毁未完全成功，而不是刻意为之的结果。它使得敌方战斗能力下降，但未完全消失。体现为被击伤的敌方战斗单位的击毁效率下降，但未下降为 0。因此，击伤就是击毁的努力不完全成功的结果。

需要注意的是，如果敌方虽被武器击中，但却未体现为任何战斗能力的下降或消失，则它既不归入被击伤，更不能被归入被击毁。例如，一辆敌方坦克在作战中车体表面被击中，并被打出一个坑，但敌方该辆坦克作战能力并未受到任何损失，依然在战斗，且战斗能力也未有任何下降（虽然广泛去假设这种情况在技术上可能会遇到困难），则它既不能归入被击伤，更不能归入被击毁。

另一个如前面讨论击毁时所说，如果负伤后完全退出战斗，但在恢复后又能参加后续的另外一场战斗，但在此次战斗中，并不把它列为被"击伤"，而是归入"击毁"或"击毙"。这样的归类可能在一开始会让习惯了传统不严格概念的人们有些不适应，但这种区分却是非常重要的。因为在精确计算某一方击毁能力时，即使因伤退出战斗，而还有恢复可能的士兵或武器，对本次战斗来说已经与完全死亡的士兵一样没有任何继续作战的能力了。在计算后续作战能力时，都同样要把这一部分完全减去。而如果是继续作战的能力因伤而下降，但却依然在继续战斗，那么他们就还是可以计算到下一阶段的作战能力中去的。

6. 负伤

因受到敌方击伤，导致作战能力下降，但不是完全丧失。从而其作战能力比正常状态下降，体现为击毁效率下降。战斗能力未有任何下降，即使物理上有"损伤"，我们也不计入"负伤"的概念。同样，与毁损类似，负伤也有战斗负伤与非战斗负伤之分，在此略。

7. 击毁效率

在战争循环因果序列中，单位时序长度的时间范围之内，一方毁损的战斗单位的数量与另一方该序列开始时战斗单位数量之比，就称为后者的击毁效率，一般用百分数表达。一个战斗单位被击毁后，该战斗单位的击毁效率降为 0。需要注意的是：击毁效率包含了敌方非战斗毁损。

8. 毁损率

单位时序长度的时间范围之内，某一方毁损数量与其自己一方该时序开始时战斗单位数量之比。一般用百分数表达。

9. 战损率

某个时序上，某一方累计损失的战斗单位数量（击毁效率降低为 0 的战斗单位数量）与其自己开战初始（时序为 0）战斗单位数量之比。

10. 击伤效率

单位时序长度的时间范围之内，击伤敌方的数量与己方现存战斗单位数量之比。一般用百分数表达。战斗单位被敌方击伤后，该战斗单位的击毁效率会有下降，但不是下降到 0。

11. 负伤率

单位时序长度的时间范围之内，我方负伤数量与我方现存战斗单位数量之比。一般用百分数表达。

12. 崩溃点战损率

当战损率超过一定数量时，在武器等物质条件供给没有发生耗竭，敌方的攻击状态也未发生变化的情况下，己方击毁效率却出现突然的降低。我们把此点称为军队意志的"崩溃点"。达到崩溃点的战损率称为"崩溃点战损率"。这个参数可用来表达战争意志。军队可承受的崩溃点战损率越大，表明战损意志力强度越高。

需要指出的是，战争意志力强度高的军队，并非都是由于其经常可以承受较高的战损率，而往往是由于其总是力图避免高战损率的作战，从而使少数情况下的高战损率被士兵认为是值得的。如果过于频繁地处于高战损率状态，反而会使军队的士气和意志强度受严重影响。尤其频繁全军覆灭的战损，会使军队战损意志力强度极大下降。因此，打击敌方意志和士气的最好方法就是频繁地追求歼灭战。从另一方面看，士气和战损意志力强度从根本上是来自于频繁的胜利，尤其是辉煌的胜利。

军队意志的崩溃，会导致其快速进入 0 击毁效率状态，这会带给军队灾难性的后果。

13. 负伤意志力强度

意志力也可采用物理上受伤对作战能力的影响来评估。战斗单位在物理上受伤情况相同条件下，其战斗能力下降更少，我们就说其意志力更强。例如，同样都是在战斗中手臂被敌方相同的子弹击中，士兵 A 战斗能力下降很少，而士兵 B 失去战斗能力退出战斗，则士兵 A 的意志力就强于士兵 B。评估这个意义上的意志力指标是：在相同物理受伤条件下，设定一标准击毁效率下降系数 D（$0 \leq D \leq 1$，受伤后的击毁效率除以正常状态下的击毁效率），以战斗单位实际击毁效率下降系数，即 d 与 D 之比，作为评估负伤意志力强度的指标。即：

负伤意志力强度 =d/D。

第三节

战争的循环因果

1. 战争循环因果序列

做了以上定义之后，我们就可以来建立战争循环因果序列。

为简化分析，我们先假设战争双方为红方 R 和蓝方 B。R 方的军队战斗单位数量为 P，B 方的军队战斗单位数量为 Q。先不考虑存在击伤的情况，即：双方只存在击毁和毁损情况。假设 R 方的所有战斗单位击毁效率都相同，且为 E_r，B 方所有战斗单位击毁效率也都相同，且为 E_b，并且假设在整个交战阶段，双方各自击毁效率保持不变。

P_0 表示 R 方军队的初始战斗单位数量，P_1、P_2、P_3、P_4、$P_5\cdots P_i\cdots$ 表示各个交战阶段之后 R 方剩下的军队战斗单位数量。

Q_0 表示 B 方军队的初始战斗单位数量，Q_1、Q_2、Q_3、Q_4、$Q_5\cdots Q_i\cdots$ 表示各个交战阶段之后 B 方剩下的军队战斗单位数量。我们可有：

$$P_{i+1} = P_i - E_b Q_i$$

$$Q_{i+1} = Q_i - E_r P_i$$

$$P_i \geqslant 0, Q_i \geqslant 0$$

我们称以上 2 个等式合成的离散循环因果关系式为"战争循环因果序列"。

只要给出 R、B 方双方初始军队战斗单位数量，以及双方击毁效率的数据，我们就可以用电子表格公式分析各种数据假设下的交战结果。如果最后有某一方战斗单位数量变成负数，就将其改为 0，并在此阶段交战终止。表示数量为 0 的一方军队已经被全歼。

表 1–1 是用 Excel 电子表格工具自动计算的结果。取 R 方数量变为 0 或负数时的数量作为最终结果。如 R 方为负数，就将 R 方数量调整为

0，对应的 B 方数量 4 舍 5 入取整，作为最终 B 方将 R 方全歼时的剩余数量。

只要改变双方的击毁效率和初始战斗单位数量 4 个参数，电子表格就可以自动计算出各个时序下的交战结果，以及最终结果。

表 1-1　战争循环因果序列计算结果

	R 方	B 方
击毁效率	12%	10%
初始战斗单位数量	100	150
1	85	138
2	71	128
3	58	119
4	46	112
5	35	107
6	25	102
7	14	99
8	4	98
9	0	97

通过对战争循环因果序列的电子表格设计，调节 4 个基本参数后的自动计算，我们可以精确地计算和研究各种战争模型及规律。

2. 存量比定理

设 R，B 双方当前时序 i 的战斗单位数量分别为 P_i，Q_i，并设 $N_i=P_i/Q_i$，我们称 N_i 为在第 i 个时序的"存量比"。存量比定理是指：

经过第 i 个时序的作战后，在第（$i+1$）个时序的存量比为 N_{i+1}，若从第 i 个时序起，以及此后所有时序的作战中，双方击毁效率都保持不变，那么有：

（1）当 $N_{i+1}>N_i$ 时，则有 $N_{i+2}>N_{i+1}$，最终 R 方获胜。

（2）当 $N_{i+1}=N_i$ 时，则有 $N_{i+2}=N_{i+1}=N_i$，最终双方战成平局。

（3）当 $N_{i+1}<N_i$ 时，则有 $N_{i+2}<N_{i+1}$，最终 B 方获胜。

首先我们来证明（2）。

当 $N_{i+1}=N_i$ 时，根据战争循环因果序列，可有：

$P_{i+1} / Q_{i+1} = P_i / Q_i$

即 $(P_i - E_b Q_i) / (Q_i - E_r P_i) = P_i / Q_i$

上式整理后可得：$E_b / E_r = (P_i / Q_i)^2 = N_i{}^2$

即 $E_b = E_r N_i{}^2$

而 $N_{i+2} = P_{i+2} / Q_{i+2} = (P_{i+1} - E_b Q_{i+1}) / (Q_{i+1} - E_r P_{i+1})$

$= (P_i - E_b Q_i - E_b (Q_i - E_r P_i)) / (Q_i - E_r P_i - E_r (P_i - E_b Q_i))$

$= (P_i + P_i E_b E_r - 2 E_b Q_i) / (Q_i + Q_i E_b E_r - 2 E_r P_i)$

将 $E_b = E_r N_i{}^2$ 代入上式，然后可得：

$N_{i+2} = (P_i + P_i E_b E_r - 2 E_b Q_i) / (Q_i + Q_i E_b E_r - 2 E_r P_i)$

$= (P_i + P_i E_r E_r N_i{}^2 - 2 E_r N_i{}^2 Q_i) / (Q_i + Q_i E_r E_r N_i{}^2 - 2 E_r P_i)$

$= (Pi/Qi)(1 + Er2Ni2 - 2ErNi2Qi/Pi)) / (1 + 1 + Er2Ni2 - 2Er (Pi/Qi))$

$= (P_i / Q_i)(1 + E_r{}^2 N_i{}^2 - 2 E_r N_i{}^2 Q_i / P_i)) / (1 + 1 + E_r{}^2 N_i{}^2 - 2 E_r (P_i / Q_i))$

$= N_i (1 + E_r{}^2 N_i{}^2 - 2 E_r N_i) / (1 + E_r{}^2 N_i{}^2 - 2 E_r N_i) \quad (N_i = P_i / Q_i)$

$= N_i$

$= N_{i+1}$

下面再来证明（1）式。

$N_{i+2} = P_{i+2} / Q_{i+2} = (P_{i+1} - E_b Q_{i+1}) / (Q_{i+1} - E_r P_{i+1})$

$= (N_{i+1} - E_b) / (1 - E_r N_{i+1})$

同理：

$N_{i+1} = (N_i - E_b) / (1 - E_r N_i)$

因为 $N_{i+1} > N_i$

所以 $N_{i+1} - E_b > N_i - E_b > 0$

且 $0 < 1 - E_r N_{i+1} < 1 - E_r N_i$

因此（$N_{i+1} - E_b$）/（$1 - E_r N_{i+1}$）>（$N_i - E_b$）/（$1 - E_r N_i$）

故 $N_{i+2} > N_{i+1}$

同理可证（3）式。

存量比定理的直观理解和解释是：当战斗进行时，不能仅仅从绝对数量上看消灭了敌方多少战斗单位，而应当计算双方的存量比情况。如果存量比朝着有利于己方的方向发生变化，最终己方就会获胜。反之，己方就会失败。如果存量比在战斗过程中不发生变化，双方最终就会战成平局。

3. 兰彻斯特定律

当一方军队战斗单位数量超过另一方 n 倍（存量比），战斗单位数量弱势的一方必须在击毁效率上等于另一方 n^2 倍，才能使最终交战结果达到平衡——双方一直保持存量比不变，直到最后数量都为 0。这在过去是被归纳性地称为"兰彻斯特定律"。这一定律表明了武器上即使有很大的劣势，也可以用战斗单位数量上的较小优势来弥补。兰彻斯特定律的创始者是英国工程师兰彻斯特（F.W. Lanchester）。他通过对第一次世界大战期间空战的研究，从空战的战斗结果引发他进一步研究陆地上战斗的资料，从而寻找出兵力对比与毁损量之间的数学规律。

事实上，在上面证明存量比定理的第（2）种情况时，我们已经顺带证明了"兰彻斯特定律"。即：

当战争循环因果序列平衡发展时，击毁效率之比为双方数量之比倒数的平方。

4. 数量优势与极限战损率的关系

"极限战损数量"是假设占优势的 R 方一直将劣势的 B 方全歼（B 方

最终数量为零）时的战损数量。"极限战损率"就是获胜一方极限战损数量与其初始战斗单位数量之比。

在击毁效率相同的情况下，战斗单位数量较多的一方会获胜。并且优势越大，在获胜后，自身的极限战损数量和极限战损率都更少。我们以双方击毁效率都是 10%、优势的 R 方初始数量都为 1000 考虑，表 1-2 分别计算了在 R 方数量优势不同倍数情况下的极限战损数量和相应的"极限战损率"：

表 1-2　R 方在不同数量优势下的极限战损数量与极限战损率

R 方初始 数量优势（倍）	B 方初始战斗 单位数量	R 方 剩余数量	R 方极限 战损数量	R 方极限 战损率
10	100	990	10	1.00%
6	167	977	23	2.33%
5	200	970	30	3.00%
4	250	955	45	4.50%
3	333	927	73	7.33%
2	500	840	160	16.00%
1.5	667	713	287	28.67%
1.2	833	517	483	48.33%
1.1	909	382	618	61.82%

由表 1-2 可见，当数量优势越大，自身极限战损率和极限战损数量都会越小。尤其当数量优势大于 5 倍以上时，极限战损率会下降到极其微小的 3% 以下程度。而当数量优势低于 2 倍以下时，极限战损率则会大幅度上升到 16% 以上。这一量化结果精确证明了《孙子兵法·谋攻篇》中"故用兵之法，十则围之，五则攻之，倍则分之，敌则能战之，少则能逃之，不若则能避之"的用兵规则，以及毛泽东"集中优势兵力，各个歼灭敌人"中要求"集中 6 倍、或 5 倍、或 4 倍，至少也要 3 倍于敌的兵力"的基本战术策略中的精确用兵数量原则。同时要注意，做以上计算时是假设双方击毁效率相同。

5. 击毁效率优势作用

在军队人数相同情况下，击毁效率较高的一方会获胜。击毁效率优势越高，己方极限战损数量和极限战损率都会越小，全歼对手所需的时间也越短。这一规律表明了武器改进，并形成优势的重要性。但另一方面，只要弱势一方的击毁效率不为 0，都必然会给武器优势一方带来损失。

假设 R 方与 B 方初始战斗单位数量都为 1000，击毁效率弱势的 B 方击毁效率为 1%，在 R 方击毁效率优势不同倍数情况下，R 方的极限战损数量和极限战损率如表 1-3 所示。由表 1-3 可见，R 方如果击毁效率优势很小的话，即使可以获得最终胜利，其极限战损率也会非常高。

表 1–3 R 方在不同击毁效率下的极限战损数量及极限战损率

R 方击毁效率	R 方全歼对手所需时序	R 方极限战损数量	R 方极限战损率
1.05%	215	784	78.42%
1.10%	179	701	70.14%
1.30%	120	477	52.33%
1.50%	94	427	42.67%
2%	63	297	29.73%
4%	28	139	13.88%
6%	18	92	9.07%
8%	14	69	6.95%
10%	11	56	5.63%
20%	6	30	3.03%
40%	3	18	1.80%
70%	2	13	1.30%
90%	2	11	1.10%

从表 1-3 分析可见，当 R 方击毁效率优势为极小的 1.05% 时，极限战损率为 78.42%。当击毁效率达到显著超过对手（为对手 2 倍）的 2% 时，极限战损率就大幅度下降到只有 29.73%。而当击毁效率达到超过对手 10 倍的 10% 时，极限战损率就下降到只有 5.63% 了。

表面看来，以上数学分析与过去经验性的军事观点非常接近，数学化的严格理论分析好像并没有什么太大价值，但事实并非如此。一切经验性的军事观点，可能都会发现它们存在不适用的情况。例如，数量对于军事能力有至关重要的作用，但很多战例却又表明单纯数量并不能起决定性的作用。只有通过精确的数学分析，我们才能以统一的规律去描述所有看似互相矛盾的现象。更重要的是，即使是那些与传统经验规律总体上一致的结论，只有通过数学分析才可获得精确的把握。

6. 数量优势失去作用情况

如果一方击毁效率为0，则无法用战斗单位数量的增加来弥补劣势。这反映了双方武器相比已经形成极大代差、耗竭、受到突袭等多种情况下，完全无法对敌方形成任何击毁能力，击毁效率优势一方会变成绝对优势，并纯粹变成优势一方以0伤亡对另一方的屠杀状态。0伤亡似乎是第一次海湾战争中突然冒出来，并且与高科技信息兵器相关联的概念，但事实上并非如此，它早就是军事领域一直存在的一种状态。拥有高科技兵器、并且大力鼓吹0伤亡的美军事实上从来就没有实现过真正0伤亡的战争。

1532年11月16日，西班牙殖民者皮萨诺带领62名骑兵和106个步兵，加上其本人一共169名士兵，对阵印加帝国皇帝亲率的7万主力部队。交战的结果是印加帝国军队7000左右士兵被杀，皇帝阿塔瓦尔帕被俘。而西班牙殖民者军队几乎完全没有伤亡，仅仅是当杀红眼的士兵要杀死印加皇帝时，皮萨诺本人为保护阿塔瓦尔帕为其挡了一剑而受伤。这是接近于绝对意义上的"0伤亡"战争。

1903年3月31日，在英国第二次入侵西藏的战争中，双方对阵于西藏的曲米辛果。英军不仅在武器装备上拥有现代化的滑膛枪，更装备了马克沁机枪和火炮。西藏1000多人的主力部队装备的还是早期的火绳枪。并且，在开战前被英军以欺诈计谋使列阵的西藏主力熄灭了火绳。后英军突然开火，造成了藏军在几分钟内战损率达到50%，并在随后不长时间内，被英军以真正0伤亡代价全部歼灭。在随后的多次交战中，即使以双方武器正常交火，英军也经常达到 0 伤亡。

而在 5 月 3 日深夜，藏军采用突袭方式，以 1000 左右军队袭击驻扎在帕拉村的 100 多名英军时，却导致了这批英军几乎全军覆灭。

1991 年 1 月 17 日开始的第一次海湾战争，以美国为首的多国部队在军队数量上并不弱于伊军，有 66 万人，超过一线伊军的 54 万人，武器更是远比伊军强大。最后的确给伊军造成重大杀伤（伤亡约为十多万，被俘虏 7.1 万），但自身其实只是接近 0 伤亡战果。多国部队方面有 378 人阵亡，12 人失踪。其中美军因战事身亡的有 148 人，非战事身亡的有 145 人。英军死亡 47 人，阿拉伯军队死亡 40 人，法军损失 2 人。受伤约为 1000 人，非战斗负伤更是高达近 3000 人。在 2003 年 3 月 20 日至 2011 年 12 月 18 日美军宣布完全撤出伊拉克的第二次海湾战争中，面对处于游击战状态的塔利班武装，多国部队的毁损率不仅不为 0，而且游击队给以美国为首的多国部队造成了持续的显著击毁和击伤。以美国为首的多国部队伤亡人数甚至超过塔利班等武装。仅美军死亡人数就高达 4491 人，4754 人受伤。包括美国、英国、伊拉克新政府军队为一方的总伤亡人数高达约 7 万人，而以塔利班为主的各派武装分子，加上战争初期萨达姆军队总伤亡约为 4 万人左右。

对于 0 伤亡问题，我们后面还会有专门章节讨论。

7. 击毁效率无穷大

如果双方的击毁效率都趋向于无穷大，则无论双方战斗单位数量多少，结果都是双方共同趋于毁灭。这表明了双方都具有热核武器等"大规模杀伤性武器"的交战结果不会有胜利者。

8. 总结

从以上分析可见，战争循环因果序列与武器技术的类型完全无关，而仅仅与战争双方的战斗单位数量和击毁效率的纯数学量值有关。它可以适用于从冷兵器时代，直到当前热核武器、生化武器、精确打击武器等所有技术时代的战争规律。并且可以适用于战争、战策、战略、战役、战斗、格斗等各个层次。

很多军事理论家们总是热衷于一旦一种新的武器技术普及，就以为军事理论和思想将会发生完全不同的变化，过去的军事理论完全失效。战争循环因果序列却可以使我们超脱于武器技术的变化。所谓军事革命，不过是完全相同的战争循环因果序列换一种武器形式来演绎而已。第一次海湾战争的 0 伤亡效果，使全世界震惊于精确制导武器带来的军事革命。但是，它显然远不如皮萨诺对阵印加帝国主力部队的战果更为惊人。前者从双方军队数量上说处于同一水平，但并非绝对零伤亡。而皮萨诺却是以相比对手不到 1/400 数量的军队，真正获得了绝对意义上的零伤亡！

逼近真实的战争——击毁效率可变

1. 击毁效率可变的不同情况

以上我们假设战争任何一方的击毁效率永远相同。但实际交战过程中，这个假设一般很难成立。原因在于：

（1）在交战过程中，由于部分弹药的消耗、战斗单位负伤等原因，会使击毁能力和击毁效率下降，尤其当弹药耗尽时，击毁效率会大幅度下降，甚至降到零。如战斗开始时，火炮击毁力最大。但炮弹打光后，只能使用枪弹，致击毁效率下降。

（2）当战争开始后，双方会随战争进程发展而不断机动，由此导致对目标判断的变化。

（3）目标侦察系统（雷达，侦察兵，预警机等）被毁，导致目标侦测识别能力下降。

（4）躲避敌方攻击，从而用于击毁敌方的有效时间和注意力降低。

（5）士兵因己方人员毁损数量过大，士气下降，战斗力降低。

（6）负伤增加造成击毁效率下降。

（7）其他。

击毁效率在战争进程中也可能出现上升因素，如：

（1）对手击毁能力下降，使得己方不用再躲避攻击，可增大击毁效率。

（2）武器弹药增援到达。

（3）其他。

2. 可变击毁效率循环因果序列

设击毁效率是一个变量，Er_i 为 R 方不同时序上的击毁效率，Eb_i 为

B 方不同时序时的击毁效率，则击毁效率可变条件下的战争循环因果序列为：

$$P_{i+1} = P_i - Eb_i Q_i$$
$$Q_{i+1} = Q_i - Er_i P_i$$
$$P_i \geq 0, \quad Q_i \geq 0$$

　　假设 R，B 双方初始战斗单位数量相同，都是 1000。在相互对攻时的击毁效率也完全相同，都是 10%。一般情况下双方最终交战结果将同时为 0，为平局。但是，假设 R 方进行了先发致人的突然袭击，致使前 4 个时序时 B 方完全未做出任何有效反应，其击毁效率为 0，这时交战结果如下：

表 1-4　R 方先发致人条件下的交战结果

时序	R 方战斗单位数量	R 方击毁效率	B 方战斗单位数量	B 方击毁效率
初始状态 0	1000	10%	1000	0%
1	1000	10%	900	0%
2	1000	10%	800	0%
3	1000	10%	700	0%
4	1000	10%	600	10%
5	940	10%	500	10%
6	890	10%	406	10%
7	849	10%	317	10%
8	818	10%	232	10%
9	794	10%	150	10%
10	779	10%	711	0%
11	772	10%	0	10%

交战结果，R方最终以极限战损228战斗单位的代价将B方全歼。

如果我们假设：

（1）正常战斗单位一旦投入战斗，其击毁效率一直恒定。

（2）正常战斗单位一旦投入战斗，还存在击伤效率，且击伤效率正常情况一直恒定。

（3）双方都存在击伤情况，且负伤战斗单位击毁效率和击伤效率比正常下降一半。

（4）已经负伤的战斗单位如果被二次击中，无论击伤还是击毁，都属于被击毁。

由以上假设条件，或其他假设条件，可以建立更为复杂的战争循环因果序列。最极端也最接近真实战争过程的情况是每一个时序的击毁效率和击伤效率都不一样。具体分析在此省略，有兴趣的读者可自行作为作业练习。

第二章

战争的精确评估

第一节

战争维：让战争的研究精确化

1. 直接的战争是在战争维中进行

当我们谈论战争循环因果序列时，所提到的战斗单位数量和击毁效率，仅仅是指实际参与战争的战斗单位。如果某一方仅仅是存在的战斗单位数量很高，却并没有在战争发生时加入战争，那么它们的数量就不具有实际意义，至少不具有直接的战术意义。

我们把直接加入某个战争的战斗单位所涉及的时间空间范围和其对应的所有战争资源，称为"战争维"。我们所讨论的一切提升战争能力的途径，全都是指加入到战争维中的战斗单位。因此，战争循环因果序列中的所有参数都是以战争维为定义基础的。

例如，设 R 方有 1000 架战斗机，B 方有 300 架战斗机。但在发生某个空战时，R 方仅出动 120 架战机加入空战，而 B 方是 180 架加入空战。那么，实际的战争维就是由 R 方 120 架，与 B 方 180 架战机构成，而不是 R 方 1000 架和 B 方 300 架构成。

因此，战争维是战争双方有效击毁距离、机动能力等所决定的空间和时间范围。

很多在战前分析两国或两军的讨论往往是不着边际的。如会提到双方军队各有多少，双方武器各有多少。这些数据当然是有重要意义的，但实际交战的结果却往往完全出乎这类纸上谈兵者的意外，其中一个很重要的原因就在于：真正决定实际战争中交战成效的并不是宏观的双方实力统计数据，而是实际战争维中的双方实力。

一般情况下，交战双方军队，其中一方的潜在战争维是以己方军队基地为圆心，以击毁距离为半径的圆。圆内就是己方的战争维。如果有多个基地，就是多个基地决定的战争维空间之和。

交战双方的战争维，是双方战争维的重叠部分。如果以集合论术语来说，就是双方战争维集合的交集。

在过去，战争进行的空间是用"战场""战区"等概念来描述。但是，战场和战区并不是精确定义的数学概念，我们发现在很多战例中，正是这些模糊的概念使参谋和军队指挥人员产生了极大的错觉，并导致了严重错误的指挥和决策。如后面会重点分析到的孟良崮战役中国民党军队方面的"中心开花"战略，就是一个简单将战场和战区等同于战争维而导致的错误决策。

2. 静态战争维

静态战争维的计算相对比较简单。它有最大静态战争维、最大互击毁战争维两个参数。

最大静态战争维：双方最远武器击毁距离中更大的一个。当双方超出这个距离之后，就脱离接触，不能进行战斗了。

最大互击毁静态战争维：双方最远武器击毁距离中更小的一个。这个空间距离是保证双方军队可以进行互击毁的最大范围。

大于最大互击毁静态战争维，而小于最大静态战争维的区间，是武器击毁距离更远一方的战争维包含型零伤亡区间。

图 2-1　战争维与距离的关系

正是由于当一方武器击毁距离超越对方武器击毁距离时，会形成战争维包含型的零伤亡区间。因此追求更远击毁距离成为武器发展极为重要的方向。超越对方的武器击毁距离越大，可能形成的零伤亡区间也会越大。

如果要计算一个士兵的静态战争维，就是以他所处静态位置为圆心，以其武器最远击毁距离为半径画一个圆。这个圆内的范围就是这个士兵的静态战争维。一个军队所有士兵静态战争维的合集，就是这个军队的静态战争维。

3. 死角

理论上说，一个士兵的静态战争维空间应当是三维的。先不考虑重力对武器的影响，以其所处位置为圆心，以其武器在三维空间里各个方向最大击毁距离为半径画一个三维空间的面，这个面内的球体才是其完整意义上的静态战争维空间。如在进行空战时，一架飞机的静态战争维就是一个三维的空间。只是在不同方向，考虑重力影响以后，相同武器的击毁距离有可能是不同的，因此该空间一般并不会是一个标准的球体。

但是，并非意味着只要是处于静态战争维之内都可以受到有效的攻击。如果因某种原因使得即使处于静态战争维之内，但却无法进行有效击毁，该空间就应被排除在静态战争维之外。例如，一个碉堡因枪眼限制，攻击的枪支方向会受到很大限制，即使处于射程之内，也可能无法有效瞄准射击。再如坦克炮塔因受转动方向的限制，也会形成无法有效攻击的区域。

这种在静态战争维之内，但却因某种限制而不能有效击毁的区域，就称为"死角"。死角这一概念最初是来自于枪械射击角度的制约。虽然很多情况下，因现有武器攻击往往是直线（枪弹等），从而一定的构成击毁能力的阻碍物往往会形成一个角度范围的空间。但不能把它理解为只是某一个角度的限制，从一般意义上来说就是任意一空间区域或范围，只要它构成击毁能力的阻碍。

地面以下会构成火力击毁能力的阻碍，因此坑道等也构成很多武器的击毁能力死角。

现代一些智能轻武器的枪弹，也可采用导弹的目标追踪技术，可以绕过障碍物进行非直线的运动，这样就可以进入过去直线飞行子弹的死角区域。从而部分解决传统武器的死角问题。

4. 静态战争维火力密度分布

如果以每一个战场上士兵或武器装备为圆心画出其战争维，会发现某些区域的点属于多个士兵或武器战争维之内。有些区域的点被更多士兵或武器的战争维所覆盖，另一些覆盖的战争维较少。被覆盖更多的，就会有更大机会受到更多士兵或武器的攻击，覆盖更少的，受到攻击的机会也较少。如果把每个战争维内的点被覆盖的火力多少标示出来，就会形成一个某一方军队战争维内的火力密度分布。

陆战中，呈线状排列的军队防线侧翼之所以往往是薄弱的地方，原因就在于这里的战争维火力密度分布很有可能最弱。而处于战线中央的地方，其前方火力密度分布一般会较高。

5. 动态战争维

无论士兵还是武器装备，都不会是完全静止的，它们都会随着军队的调动而处于动态的状态。如果静态战争维加上军队机动空间范围，就构成动态战争维。

动态战争维 = 作战时间内机动距离 + 击毁距离。

例如：

以空军基地为基础空战的战争维 = 飞机作战半径 + 空基武器射程。

评估武器的单项技术指标

1. 击毁距离

击毁距离，也称"射程"。是指从我方战斗单位到可以被有效击毁的敌方战斗单位之间的最大空间长度，以长度单位米表示。

击伤距离。是指从我方战斗单位到可以被有效击伤的敌方战斗单位之间的最大空间长度，以长度单位米表示。超过击毁距离后，弹药等就无法击毁敌方目标，但还有可能对敌方目标造成一定破坏。因此，击伤距离一般都会超过击毁距离。但这个指标仅作为参考。因为真正作战时，都必然要以击毁为目的，因此以击毁距离作为最大作战空间（战争维设定）的考虑。

战争武器技术的发展，基本上就是体现为击毁距离越来越长。

最初是徒手格斗。击毁距离在 1 米左右范围。

冷兵器器械。手臂加上兵器长度，击毁距离提升到最远 10 米左右。

弓箭、投石器等。这是冷兵器时代出现的远程武器，它可以使击毁距离达到几十米，甚至一百多米的距离。

短促爆发动力热兵器。如火绳枪、燧发枪、滑膛枪、火炮等。这第一个时代的热兵器都是采用爆发动力，使战斗部在枪械内达到一个很高的初速，而后利用自身惯性运行至敌方，并保持足够速度以动能击毁敌方，或以弹头内爆炸弹药击毁敌方。这类兵器的击毁距离从几百米延伸到以千米计算。因利用火药短促爆发动力，所能获得在枪械内初始速度是有限的，因此这类兵器能实现的击毁距离很难超过 100 千米范围。现代较远的火炮已经可以达到 30 千米 –60 千米的距离。

持续动力热兵器。如火箭和导弹。它虽然也是热兵器，但并不是短促爆发动力，而是自带持续动力，从而可在动力推动下飞行非常长的距离。

现代火箭和洲际导弹的击毁距离最远已经可以覆盖整个地球，达到以上万千米计算的范围。

目前最新发展的定向能兵器。如激光、电磁炮、微波能量等武器。这类兵器可提供更远的击毁距离。尤其激光武器可攻击上万千米外的目标。

可见，过去每一代兵器的跨越，基本上都会使击毁距离提升一个数量级。

2. 机动能力

机动能力是指单位时间内，战斗单位在空间上的可变动能力。如果是空间距离的变动，其量化表述为速度单位，以 km/h 或 m/s 表示。如果是一定运行速度条件下的运动方向变动，其量化表述为角速度单位，以 rad/s 表示。机动能力决定集结能力，规避敌方击毁的能力，扩大动态战争维的能力，缩小敌方反应时间的能力（增大突袭型零伤亡时间）等。

3. 抗毁性或抗打击能力

抗毁性是指被敌方武器击中后的生存能力。它一般是通过盾牌、铠甲、钢盔、装甲、碉堡等实现。随着武器的发展，装甲越来越厚，强度越来越高。尤其坦克最初装甲厚度从几毫米发展到现在的几百毫米，并且采用各种更高强度的复合材料（抗毁性相当于 1000 毫米左右的均质装甲）。

4. 防御能力

防御能力，也称防护能力。是指降低敌方击毁效率的能力。这个能力可通过三种方式来综合实现：

一是增强抗毁性。

二是增强打击敌方的击毁能力。

三是减少敌方命中的概率。

因此，我们一定要明确抗毁性并非防御的唯一途径。防御的最好途径是消灭敌人，是不再需要"抗毁"。如果你能对敌人每枪毙命，就可索性光着膀子上阵。增强抗毁性的问题是，它需要越来越多的材料、越来越高的成本、越来越重的负担。但从根本上说，由于武器击毁能力的发展更为容易，因此单纯考虑抗毁性能的提升是非常困难的。当你总是被敌人击中，而不能击中敌人时，再厚的装甲也无济于事。过于沉重的负担对其他方面的能力提升也会构成一定困难，如机动性等。因此，装甲厚度的增强也会受到重量、成本、机动性等很多条件的制约。

5. 防御能力指数

相对于特定防御手段而言，不采用该防御手段时毁损率除以采用该防御手段后的毁损率，就是防御能力指数。一般为大于 1 的量。

防御能力指数 = 不采用特定防御手段时毁损率 / 采用该防御手段后的毁损率

6. 击毁精度

也称命中精度、射击精度。是指作战状态下弹药准确命中目标的能力，以圆概率误差表示。单位为长度 m 或 mm。圆概率误差（circular error probable—CEP），也称圆公算偏差。它的计算方法是：在相同的条件下，向同一目标发射多枚弹药，由于系统误差、瞄准误差和气象条件等多种因素的影响，弹药的弹着点将在目标附近形成散布，其平均弹着点（散布中心）到瞄准点（一般为目标中心）的距离称为系统误差，每个弹着点到平均弹着点的距离称为随机误差。通常系统误差比随机误差小并且可以修正，因此又近似地把瞄准点作为平均弹着点。以瞄准点为中心，包含 50% 弹着点的圆半径就叫圆概率误差。这个半径愈小，说明击毁精度或命中精度愈高。

7. 击毁范围

单位武器战斗部爆炸后，可导致敌方毁损的范围。在水平地面情况下，由于战斗部的爆炸击毁范围一般是一个以弹着点为圆心，以一定的半径画出的一个圆，因此，击毁范围也可用"击毁半径"来表示，它也常以"毁伤半径"来表达，其单位是米（m）。当然，如果是在有起伏的地势环境下、空中，或外层空间，由于地球引力作用的不同，同样弹药的实际击毁范围会发生很大变化。

由于传统炮弹采用击中目标后触发弹头引信爆炸的方式，此时弹头很可能已经深入土质的地下一定距离，此时炸弹爆炸事实上会极大减弱炮弹的击毁范围。因为此时炮弹爆炸后向四周飞散的具有杀伤力的弹片会严重受土壤的阻挡，而不受阻挡的弹片主要是向上飞的。因此，为提升炮弹的击毁范围，采用了近炸引信装置，这是通过无线电测距等技术在测得炮弹距目标一定距离时主动触发引信，使炮弹在目标附近的空中爆炸，这样所有弹片会不受阻挡地飞向四周，从而极大增加炮弹击毁范围。

8. 击毁能力

击毁能力是指命中目标后，对目标的毁伤程度，体现为穿透力，破甲能力，破坏能力，破坏数量等。一般以穿透均质装甲的厚度，以及面杀伤为目标时的破片数量等不同方面来表示。

击毁能力是相对于敌方抗毁性来设计的。一旦武器的击毁能力超过敌方抗毁性，就可以对敌方作战单位产生有效击毁。一旦达到这个程度，仅从当前装备对抗角度说就足够了。再增强击毁能力就不再有意义。但当敌方抗毁性增强之后，就又需要增强击毁能力才能产生有效的击毁。因此，击毁能力与抗毁性是一个不断相互促进和增强的过程。

9. 反应时间

反应时间是从接到任务到完成发射的时间长度。为时间单位：小时、分或秒。

10. 发射速度

发射速度是单位时间内发射战斗部的数量。它会极大影响单位序列时间长度内的击毁效率等指标。一般以每分钟发射的弹药数量表示。

热兵器时代较早期的火绳枪最快发射速度大约为每分钟1到2发子弹。

燧发枪因为比火绳简化了操作步骤，虽然还是前装弹药，但射击速度可提升1倍多。

后膛针发枪在1841年由普鲁士人德莱赛发明，最早列装的后膛针发枪型号就是M1841。后膛针发枪不仅解决了前膛枪雨天难以使用等缺陷，而且更进一步简化了操作步骤。使发射速度获得极大提升，可以达到每分钟10发左右。在后膛枪出现之前，早已经有来复线的线膛枪。线膛可大大提升射程和射击精度，但在前膛装药时代，线膛因需要子弹直径与线膛枪的直径高度匹配，装药很困难，因此一直只有部分前膛枪使用线膛技术。但后膛针发枪使线膛技术获得了普及，并完全取代了滑膛技术。

弹壳和弹夹的使用，及半自动设计，使枪械的操作只剩下换弹夹、拉上枪栓后的瞄准和扣动扳机了。这使发射速度可达到每分钟30-40发的程度。

自动枪械技术的发展，出现了机关枪和冲锋枪，使发射速度达到了连发时的100发以上，甚至几千发的高速度。

自动枪械加上采用多管技术，可以获得非常高的发射速度。例如，美国陆军在20世纪60年代就开始装备的型号称为M134型加特林（Gatling）速射机枪，最高射速可高达6000发/每分钟。

中国最新装备海军，用于近距离防空的AK-1030超高速近防舰炮，采用了10个发射管，发射速度可超过每分钟上万发。

而2006年媒体公布的澳大利亚人迈克·奥维尔（Mike O'Dwyer）发明的世界最尖端武器——"金属风暴"，采用电子发射技术，发射速度竟可达到每分钟上百万发的令人匪夷所思的地步。如此高速的武器不可能用来长时间发射，而是用于瞬间发射出一定数量的弹药，以提升击毁效率。显然，如果长时间采用这种武器发射，一个大型火药库的弹药也会被一件这种武器在短时间内耗光的。

武器的发射速度并非是绝对地越高越好。因为发射速度提升，会使弹药消耗同步加快，这是资源贫乏、后勤补给困难的日本在第二次世界大战中陆军普遍装备精度较高的38式步枪，而极少装备冲锋枪的原因所在。但在枪械发射速度每分钟达到百发之前，发射速度的提升对综合作战效能提升作用还是非常可观的。因此，在第二次世界大战中，更高发射速度的轻武器更占上风。

精度与射速之间是有可替代的关系，在现代海上近防系统发展上，有用近防导弹取代近防速射炮的趋势。例如，中国海军装备的最先进近防武器就是 FL-3000N 近防导弹系统。

11. 载弹量

载弹量是表达一次性外出执行任务可携带的弹药量。它可用特定弹药定义前提下的数量表示，也可用重量单位 kg 表示。因为配置的不同，载弹量是可能有变化的。例如，飞机装载的油料或其他物资达到最大值的话，载弹量就会相应变小。因此，可用最大载弹量和标准配置的载弹量分别来表示载弹量的技术参数。为便于保密并简化信息传递，也常用"弹药基数"来表达标准配置的载弹量。所谓"基数"，是一次性外出执行任务携带的战争物资的标准配置量。它不仅可用于表达标准配置的弹药携带量，也可用于表达其他各种战争消耗物资的标准配置携带量。

不同物资的一个基数数量是不同的。半自动步枪、机关枪和榴弹炮的一个各自的弹药基数显然是不一样的。以下是常用轻武器可能的一个弹药基数的载弹量：

手枪，一个基数 40 发弹、重量 0.54kg。

半自动步枪，一个基数 200 发弹、重量 4.82kg。

自动步枪，一个基数 300 发弹、重量 7.23kg。

冲锋枪，一个基数 300 发弹、重量 7.23kg。

班用机枪，一个基数 1000 发弹、重量 24.1kg。

连用机枪，一个基数 1600 发弹、重量 48kg。

轻重两用机枪，一个基数 4500 发弹、重量 132.7kg。

……

在补给和恢复能力相同的情况下，载弹量越大，可持续作战的能力就越强。在古代海战中，因采用撞角进行相互撞击方式的作战，更大吨位的军舰撞击能力更强。采用接舷战方式情况下，更大吨位的军舰也具有优势。而在现代海战条件下，很难再有古代的撞击和接舷战方式。在这方面，更大的吨位已经不再有相应的价值。一个很小的几百吨排水量的导弹快艇发射威力强大的反舰导弹，也可能很容易把几千吨排水量的护卫舰甚至驱逐舰打沉。但是，更大吨位的军舰在载弹量上无疑会具有直接与排水量呈线性关系的技术指标。因此，在远洋作战时，更大吨位的军舰不仅是抗风浪能力和航程更适合，也因其载弹量更充足而威力更大。

更大的载弹量对每一个作战单位的运输能力都会提出要求。如果后勤补给能力更强，可相应减少对载弹量的需求。作战单位的数量是很庞大的，每一个作战单位的运输能力都要提高的话，总的成本会非常高。因此，通过增强后勤补给能力，可以使每一个作战单位的载弹量要求降低，从而降低总的成本。

当然，在考虑这个思路时，又需要注意另外一个问题。因补给是需要一定时间的，这就使得打完一个基数之后进行补给时，会有一个间隔。如果在这个间隔期受到敌方攻击，会处于非常危险的状态。解决这个问题的途径，一是不能在一个弹药基数完全消耗完了才进行补给，从而保证即使在补给时击毁效率也不会降低。二是尽可能减少补给所用的时间。更大吨位的舰艇虽然有很多好处，但一个很致命的问题是一旦被击沉，整个强大的战斗能力一下就全丧失了。因此，如果具备强大的补给能力，采用大量小吨位的舰艇遂行作战，可在相同成本下加大战斗单位数量上的优势。

12. 成本

成本是指生产、采购、运输、储存、维护、使用相应武器的所有经济负担。战争是一种涉及生死存亡的事情，因此很容易在关键时刻以不惜成本代价的方式进行作战。但是，从整个战争进程来说，成本控制是能否获得最终胜利的关键要素。

定向能武器会获得远远比热兵器低得多的击毁成本。例如，一次可击毁一架飞机的激光发射，其成本可低达仅仅 1 美元，几乎接近零成本。

对于武器装备的成本，现在普遍认识到不能仅仅考虑武器采购的成本，而是采用全生命周期成本 LCC（Life Cycle Cost）的概念。这一成本概念并不仅仅用于军事领域的武器装备，事实上大量民用产品领域都在使用类似的概念。例如 IT 领域的总体拥有成本 TCO（Total Cost of Ownership）。它们是指产品在有效使用期间所发生的与该产品有关的所有成本，包括产品设计成本、生产制造成本、运输成本、采购成本、使用成本（燃料消耗、损耗件等）、人员培训成本、维修保养成本、废弃处置成本等，甚至由此产生的环境影响成本有时也会被考虑进去。

13. 生产周期

特定武器的生产周期，是生产出该武器所需要的时间长度。不同武器的生产周期相差极为悬殊。单兵轻武器的生产周期与普通消费品类似，而像航空母舰等巨型战舰的生产周期则可达数年时间。如果生产周期太长，很容易导致生产周期超过战争持续时间长度，从而一旦战争发生，这些武器装备很难在战争期间获得补给。当然，平时的武器生产周期与战时武器生产周期会发生极大的变化。在第二次世界大战中，各国尤其是美国采用了简化改装的方式大量生产航母，如将一些商船改装成护航航母。另外战时的不同资源调度能力也会使生产周期发生巨大变化。例如在珊瑚海海战后，受伤的约克城号开到夏威夷进行维修。正常情况下需要 3 个月才能修好，但在尼米兹将军违反一切正常工作流程的强令之下，经过工人们昼夜不停地工作，72 小时就修好了。约克城号航母的加入保证了中途岛海战美国军事力量的最基本需要。不过这种战时的紧急措施依然深受技术可行性的制约，工人们不可能永远这样昼夜不停地工作，生产和工作流程也不能总是去随意突破。

14. 总结

整个武器技术的发展，从总体上说大多数的指标是越大越好，如击毁距离，抗毁性，机动能力，击毁能力，射击频率。

另一些一般是数值上越小越好，如击毁精度，反应时间，成本，生产周期。

但也并非所有指标都是不断在变化。如击毁范围，到一定程度就合适了，并非越大越好。太大了可能会引起不必要的误伤。击毁范围最大的当属氢弹了，但有些大型的达到千万吨 TNT 当量的氢弹击毁范围实在太大了，因此被俄罗斯和美国逐渐放弃。击毁范围是在不同目的要求下合适为好。但从技术能力来讲，可以提供更大击毁范围当然更好。在有能力提供更大击毁范围，你可能很容易限制它，但如果没有这个能力，当需要时远比这种限制能力更困难。在某些条件下，如进行大面积杀伤时，更大的击毁范围就可能会带来击毁效率的更大提升。云爆弹、子母弹等可提供的击毁范围就非常大。

第三节

评估武器的综合性指标

1. 综合指标的必要性

前面所分析的单项武器技术指标都可以有严格的、纯客观的，甚至具有唯一性的定义。但综合性的指标往往很容易存在主观性和模糊性。为什么要引入综合性的指标呢？因为以上单项的指标虽然有明确、清晰，甚至唯一性的定义，但仅仅依据它们并不能准确地确定一件武器到底"好不好"，或是否能在战争中获胜。例如，武器机动能力从其本身来说当然越强越好，但实战中机动性能指标更高的武器却很有可能被另一种机动性不好，但射程却更远的武器击败。不同武器装备有这么多单项指标，一个单项技术指标组合与另一个不同的单项技术指标组合到底哪一个更好，如何在预算有限的情况下进行不同单项技术指标的取舍，就成为武器研发和军队采购选择中必须要考虑到的问题。

很多军事家会认为，在机械化和信息化兵器时代，武器研发成本越来越高，周期越来越长，单价越来越高，因此对武器装备单项技术指标进行有效的设计会严重影响到武器研发的成功与否，由此导致对于武器装备综合效能的评价越来越成为必须。其实，武器装备成本的高昂并不是机械化兵器和信息化兵器时代的社会才存在。由于在任何人类社会，战争影响到的都会是一个社会的生死存亡，在任何时代对于军队和武器装备的投资相对于当时的社会资源都是尽其所能，从而相对当时的社会成本都会是极为巨大的。

2. 综合指标体系的科学性问题

综合指标并非武器领域存在，而是应用非常广泛的。在中国应用最广泛且影响最广的莫过于高考成绩了，它其实就是一个评估学生学习成绩的综合指标。甚至于，单科成绩本身也是一个相应科目不同单项知识的综合评估指标。不同单科的不同总分体现了综合指标中很广泛使用的权重方法。

另外在经济领域，大量综合指标也广泛应用。如股价指数，采购经理人指数 PMI、消费价格指数 CPI、工业生产者出厂价格指数 PPI、大学排名指数、综合国力指数……

有些指数人们认可度较高，批评意见相对较少，如采购经理人指数 PMI 等。但有些综合指标就像高考成绩一样广受非议，会严重影响到自己名声和地位的大学排名等指标就更是争议不断了，一些高校甚至会拒绝以某种特定的综合指标为依据参与排名。由于综合指标的研究中存在较多可人为设定的主观性，并且很可能会直接产生利益和价值性，因此尽管广受争议，大量学者们依然热衷于综合指标体系的研究。

武器效能的综合指标体系多少也存在其他领域综合指标类似的主观性问题。但武器是涉及生死的大事，任何随意的主观性都有可能在真正的战争中以大量士兵甚至国家的命运为代价。因此，对于武器装备综合指标研究的科学性需要远远比其他领域更为严肃和认真的态度。

3. 综合指数与多因单果关系

从逻辑上来说，综合指标是要建立一种多因单果的逻辑关系，只有建立在这种关系基础上的指标才是符合实际的。这其中可能会出现多种不同的情况影响到以上因果关系的准确性。

原因要素分析得不完备。如武器装备如果没有充分考虑到天气和环境情况，就可能会在某些环境条件下极大影响最后的效能。

一般情况下会是多因多果，当只考虑到一个结果要素时，其他结果要素的影响就可能被忽视。在经济学上，考虑范围之外的结果常被称为"外部性"，使用武器的常规目的只是为杀伤敌人，但因控制的精度和差错，有可能造成对平民的"附带伤害"，甚至误伤自己人。

因此，在本质上，综合指标并不能完全替代对单项指标的分析，以及多因多果的分析。

4. 鱼骨图

分析多因单果有一个重要的工具——鱼骨图。这个分析工具过去主要是从企业质量管理中发展起来的，但事实上它的应用范围要比单纯的质量管理广泛得多。只要是多因单果的关系，事实上都可以应用鱼骨图的分析工具。这个工具看似很简单，但却相当有效。之所以如此，是因为多因单果的关系非常复杂，原因要素众多，因此很难清晰地看出因果关系的路径和影响要素有哪些。鱼骨图就是把所有因果关系用图形的形式形象地画出来，从而使所有因果关系的路径一目了然。

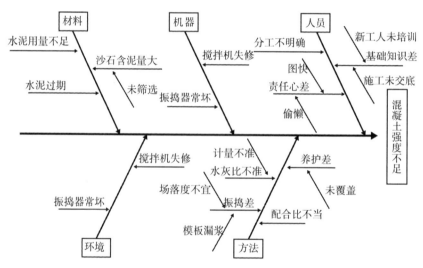

图2-2　一个建筑质量管理中的鱼骨图实例

从鱼骨图中可看出鱼骨图方法的一些特点：

鱼骨图所描述的多因单果的关系是可以分层级的，每一个子层级事实上也是一个小鱼骨图。例如以上混凝土强度不足的单一结果问题在第一层是分成了5个原因要素：材料、机器、人员、方法、环境。而每一个第一层原因又各自会是多个原因造成的，因此在分支骨线上又有多个第二层级的原因。例如人员因素的原因又可分成3个第二层级的原因：分工、责任心、基础知识。而这第二层级的原因又可以源自第三层级的原因。如责任心可分成：偷懒、图快 2 个第三层级的原因。每一个层级都是一个小鱼骨图。因此，采用鱼骨图可以将多层级的复杂多因单果关系清晰地表达在一张图上，从而可清晰明了地分析各层级的原因要素与最终单一结果要素的逻辑关系是如何建立起来的。

它非常适合进行多因单果关系的定性分析，但并不能提供定量的分析，这对因果关系的精确评估存在局限性。

5. 针对武器系统的各种综合评价模型

飞机的研发设计较早引入了系统的数量模型评估。20 世纪 60 年代，美国人 John Boyd 和 Tom Christie 提出 "能量机动性"（Energy-Maneuverability）理论，用 "单位力剩余功率"（Specific Excess Power，简称 SEP）来衡量飞机的作战效能。SEP 定义为：

SEP=（推力 – 阻力）× 速度 / 重量

对比不同的 SEP 曲线来决定战斗机的作战性能好坏。这种方法在战斗机设计中曾得到广泛应用。20 世纪 60 年代后，出现了机载空空导弹，瞬时盘旋性能变得比较重要，对比战斗机优劣 SEP 方法已经不够。1979 年英国宇航公司提出 "空战相关参数"（Combat Correlating Parameter）来衡量战斗机空战性能的好坏，这个参数等于最大稳定盘旋性能的 1.5 次方乘以最大瞬时盘旋性能再乘以 SEP，这种方法也可以较好衡量战斗机的空战能力。但这两种方法对攻击机的作战效能分析不太适用。

WSEIAC 模型。这个模型是 20 世纪 60 年代中期，美国工业界武器系统效能咨询委员会（Weapons Systems Effectiveness Industry Advisory Committee）为美国空军而建立的，WSEIAC 就是这个委员会名称首字母的缩写。这个模型是根据 "有效性"（A）、"可信赖性"（D）和 "系统能力"（C）三大要素评价武器系统。该模型把这三大要素组合成一个可反映武器系统总体性能的单一效能量度（E），因此，在中国也有人把它称为 ADC 模型。在讨论武器效能的综合评介体系的文献中一般都会介绍这个模型，

由此可见其影响之广泛。有关 WSEIAC 模型已在中国的武器系统论证中得到广泛应用，建立了许多针对实际武器系统的具体效能评价模型。

按照前述鱼骨图的分析工具，这个模型事实上是将单一结果 E 分解为三个第一层级的原因：A、D 和 C，而这三个原因又会分别分解为更多第二层级、第三层级甚至更深层级的原因。

潭小卫，方卫国 2004 年 2 月发表在《系统工程理论方法应用》的"一种新的飞机作战效能评估方法"一文中介绍了一个如下的数学模型：

$$E = f\,(\,E_F,\ E_U,\ E_w,\ R,\ T\,)$$

其中，E 为飞机的综合效能；E_F 为按飞行技术特性准则评估的效能；E_U 为按使用技术特性准则评估的效能；E_w 为武器、火控和航空电子系统的效能；R 为飞行员的可靠性；T 为战术环境和使用的战术技术。该评估模型不仅包含了飞机自身的技术指标，而且包含飞行员和战术环境。

战斗机的不同，对应的评估模型也会有差别。例如，在四代隐身战机时代，生存能力的评估就占有远比过去战机更多的考虑权重。

由于综合指标评估的困难，在任何领域都有类似评委打分的简便方法，这被称为"专家评审法"。这种方法要点是专家的选择，以及评分标准的设定。专家评审无疑会带有一定的主观性，但对实际空战和使用较有经验的专家可为评估者提供很多实际使用中因果关系的知识。

战争艺术的精确量化

提升战争获胜能力的途径

1. 提升战争获胜能力的理论途径

根据战争循环因果序列，从理论上说，在战争维约束下，有以下最一般的提升战争获胜能力的途径：

（1）提升战争维中我方战斗单位数量。

（2）降低战争维中敌方战斗单位数量。

（3）增大我方击毁效率。

（4）降低敌方击毁效率，甚至追求使敌方击毁效率降至 0。

以下我们将分别讨论各种途径。

2. 提升我方战斗单位数量

提升我方战争维中战斗单位数量一般被称为"集结"。开战前，能够在战争维中集结的战斗单位数量越多，就越是能够具备数量优势。集结是将潜在战争资源变现成在战争维中起实际作用资源的最主要手段之一。

从今天的远程攻击武器角度可以更清楚看出，战斗单位本身的集结并不是目的，目的是集结其击毁能力。如果作战武器的击毁距离较远，那么战斗单位就可以不用在空间上过度地直接集结在一起，但却可以有效集结其击毁能力。增加击毁距离有两个好处：

一是可以避开甚至完全消除对方的击毁能力。只要躲在对方武器的击毁距离之外，就可以将对方的击毁效率降至 0。

二是可以使得己方集结击毁能力时不用过度集结战斗单位自身。战斗单位本身在空间上的集结，很有可能会带来对方击毁效率的提升。过于密集的军队会使对方炮火击毁效率增加。如在第一次世界大战的索姆河战役中，英军攻击部队因为队形过于密集，在一天时间内被装备有马克沁机枪的德军打死了 6 万多人。

这也就是为什么击毁距离越来越长，是武器发展的重要方向之一，以及为什么国际上对中远程导弹技术的扩散极为敏感的原因所在。

机动能力更强，也对战斗单位的集结有重大价值。如中国土地辽阔，如果到处驻军，需要数量很多的军队。但如果基于公路、飞机、尤其是高铁等现代高速交通工具，可以大大增强机动能力，并使军队在战时可有效集结于战争维的相同数量前提下，常备驻军的需求量可以极大下降。或者说在相同常备军队数量前提下，在任何可能的战争中能够快速集结的军队战斗单位数量越多。

因此，提升战斗单位相对数量优势，不是仅看一方储备的战斗单位数量是多少，而是要看实际战争维中，能够实际参战的战斗单位数量是多少。它包括：

可以在战争开始时有效地机动，并集结到战争维中的战斗单位数量。

可以在敌方第一波最强攻击炮火后生存下来的战斗单位数量。

3. 降低敌方战斗单位数量

减少敌方投入战争维中的战斗单位数量，常被称为是"分割"。

毛泽东的军队以战略上的以少胜多，以弱胜强著称。而事实上，之所以能如此，根本原因就在于具体的实际战争维上永远坚持"以多打少，以强打弱"。首先通过机动、诱敌深入等造成敌方的分割，而后在运动中集中优势兵力，选择其弱小一部力求予以全歼，而后逐步一个又一个分割歼敌（常称其为"一口一口吃掉"）。

如红军第一次反围剿战役中，红军 4 万主力部队对阵国民党 10 万军队，总体数量上处于相对弱势。但通过机动和寻机，在 1930 年 12 月 30 日第一个战争维中集中 4 万主力部队，围歼国民党先锋张辉瓒的 9000 多人，数量优势超过 4 倍多。在这一数量优势情况下，张辉瓒所部必须具备 16 倍以上的武器击毁效率才可以平衡数量劣势，尽管当时红军武器装备严重不足，但张辉瓒所部要想达到这样的击毁效率优势显然是绝对不可能的。而后在 1931 年 1 月 3 日，在东韶又将被分割的谭道源师半数歼灭。

4. 增大我方击毁效率

发展击毁效率更高的武器当然是最重要的途径，如提升射击精度、提升射击速度、增大爆炸强度等等。这些都属于长远的方法。而在战争实际发生时，只能充分利用当前的武器。

将当前最高击毁效率的武器最大规模地集中使用，是获得在战争维中最大程度提升己方击毁效率的核心途径。

因此我们可以看到，在历史上任何时期，创造最大军事奇迹的优秀军事家们无一例外，他们的规律全都是相同的——都是最先将所处时代最先进的武器，最大规模地集中使用：

将冷兵器时代机动能力最强的骑兵、装备击毁距离最远的弓弩武器，率先最大规模地集中使用，造就了成吉思汗的军事奇迹。类似以大规模集中使用弓箭获得军事优势的还有波斯帝国的军队。

将热兵器时代最先进和击毁能力最大的火炮，率先最大规模集中使用，造就了拿破仑的军事奇迹。

将机械化时代最先进的坦克、飞机，率先最大规模集中使用，造就了德国古德里安闪电战的军事奇迹。

将信息技术时代最先进的精确制导武器，率先最大规模集中使用，造就了第一次海湾战争中施瓦茨科普夫上将的军事奇迹。

将机动能力最强，击毁距离最远的飞机作为主导力量，就成为杜黑制空权思想。

将武器运载力最大，全球控制力最强的海军作为主导力量，就成为马汉制海权思想。

因此，战争的规律永远在随武器技术的发展而改变，但也可以说战争的真正数学规律永远都绝对不可能有任何改变。

如果还有下一个军事奇迹，那么它一定发生在最先将隐形战机、无人机、高超音速武器、超远程精确打击武器、激光武器、高能武器等最大规模集中使用的军事家身上。

毛泽东的"集中优势兵力，各个歼灭敌人"的军事思想，不仅仅是强调强化数量优势，而且特别强调将火炮等，在当时击毁力最强的武器"全部，或大部"集中使用的原则。在其实际作战中，也包括将机枪等击毁力最强的轻武器最大规模地集中使用。

彻底忘掉"游击战""运动战""阵地战""高科技战争""大纵深作战""超限战""闪电战""闪击战""五环理论""空海一体战"等等这些表面上看起来完全不同的无聊词汇吧，只要记住战争循环因果序列的几个基本参数和相关的基本定义就可以了。所有这些表面上完全不同的战争，其数学本质上全都是一样的。

有人认为现代武器装备的出现产生了全新的不同军种协同问题，但这个问题其实从战争一开始出现时就存在了。战国时期战车、步兵与骑兵的协同，坎尼会战、马拉松战役等经典战役中的步骑协同，与第二次世界大战时期的步坦协同、空陆协同、今天的空天海陆的协同有什么本质区别吗？一点都没有，只是换了技术装备而已！

5. 降低以至消除敌方击毁效率

增大我方的战斗单位数量，以及增强击毁效率的策略相对来说比较富于技术性。而减少敌方的战斗单位数量，以及降低以至消除敌方击毁效率，往往就富于欺骗性和谋略性。因为敌方也会极力地想提升战斗单位数量，以及提升自己的击毁效率。因此，要想达成自己的目标，而使敌人想达成的目标落空，就需要各种使敌人出现判断失误的谋略。但降低，以至消除敌方击毁效率的某些方法，相对来说也是具有技术性的。如：

要增大击毁效率，或增大数量优势，就需要兵力或击毁能力的集结。但我方兵力或武器在空间上的集中，却又很可能会造成敌方击毁效率的提升。尤其是如果军队高度集中在某地，如果敌方进行突袭型的打击，有可能造成我方0击毁效率条件下的巨大毁损。因此，如果要想降低敌方的击毁效率，就需要在空间上相对分散我方兵力。

因此，增大我方击毁效率而要求的兵力集结，与降低敌方击毁效率的兵力分散之间是有内在矛盾的。要想平衡分散与集结的矛盾，就需要增加机动能力和击毁距离。如根据自己的机动能力和武器击毁距离，在平时状态下，军队相对分散驻扎，以避免敌方突袭造成的过大毁损，并在敌方发动突袭后，可以通过机动和更远击毁距离，更快速地集结击毁能力。采用空军等机动能力最强的作战武器，进行远程机动。采用高铁等高效能工具进行大规模远程机动……这些手段都可以在平时尽量分散配置军队驻防、降低敌方突袭时的击毁效率，在被敌方突袭后快速集结。

降低敌方击毁效率还有其他许多方法，如隐形、增强抗毁性等。

第二节
突袭

1. 防范突袭的普遍困难

突袭是一种最重要的扩大战争相对优势的方法，也是所有后面会谈到的0伤亡作战中最广泛有条件达成和相对容易达成的一种方法。日本军事家岩岛久夫在其《突然袭击的研究》一书中甚至提道："一切战争都以突然袭击的方式开始。"因为在战争的一开始，最容易达成突袭，因此也必然要以突袭方式来增大相对优势。即使在战争已经开始之后，战役的突然性也是一切军事家最极力追求的。因此，为达成突然性，军事也是保密程度和欺骗性最高的活动之一。

从根本上说，突袭的获得并非易事，但它也更加难以防范。尤其战争最初始的突袭更是难以防范。因为敌人从什么地方进攻，在什么时间进攻，完全取决于敌方，而不是自己。甚至战争是否会打起来都存在极大悬念。如果处处设防，时时设防，等于没有防范。中国的万里长城、法国二战前的马其诺防线等耗资巨大的防御工程，最后都作用有限，原因就在这里。

当真实的突袭出现后，人们总会发现有人提前预知了战争的发生，但真正懂得战争规律的人是不会相信这种鬼话的。这只是一种对被突袭遭受的惨重损失深度遗憾的心理反应。去看看今天互联网军事论坛上的帖子，任何时候都可以找到一个国家马上就要与其他国家发生战争的预言。即使在和平状态下，军事统帅们也很可能会天天收到有可能受到军事突袭的情报，并且天天都会研究如果敌方突袭会如何进行的模拟演练。

有一个流行的故事：珍珠港事件之前，罗斯福已经根据情报知道日本要偷袭珍珠港，但却故意压住了情报，目的就是要让日本偷袭成功，以便让美国参战。这个故事不仅是在普通人中间广泛流行，甚至一些行内的军事专家也把它当作"战略欺骗"的经典案例。其实，这个故事一看就应当知道是彻头彻尾的谎言：难道美国在得知情报后设下埋伏，把日本偷袭者打个落花流水就不能使美国参战吗？一个国家的领土已经受到另一个国家大规模的军事突袭了，无论其突袭成功与否，绝大多数国民或政治家都会很易于赞成与入侵者宣战的行动。这种流行的故事来自于三个方面的原因：

（1）它可以减轻美国普通国民对罗斯福等美国领导人毫无意义的指责。突袭，尤其是开战之初的突袭是极其难以预知和防范的。但这种真正正确的解释难以让绝大多数普通老百姓理解。因此把一个遭到突袭而承受惨重损失的事件，煞有介事地解释为一个故意而为的战略阴谋，会让普通老百姓不再因过于遗憾而产生更加错误的理解。

（2）可以使日本人减轻发动战争的罪责感。

（3）人类心理上天性就带有喜欢"阴谋论"的严重倾向。如果我们从更广的范围来看，阴谋论几乎是满天飞。每当美国有大的事件发生时，阴谋论总是非常流行。远比认为珍珠港事件是美国政府阴谋更加离奇百倍的，还有认为阿波罗登月、9·11恐怖突袭等都是美国政府的阴谋。如果这些都能被认为是阴谋，还有什么不能被认为是美国政府阴谋的？任何阴谋论，在客观上都可能有利于美国政府为自己的工作失误开脱责任，或至少模糊责任范围。这也是美国政府从来没有兴趣去对任何阴谋论进行辟谣的原因所在。如果说有什么阴谋，不去对阴谋论进行辟谣本身才是最大的阴谋。

第二次世界大战时德国的巴巴罗萨计划，希特勒动用了700万军队对苏联进行突袭，不仅规模远远超过日军突袭珍珠港的联合舰队，而且是在大量有人的陆地区域进行的军事突袭行动，一样在战争初期阶段有效隐藏了行动计划，将苏联打得措手不及。

第二次世界大战时盟军的霸王行动，288万大军、近9000艘舰船跨过英吉利海峡，突袭登陆诺曼底。在德军已经知道盟军要跨越英吉利海峡，而且行动方向只有加莱、诺曼底等极少几个选项的情况下（盟军在地中海及更北地区也做了欺骗性的干扰行动），依然成功地使德军误认为主攻方向在加莱，有效实现了在诺曼底突袭的目的。如果巴巴罗萨计划、霸王行动等突袭行动都没有被发现和破解，在茫茫的太平洋上进行的突袭珍珠港的计划未被发现又有什么不好理解的呢？

如果说对日军突袭珍珠港还有什么表面的疑问可以讨论的话，在1941年12月7日日军成功偷袭珍珠港，大约10个小时后，12月8日又成功偷袭菲律宾，将菲律宾美军机场的飞机全都炸毁。这就更加说明美军，包括其最高统帅部对该突袭不仅没有任何准备，而且完全不清楚日军的突袭计划。美国不需要这么多阴谋和如此之大的牺牲去刺激不愿参战的美国人！

如果仔细考察整个珍珠港事件的经过细节，让人深感意外的是：尽管这是一次日本对美国的突袭，而先发起攻击并打响第一枪的并不是日军而是美军海军。美军巡逻的驱逐舰沃德号在早上6点45分首先发现了突袭的日本微型潜艇，率先开炮将其击沉，并且上报了此信息。7点02分位于欧胡岛北部的一个雷达站在岛132海里处发现不明飞机，并于7点10分报告给了空防司令部，但却被认为是从美国本土飞来的B-17轰炸机队而遭到漠视。7点49分，日军开始对珍珠港第一波攻击。即使在已经收到珍珠港遭到袭击的消息之后，华盛顿的美国政府官员们也大多难以相信这是真的。

珍珠港被突袭之后，战争已经明确地开始，美日双方已经互相宣战，日本军界都已知道美国肯定会对日本进行报复，并且为此做了大量的准备工作，加强了空防，并将海上警戒圈进行了扩大。即使在这种情况下，美军在吉米·杜立特中校指挥下，1942年4月18日，还是利用航空母舰装载并非舰载的B-25轰炸机对日本东京、横滨、名古屋和神户的油库、工厂和军事设施等进行了成功地突袭。而这次突袭在行动过程中，美国舰队距离日本650海里处已经被巡逻船日东丸23号提前发现。尽管日东丸23号被美国巡洋舰Nashville号迅速击沉，但在其被击沉之前还是用电报向日本发回了警报。这使杜立特的轰炸机队被迫比预定计划提前300公里起飞。这 16 架飞机最后都因油料耗尽而全部坠毁，但他们在完成轰炸任务并离开空防严密的日本国土时，竟然全都毫发无损！

其中 1 架坠毁在苏联，5 名飞机员生还并被苏联在 1 年后送还美国。另 15 架全部坠毁在中国浙江沿海。3 人直接在坠机时死亡，8 人被日军俘虏（其中 3 人被日军杀害，5 人后来返回美国），另 64 人被中国军民成功救助，并全部辗转安全送回美国。顺便提一下，为救助美国飞行员，中国军民遭到日军随后的疯狂报复，为此竟然付出 25 万人的巨大伤亡代价。

此次突袭从纯军事角度看战果很微小，但它的战略价值却非常巨大：

强大的精神价值。在美国当时一败再败的状况下，如同一剂强心针，使整个美国社会精神为之一振。消息传回美国时，举国欢腾。

使日本产生重大的有利于盟军的战略改变。之前日本一路进攻，如同脱缰野马狂扫东南亚。但杜立特空袭之后，日本召回了南云忠一的舰队用于日本本土的保护，使日本进攻势头大大减弱。

日本事后也未搞清楚美国空袭飞机来自何处，因此催生了进攻中途岛，以便扫清最接近日本的美军基地的行动。而正是在中途岛海战中，日本以惨败告终，由此丧失太平洋上的制海权。

相当多的情况下，尤其在战争发起的一开始，能够成功拦截突袭的案例少之又少。甚至在战争发起后，相当多的战役级突袭依然可成功进行。

即使在平常状态下，也会存在无限多混乱的信息使被突袭的统帅部难以做出正确的判断。进行突袭的一方还会故意释放出很多欺骗性的、扰乱对方做出正确判断的信息，这会使被突袭一方更难做出正确判断。如果轻易相信战争信息进入全社会的战备状态，会使平时整个社会无法正常运行，甚至导致极大混乱。这有些类似地震预报，错误的预报很可能比漏报造成的损失更大。在事后，可以很容易从大量情报堆中找出最后正确的情报。可是在事情没有水落石出之前，最困难的问题是你怎么确认哪个情报是真实的？

岩岛久夫说道："无论哪次事件，尽管得到了非常充分的情报，发现了突然袭击的征候，甚至被袭击一方做了充分的准备，但在盲目状态之中

第三章 战争艺术的精确量化

突然袭击的行动已经结束了。过去的历史告诉我们，进行突然袭击的一方总是处于优势地位。"

2. 有效获取情报前提下防范突袭的困难

突袭的另一个极难防犯之处在于：突袭者甚至会根据被突袭者的实际行动，变换自己的突袭计划。在第二次世界大战的霸王行动中，如果盟军发现德军判断到盟军主攻方向在诺曼底地区，把主要防犯力量转换到诺曼底地区的话，霸王行动的突袭是否就会失败呢？可能会，但更可能的结果是不会。因为盟军的突袭计划可能随之就改成真的把加莱作为主攻方向。加莱地区海上距离远比诺曼底短，这样的突袭行动只会更加顺利。也就是说，如果被突袭一方判断正确的话，只要实施突袭的一方能够及时发现，他会变换、甚至放弃突袭计划，被突袭者还是会判断错误。

如果珍珠港事件中美军采取了防犯措施，所有军舰出海迎敌，结果是什么呢？那样日本联合舰队从珍珠港的广播中听到的是日本联合舰队的突袭计划内容和全珍珠港的战争动员内容。日本情报人员也发现了珍珠港是一个空港，并会通知联合舰队。结果就是突袭计划被中途放弃（这种变化本身就是突袭计划中的一部分），日本联合舰队迅速撤离。然后再找一个对方不注意，甚至连航母都在港内的时间杀回来。那样的珍珠港事件中美军会败得更惨，连航母都会被摧毁。

这并非只是理论分析，有一个真实的案例可以很好地说明这一点，就是 1940 年 1 月 10 日第二次世界大战初期发生的"卢瑟福事件"。德国空降部队的莱茵巴格少校，携带了初期德军进攻比利时的机密作战计划，乘飞机参加会议途中遇到事故，机密作战计划未能烧毁而被比利时情报部门完全获悉。比利时情报部门将此机密情报告知了英国和法国，并以此作战争准备。这一事件被命名为"卢瑟福事件"，并被记载在战争期间出版的比利时外交刊物《比利时——1939-1940 年间所发生事件的正式记录》。结果是什么呢？是英国、法国和比利时成功拦截德国的预定突袭吗？完全不是，甚至是完全相反。希特勒也得知初期作战计划被比利时截获，并一再推迟了此作战计划，将原定 1 月 17 日为"开战日"，最初推迟到 1 月 20 日，接着又推迟到"春天"，最后将预定的 3 月下旬改为 5 月 10 日。可以想见，这样反复地改变作战计划会对英法和比利时产生什么后果，送出当初是真实情报的比利时，被当成了寓言中总是喊"狼来了"的放羊娃。这使希特勒于 5 月 10 日同时侵入荷兰和比利时的"黄色"作战行动更加具有突然性。

3. 成功破解突袭的完备条件

1942 年 6 月 4 日的中途岛海战，是一次少有的成功防范并拦截日本舰队突袭的案例。该战役美军击沉了日本突袭舰队的 4 艘航空母舰、332 架飞机，以及几百名经验丰富的航母飞行员，使日本海军从此一蹶不振。由于战争已经完全展开，在日本批准冲绳岛突袭计划之前，因杜立特空袭，美国就已经预知日本肯定要进行某种形式的报复，问题只是报复的确切时间和行动方向。1942 年 1 月 20 日，日本伊 124 号潜挺在达尔文港布雷时被击沉，美军随后用潜水作业船从伊 124 号上捞出了密码本。日本并不知道伊 124 号潜挺是被美军击沉，因此对密码本的丢失毫不知情。利用此密码本，盟军破获了日本 JN-25B 密码系统，从而获得大量有价值的日军机密情报。这在珊瑚海海战中已经发挥了重要作用，尤其在中途岛海战中，此情报战的成功作用更显突出。

罗彻福特和他的情报小组成员们发现日本利用 JN-25B 密码系统进行的秘密通信中 AF 含义代表冲绳岛，以此为突破口，盟军破获了整个日本的军事情报。以此为基础美国海军进行了大量军事准备，使美军具备了成功拦截此次日本海军在冲绳岛的突袭的基础。

一般情况下，必须要同时做到以下前三项，再加上最后两项中的其中一项，才能获得有效破解突袭的效果：

（1）事先获得充足且准确的情报。

（2）能够从大量真真假假的情报中分辨出正确的情报，并做出准确的判断。

（3）能够在情况未完全明了的情况下，冒情报错误的风险，将计就计制订充分有效的应对突袭的措施。

（4）应对突袭的措施完全不被突袭者发现，突袭者按原计划实施突袭。

（5）或者，要想使突袭者放弃突袭计划，就让对方确信：被突袭者已经清楚地知道对方的突袭计划，并采取了有效应对措施。

在中国解放战争中，傅作义曾发现了毛泽东中央机关所在地，并制订且实施了一个突袭计划。而在毛泽东发现傅作义的突袭计划后，采取了一个简单措施就使傅作义放弃了突袭行动，就是让傅作义确信毛泽东已经完全清楚他的突袭计划。毛泽东写了一篇广播稿，把这个突袭计划和解放军的应对措施通过广播传遍天下。这是一次成功破解对方突袭行动的案例。

而以上五点中的每一个，在一般情况下实现起来都是有巨大难度的。要配套地同时实现更是难上加难。其实，当初"卢瑟福事件"中的莱茵巴格少校因事故丢失作战计划，英法和比利时方面就应该想到：他们获悉德军机密情报的事情本身，德国肯定已经知道了，并且肯定会因此而使突袭计划发生改变。

应对突袭的一般方法

1. 增加预警时间和缩小反应时间

岩岛久夫在其《突然袭击的研究》也提道："既然突然袭击是不可避免的，那么，被袭击的一方究竟应该怎么办呢？一言以蔽之，就是尽可能地减少突然袭击所造成的损失，尽早地从遭到突然袭击的打击中恢复过来，适时转入反击，将国家引向最后的胜利。"

增加预警时间和缩小反应时间，是减少敌方突袭时的击毁效率，尤其突袭型 0 伤亡模式下的击毁效率最基本方法。由此我们就可以理解，为什么在 2013 年 11 月 23 日，中国宣布设立东海防空识别区会引起相关国家的巨大反响。2014 年中国又设立了东海联合作战指挥中心。汉和防务评论网站 7 月 30 日文章认为："比较奇怪的是，中国的军人、安全问题专家，多数还相信日本军队拥有偷袭的特点，成立东海联合作战指挥部的战术意图，就是要全天候加强对日警戒，防止日方偷袭作战。"文章指出，中方的很多设想，距离国际政治的现实已经相当遥远，在如此高级别的军官之间，还拿 19、20 世纪初期的日本作为想定，是比较危险的。汉和的说法本身才是奇怪至极的，其实，并非只是 19、20 世纪初的日本拥有突袭的特点，突袭是历史上一切战争的基本特点。4000 年前、2000 年前的战争是如此，200 年前的战争是如此，200 年后、2000 年后，如果人类还存在战争的话，突袭作为最主要战争手段依然如此。在多次战争中，日本的确特别喜欢以突袭方式获得初期 0 伤亡的战果：中日甲午战争、日俄海战、第二次世界大战时的珍珠港事件以及随后日军袭击菲律宾等，日军采用的都是突袭方式。但又有哪个战争中的军队指挥人员不是把突袭作为主要手段的呢？

在海湾战争初期，伊拉克军队突袭科威特；英阿马岛战争中，阿军在战争初期突袭马岛都是采用的突袭方式。第二次世界大战初期德军以闪电战突袭比利时、荷兰、波兰，绕开马其诺防线突袭法国，到后来的巴巴罗萨计划突袭苏联等，所采取的都是突袭方式。克劳塞维茨将"出敌不意"作为战术手段的最高指导原则。所谓出敌不意，也就是突袭。

制造假象、伪装、情报战、保密……所有这类军事领域广泛采用的战术方法，都是围绕如何打得敌人措手不及和避免被敌人打得措手不及而进行的。突袭，尤其以不宣而战的方式发起的突袭，往往在最初都会取得非常巨大的战果。

2. 分散

通过增强机动和快速集结的能力，来使日常驻军相对分散等手段，可有效降低敌方突袭打击的毁损率。分散会降低作战时兵力的击毁效率，因此它需要高度的机动能力配合，才能平衡集结与分散需求的矛盾。

还是以第二次世界大战时日本突袭珍珠港为例，美国的航母当时没有集中配置在港内，而是远出港外，因此躲过一劫，使日本突袭军队全歼美国太平洋舰队的企图落空。

航母是作战能力非常强大的武器，但因过于集中，也具有很大危险性，一旦被击毁，损失将非常巨大。因此可分散配置的小型战舰也有其重要价值。

在洲际导弹技术里，采用多弹头分导技术，不仅可以增加攻击目标，而且可以分散己方目标，以降低敌方击毁效率。

其他获取战争胜利的方法

　　增大我方武器击毁距离，并在敌方击毁距离之外作战，是一种很重要的使敌方击毁效率降低为 0 的方法。也就是我方战争维空间要大于敌方战争维空间。空军加导弹的制空权是美军等获得 0 伤亡作战的最常用途径。空军击毁距离非常远，并且可在高空向下攻击。如果敌方武器不能攻击到飞机所在的高空，就会使敌方的击毁效率降低到 0。

　　隐形是最好的、可使敌方击毁效率降低为 0 的手段之一。因为击毁是以准确瞄准目标为前提的。如果敌人根本就不能发现我方目标，也就无法击毁我方目标。现代的隐形飞机、隐形战舰等技术如果起有效作用，就可使敌方击毁效率完全降低为 0。

　　反过来说，有效发现敌方目标，也就是增大我方击毁效率的关键。随着现代信息技术的高速发展，隐形与战场感知两个方面的技术都在大量实现和进步。除雷达等技术外、红外等探测技术、数字化士兵、无人机侦察等技术，使得有效发现敌方的信息手段越来越多，并且越来越发达。

　　如果不能完全隐形，能够减少我方目标，也可有效降低敌方击毁效率。爬在战壕里交战，当然就比站立在地面交战更有效降低敌方击毁效率。如果在很深的战壕里再侧向挖一个猫耳洞，敌方武器的击毁效率就会极大降低，敌方炮弹只有落在猫耳洞口才会对我方造成有效击毁。如果将猫耳洞挖得更深，甚至挖成地道，敌方炮火对我方造成的击毁就更低了。因此，坑道、猫耳洞……这些看似简单的工事，在过去陆战中非常有效地减少了敌方的击毁效率。即使在存在穿地炸弹武器的今天，它们也依然是非常重要的降低伤亡的有效手段。至少，它需要对方使用穿地炸弹才可获得有效的击毁效率。并且它显然要比直接暴露在空地上伤亡率要低得多。

中国解放战争期间，在解放军四野的战例中，创造出挖大型的壕沟，可将己方较大型的火炮等推进到离敌方尽可能近的位置，这在有效降低敌方击毁效率的同时，极大增强了解放军的击毁效率。这被形象地称为"大炮上刺刀"。尤其在过去最艰苦的攻城作战中，以士兵攻城是敌方击毁效率最高，反过来是己方毁伤最严重的作战方式。《孙子兵法》中就提到"攻城为不得已"。

四野所采用的这种战术，使过去以周、月甚至年计算的攻城作战时间，变成以小时计算。如平津战役中攻占天津仅花了 29 个小时，在采用这种战术之前是绝对不可想象的事情。而这种将重武器拉近攻击，是以有效隐蔽降低敌方对于我重武器击毁效率为前提的。可以说，这种"大炮上刺刀"的战术，是彻底终结城墙防御军事价值的历史性转折点。

距离敌方越近，我方武器攻击精度、从而击毁效率就越高。但距敌方越近，敌方武器击毁效率可能也越高。因此，如果能有效降低敌方的击毁效率，我方攻击力更强的武器就可以更近的距离，更精确地击毁敌方。在抗日战争中，八路军发明了用迫击炮平射的方法攻击日军炮楼等大型目标，这也是以有效降低敌方击毁效率为前提的。平射不仅可更精确击毁敌方目标，而且有助于减少我方目标。

增强防御力：增强抗毁性、缩小己方目标、击毁距离超过敌方，并在敌方击毁距离之外作战。

降低敌方击毁效率不仅最富于谋略性，而且相应手段可以实现战争最高境界——0 伤亡。

第五节

战术的最高境界——0伤亡及其类型

1. 七种0伤亡基本类型

0伤亡：是指在某个战争的时间段上，甚至整个战争期间，毁损和负伤数量皆为0。也就是只有自己毁伤敌方，而敌方攻击不会对自己造成任何损失。0伤亡对任何一方来说，无疑是战术手段的最高境界。

0毁伤效率：指战争中一方对另一方击毁效率和击伤效率全都为0。它是0伤亡的另一面。

概括来说，实现0伤亡（对应另一方0毁伤效率）有7个类型，其中有5个正向式和2个负向式。

所谓"正向式"就是通过我方努力主动获得。它们有：

突袭型：突袭是在敌方完全没有防备的情况下发起攻击，"出其不意"。因敌方完全无备，使得敌方毁伤效率为0，我方达成0伤亡状态。从另一方面来说，出其不意的目的，也就是要达成敌方毁伤效率极大下降，甚至下降为0，而我方获得0伤亡的效果。

隐身型：隐身是指通过我方隐藏自己的手段，使敌方攻击武器无法找到有效的攻击目标，从而使其毁伤效率为0，我方达成0伤亡状态。

武器代差型：它是指通过武器技术达到代差程度，使得敌方武器无法对我方进行任何有效毁伤。美军极力追求的即是这种武器形成代差的作战方式，以此实现0伤亡。武器代差是一个综合的概念，它甚至可能也包含了其他0伤亡类型中的优势要素，如隐形、战争维包含、坚盾等，除此之外可能还有机动能力，武器射击频率等等武器效能上的优势。

战争维包含型：与武器代差有相关性，但并不一定要形成武器代差。它特指以利用武器击毁距离大于敌方，并在敌方击毁距离之外作战而形成的 0 伤亡。双方武器总体上可能并未形成代差，仅仅是击毁距离的指标上出现少许数量的差距，就足以形成战争维包含型的 0 伤亡作战。如西班牙和英国于 1588 年 8 月 8 日在英吉利海峡进行的格拉沃利那大海战中，英国舰队数量上并不如西班牙，但仅因其火炮射程略超过西班牙舰队，英国舰队利用这一点形成了对西班牙舰队战争维包含型的 0 伤亡作战状态，进而大获全胜。英国舰队击沉西班牙舰队 16 艘军舰，自身却仅有军舰受伤，无一艘被击沉，阵亡水手也仅百名。不幸的是西班牙舰队在绕道苏格兰回国途中，又两次遭遇暴风雨，大量舰只被暴风雨吹散或打翻，最后回到西班牙时 100 多艘军舰的无敌舰队损失大半。

坚盾型： 依靠即使遭到敌方火力打击，甚至被敌方火力命中，也不可被击毁或击伤的坚强防御装备。坦克、装甲、盾牌、铠甲等都是采取这个思路。在冷兵器时代，城墙也是可以极为有效防护敌方攻击的坚盾。但事实上，"坚盾"在绝大多数情况下只能一定程度减少敌方毁伤效率，不应指望太多。因为敌方会极尽全力提升击毁能力，这使坚盾的效果尤其在现代军事技术发展的绝大多数情况下都只能很短暂的获得。这也是对中国长城的作用存在巨大争论的原因所在。而像第二次世界大战时法军的马其诺防线，被德军绕过而未起到任何作用。坚盾只能防御一定方向的攻击，如果躲开这一方向，坚盾就不再有意义。因城墙的坚盾阻挡，特洛伊战争初期希腊军队进攻了 10 年都未攻下特洛伊城。但通过特洛伊木马绕开对城墙的攻击，而直接进入城内，城墙的坚盾瞬间就不再有任何作用和意义。

所谓负向式是指造成我方 0 伤亡的直接原因主要来自敌方。它们有：

崩溃型： 军队作战意志完全崩溃，从而毁伤效率降低为 0。所谓兵败如山倒，因此，军队意志的崩溃，尤其军队统帅意志的崩溃是最为糟糕的状态。一个优秀的军队统帅会在最困难条件下有效阻止军队意志的崩溃。

主动有序撤退与溃败的区别： 有序撤退是在后退过程中保持击毁效率，士兵的枪口和目光是朝向敌方的。溃败则是在后退过程中击毁效率极大下降，甚至降为 0。士兵的枪口已经不知道朝向什么方向。当慌忙逃窜的士兵完全是后背朝向敌人的枪口时，结果是可想而知的。

耗竭型：当军队弹尽粮绝，从而导致毁伤能力极大下降，甚至降低为 0。

无论是敌方的崩溃还是耗竭，一般都只是一个短暂的状态。因此，应力求在敌方陷入这种状态时乘胜追击，尽可能增大在这种状态下作战的时间，以求尽可能获得更大程度和范围 0 伤亡作战的效果。一旦错过战机，使敌方逃脱，经过恢复和休整，敌方恢复元气和士气，这种 0 伤亡作战的状态就不再成立了。

2.0 伤亡的全部理论类型名称

由于 0 伤亡会存在我方 0 伤亡和敌方 0 伤亡 2 种可能，因此，全部的 0 伤亡理论可能性有 7×2=14 种。如果再以"0 伤亡"和"0 毁伤效率"2 种不同方向的名称来表示，就可以有 14×2=28 种不同类型。

一个完整的 0 伤亡名称表示如下：

"我方突袭型 0 伤亡敌方被突袭型 0 毁伤效率"。因我方 0 伤亡必然对应于敌方 0 毁伤效率。因此，上述名称可以简化为"我方突袭型 0 伤亡"，或"我方突袭型 0 毁伤效率"。因突袭型属于正向式，因此，名称中后一部分负向表示的"0 毁伤效率"，显然是指"敌方 0 毁伤效率"。这个名称模式可总结为：

敌我方（也可以红 B 方、甲乙方等或实际双方名称表示）＋类型＋方向名称

以下是所有类型名称汇总：

以"0 伤亡"表达的 14 种类型：

（1）我方突袭型 0 伤亡。

（2）我方隐身型 0 伤亡。

（3）我方武器代差型 0 伤亡。

（4）我方战争维包含型 0 伤亡。

（5）我方坚盾型 0 伤亡。

（6）我方崩溃型 0 伤亡（敌方 0 伤亡，我方 0 毁伤效率）。

（7）我方耗竭型0伤亡（敌方0伤亡，我方0毁伤效率）。

（8）敌方突袭型0伤亡。

（9）敌方隐身型0伤亡。

（10）敌方武器代差型0伤亡。

（11）敌方战争维包含型0伤亡。

（12）敌方坚盾型0伤亡。

（13）敌方崩溃型0伤亡（我方0伤亡，敌方0毁伤效率）。

（14）敌方耗竭型0伤亡（我方0伤亡，敌方0毁伤效率）。

以"0毁伤效率"表达的另14种类型：

（1）我方突袭型0毁伤效率（我方0伤亡，敌方0毁伤效率）。

（2）我方隐身型0毁伤效率（我方0伤亡，敌方0毁伤效率）。

（3）我方武器代差型0毁伤效率（我方0伤亡，敌方0毁伤效率）。

（4）我方战争维包含型0毁伤效率（我方0伤亡，敌方0毁伤效率）。

（5）我方坚盾型0毁伤效率（我方0伤亡，敌方0毁伤效率）。

（6）我方崩溃型0毁伤效率。

（7）我方耗竭型0毁伤效率。

（8）敌方突袭型0毁伤效率（敌方0伤亡，我方0毁伤效率）。

（9）敌方隐身型0毁伤效率（敌方0伤亡，我方0毁伤效率）。

（10）敌方武器代差型0毁伤效率（敌方0伤亡，我方0毁伤效率）。

（11）敌方战争维包含型0毁伤效率（敌方0伤亡，我方0毁伤效率）。

（12）敌方坚盾型0毁伤效率（敌方0伤亡，我方0毁伤效率）。

（13）敌方崩溃型0毁伤效率。

（14）敌方耗竭型0毁伤效率。

另外，在突袭型方式中，也可以"被突袭"来从不同侧面进行表述，因此理论上还可有以下4种表述类型。它们仅仅是表述方式的差别，并非全新的类型：

（1）我方被突袭型0毁伤效率。

（2）我方被突袭型0伤亡。

（3）敌方被突袭型 0 毁伤效率。

（4）敌方被突袭型 0 伤亡。

以上敌我方可以换成其他表述方式。如 R 方突袭型 0 伤亡，或美军武器代差型 0 伤亡，解放军战争维包含型 0 伤亡，蓝军被突袭型 0 毁伤效率……

以上不同词汇尽管只有 14 种是实质性的不同类型，但它们有各种不同的方便表达用途。如"因 R 方有效采用心理战术，迅速获得了 B 方崩溃型 0 伤亡的战机"。

克劳塞维茨在《战争论》中非常推崇的主力会战之后、以预备队进行的追击作战，事实上就是属于"敌方崩溃型 0 伤亡作战"。因此，并非只要是追击敌人就一定是属于追击作战，而是必须确认敌人已经或接近崩溃，在此基础上以战役或战略预备队发起追击，才属于真正的"追击作战"。以往有无数战例表明，对并非真正崩溃的敌人进行追击，往往成为落入敌方陷阱的失败战例。敌人是否真正崩溃，事实上很容易判断，就是其战损率是否超过常规崩溃的比例。如果敌人战损率很小，但却快速地败退，就可以判定为是一种诱饵的计谋。敌人既然抛出的只是诱饵，一般就不会是太大的损失量。没有任何军事家会把自己主力部队的极大比例损失，例如主力部队 30% 以上的伤亡拿来做诱饵的。

第六节

战争维包含型 0 伤亡的绝对优势

从原则上说，以上 7 个 0 伤亡类型中，唯有战争维包含型 0 伤亡是一种可称为"绝对的"的 0 伤亡，其他的 0 伤亡类型一般都很难达到"绝对的"程度。如：

突袭会将对手打个措手不及，但不排除很可能会有极少数正在值勤的军人迅速做出反应，并给突袭者以有效杀伤。

隐身是相对的，而不是绝对的。如现代的隐形战机只是减少雷达发现的距离，而不是让雷达绝对无法发现。并且发现目标有很多途径，甚至通过敌方隐形战机起飞的机场，或打入敌方内部的情报人员来获得发现目标的机会。甚至还可能因战场上炮弹乱飞，误打误撞将其实并未被发现的隐形目标击毁。

坚盾也是相对的，只要敌方简单加大武器战斗部的弹药数量，就可加大击毁能力，从而有可能突破坚盾的抗毁能力。如第二次世界大战时期，用一般常规的手榴弹是无法摧毁坦克的，但如果简单地将多个常规手榴弹捆在一起以成倍增大击毁能力，就有可能将单颗手榴弹无法击毁的坦克摧毁。

崩溃和耗竭等显然也都是相对的。一个军队整体上崩溃了，不排除其中有少数极为勇敢的军人依然会抵抗到底。一个军队总体上弹药耗竭，也不排除还有少量军人手中的弹药会发挥作用。

……

但是，如果一方军队是躲在另一方武器击毁距离之外，一般来说无论如何对方的攻击都不会有任何意义，由此达到一种绝对意义上的 0 伤亡。它会形成只有我可以打你，而你根本就打不着我的局面。显然，只有当你根本就打不着我的时候，才是真正绝对意义上的 0 伤亡。因此，追求更大的击毁距离，是一种最为重要的获得 0 伤亡作战的类型。

制空权等之所以可以成立，除其机动性等优势外，可以在更高的位置获得战争维包含型 0 伤亡作战是最关键的原因所在。防空作战在击毁距离上会很吃亏，因为向上射击的弹药因重力的作用，会使同样弹药的击毁距离相对于平射时极大缩短。而从上往下攻击，弹药击毁距离却会比平射大大加长。飞机本身携带弹药的飞行，也可看作是增加击毁距离。地面发射的导弹击毁距离仅仅是其本身的射程，而通过作战飞机发射的导弹，其击毁距离是飞机本身的作战半径加上导弹的射程。当然，从 0 伤亡作战角度来说，飞机本身在这种情况下依然处在敌方武器弹药射程的击毁距离之内。但从飞机的基地角度说，受敌方攻击的距离是飞机作战半径加上飞机携带武器的射程。因此，以空中平台进行作战，相对其他作战平台具有更容易形成战争维包含型 0 伤亡的巨大优势。

战争维包含型 0 伤亡是以己方武器更大击毁距离为前提，这就是为什么当前国际上对导弹武器出口的射程指标如此敏感的原因所在。美国和苏联在 1987 年 12 月 8 日签订的《中导条约》，将射程为 500—5500 千米的中程导弹全部列入禁止部署和销毁之列。1987 年 4 月 16 日，以美国为首的西方七国集团发起并成立"导弹及其技术控制制度"（MTCR：Missile Technology Control Regime），该制度将主要参数超过 300 千米射程 /500 千克载荷的完整火箭系统、无人驾驶飞行器，及其生产设施、主要分系统、再入飞行器、火箭发动机、制导系统等全都列入 I 类最敏感项目禁止出口。这种控制所带来的后果就是：

拥有射程超过 300 千米武器的国家，就具有了对没有超过这个射程武器的国家进行战争维包含型 0 伤亡作战的条件。这就是美国极力推动这一条约的原因所在。

第七节

0 伤亡时间

1.0 伤亡时间

除武器代差型以及战争维包含型 0 伤亡外，一般情况下 0 伤亡并不一定会在战争的全过程中实现。如以突袭方式获得 0 伤亡，敌方在受到攻击后，就会进行战争动员和启动反击过程。在反击过程有效启动后，一般情况下突袭的作用就会消失，此时 0 伤亡就很可能不再存在。我们把 0 伤亡的持续时间称为"0 伤亡时间"，尤其是突袭型 0 伤亡中存在的 0 伤亡时间具有很重要的意义。

2. 全突袭型 0 伤亡作战

如果突袭型 0 伤亡时间大于敌方反应时间，直到敌方全军覆灭也未做出有效反击，那么会使得整个战争过程都变成 0 伤亡。这种方式可称为是"全突袭型 0 伤亡作战"。日本在第二次世界大战时突袭珍珠港，美军在珍珠港的部队几乎在能够有效做出反应之前就全军覆灭，只有极少量战斗单位有效投入战斗，这使日军对珍珠港的突袭作战接近全过程 0 伤亡。美军死亡 2403 人，伤 1278 人，8 艘战列舰中，4 艘被击沉，一艘搁浅，其余都受重创。6 艘巡洋舰和 3 艘驱逐舰被击伤，188 架飞机被击毁。而日军损失仅为 29 架飞机和 5 艘袖珍潜艇，共 65 名士兵阵亡或失踪，并有一位日本潜艇乘员被俘虏。

一个普通人，以突袭方式将一个拳击世界冠军打倒在地，也不是什么奇怪的事情。但是，全突袭 0 伤亡作战一般只能在特定条件下才能获得。一旦被突袭的对象稳住阵脚，并展开反击，一般就不再是 0 伤亡作战状态。作为突袭一方，千万不要仅仅以突袭期间的战果来考虑和评估整个战争期间的战略问题。很显然，上述很多初期以突袭方式获得的巨大战果，在后期被突袭一方，或其联盟启动反击后，战争就会向完全不同的方向转化。

一个普通人绝不要因为可以突袭方式将一个拳击世界冠军击倒在地，就以为可以随意招惹他！

3. "游击战"的本质

要实现全突袭型 0 伤亡作战模式，不仅仅是突袭型 0 伤亡时间大于敌军被全歼的时间，也可以是一方在突袭型 0 伤亡时间结束之前，就主动撤出战斗，从而实现全突袭型 0 伤亡作战。无论敌军是否被全歼，也不管被歼灭了多少。这体现为所谓"游击战"的一种作战模式。这种作战模式的关键就是"只追求突袭的 0 伤亡作战模式，不追求任何必须达成的作战目标"。这是在敌方战斗单位作战能力远大于我方，一旦对方做出反应，将会给我方造成极大打击后果的客观条件下采用的作战模式。这种作战模式是毛泽东式游击战最广泛采用的。因其战斗规模往往较小（规模过大往往难以快速脱身，从而难以真正实现全突袭型 0 伤亡），因此并不受到欧美正规军事家们的重视。但它带来的战果事实上是非常巨大的，毛泽东的游击战术，借此模式而变成一种战略。这种游击战术和战略，以严格精确的学术表达应当为：**"无必须战果目标的全突袭型 0 伤亡作战。"**

所需要指出的是，这是游击战最基本，也是最广泛的作战模式。因过去对游击战并无完全明确和精确的理论描述，因此某些被称为游击战的作战可能难以完全归入上述描述。

第八节

战略纵深

所谓"战略纵深"，主要是指其承受突袭后的反应能力。战略纵深越大，遭受突袭后就越是有充分资源被调动用于进行反击。因此，这是为什么克劳塞维茨说"大国是不可战胜的"的原因。一个小国经过一次突袭后就可能亡国，而一个大国，只要武器装备不出现过大的代差，在经历突袭后就能够有充分时间和空间启动反击，初期的突袭效果就会在后期完全消失。

瑞典的查理大帝、法国的拿破仑、德国的希特勒，三个历史时期的战争狂人都曾经横扫欧洲战场，攻入俄罗斯初期的军队数量从 14 万人、60 万人到 700 万人，武器时代从热兵器初期阶段、热兵器成熟阶段到机器化兵器阶段。但三次战争的结果却几乎完全一样。战争初期俄罗斯军队兵败如山倒，而最后却都在莫斯科这个顶点上进攻者的势头被终止，入侵者最终都被俄罗斯打回欧洲老家。

中国在近百年一次又一次在武器反向代差的条件下，受到巨大战争失败的冲击，却都未亡国，并最终在抗日战争中获得全面胜利。美国在第二次世界大战初期受到日本突袭，经历一次又一次战役层面全军覆灭式的打击，却很快在参战后，启动全国工业军事化，并在不长时间内横扫欧洲和太平洋战场。日本在第二次世界大战期间令人惊奇的、利用高空冲击气流的超远程气球炸弹，虽零散地飘到北美，但因几乎完全无精度可言而不具有任何有效击毁能力。除此之外，日本在整个二战期间连美国北美本土的边都没挨上。

以上所有这些结果，能够以具体的武器装备等战术层面的原因来解释吗？完全不是，原因都在于俄罗斯、中国、美国具有极大的国土面积和战略纵深。

在 1962 年中印边界冲突中，中国军队在战争初期给印军以极大杀伤后，在具有巨大战略优势的条件下却迅速撤离。现在有很多人批评当时中国未能加强战果。而对当时中国战争决策者及时撤出战争给予辩护的人，一般只是认为当时中国后勤补给困难，不得不撤退。这的确是主要的直接原因。但事实上，最根本的深层原因来自于"大国是不可战胜的"这个原则约束。一旦陷入对一个大国的战争中，最后结果必然是一个战争泥潭，即使当时中国军队具备良好的后勤补给线也完全如此。如果认识不到这一点，那就是对战争根本规律完全无知。因此，这是毛泽东一再强调作战要"有理、有利、有节"。尤其"有节"的思想，是最伟大的军事思想之一。特别是对于大国的战争，必须深刻理解这一点。所谓有节，就是不要去超过克劳塞维茨所说的"胜利的顶点"，必须知道什么是自己力量所不能胜任，或即使侥幸胜了也只能惨胜的边界。

一切最终失败的战争狂人，都是在突袭型作战初期的巨大战果诱惑下，冲动地做出发起战争的决定，并且毫无止尽。但最后的战争结果却完全出乎最初的"意外"。其实根本没有任何"意外"。一个国家或国家联盟受到突袭后，并非绝对不会选择投降或赔款求和，但绝大多数情况下，一旦对方做出坚定的反击决定，并竭尽全力应战，马上就会使战争发起者面对完全不同的局面。

记住克劳塞维茨在《战争论》中对战争性质的基本判断：战争是会将一切都推到极限的方式。

在历史上，也的确曾有很多案例显示，大国在外来入侵的冲击下最终被征服。中国历史上有多次外族入侵，并最终被外族征服和统治的，如元朝、清朝等。这些案例的根本原因并非是外力的强大，而是当时中国整个社会本身已经处于接近崩溃的边缘，即使受到外力入侵，也无法因外力刺激扭转社会的崩溃。但更多的案例表明，战争，尤其是针对大国的战争总是毫无例外毁灭一切军事天才的泥潭。

关于战略纵深问题，从逻辑上严格说应归入"战策循环因果序列"中讨论。具有更大战略纵深的国家之所以不可战胜，是因为有更强的恢复能力，参见本书第十章和第十一章。

第三章　战争艺术的精确量化

第九节

追求最杰出的战争成就

1. 战役不同阶段的击毁效率差异

在一般战争过程中，很可能会有三个击毁效率完全不同的阶段：

突袭型 0 伤亡阶段。被突袭一方击毁效率为 0。

"互击毁作战阶段"，或称为"消耗战阶段"。在常规战争维双方正常交战阶段，双方都有正常状态下的击毁效率。这是一种双方拼消耗的过程。它是在几乎不再有信息隐藏状态下，双方直接刀对刀、枪对枪、炮对炮……的对攻。

某一方战斗力耗竭，进入"耗竭型 0 击毁效率"阶段。或者是虽然还存在客观上的作战能力，但因作战意志崩溃，进入"崩溃型 0 击毁效率"阶段。此时，另一方如果有预备队进行追击作战，将可获得极大的"敌方耗竭型 0 伤亡"或"敌方崩溃型 0 伤亡"作战的战果。因此，这就是为什么克劳塞维茨特别强调有预备队的重要性，并且强调最后的追击作战才是真正可以"计入账本"的战果。

在当今时代，由于军事科技最发达国家可以形成很大的武器代差，因此当代的很多战争从一开始直到战争结束，会形成全过程的武器代差型 0 伤亡战争。所谓"首战即决战"是不准确的。"决战"一般是中间阶段的互击毁消耗战，而过去战争中最终的阶段是"追击作战"。无论是以突袭方式，还是以武器代差方式，或是敌方崩溃方式，如果能够获得全过程的 0 伤亡，这无疑是战争艺术的最优模式。

大多数军事家们往往只把眼光放在常规战争维里，双方正常交战的拼消耗模式——即以互击毁阶段考虑问题。而真正天才的军事家们则都是极力避免以这种模式进行作战（尽管不可能 100% 做到），并尽可能追求各种 0 伤亡作战模式。如果必须要进行互击毁作战，也是要在尽可能集中最大击毁效率武器装备，并以我方最大极限战损率小于 7.33% 等前提下进行作战。如果不具备以上前提，就极力避免交战。尤其要绝对避免我方 0 击毁效率的作战，或战损率有可能会超过战损崩溃点的作战。

2. 获得最杰出战争成就的途径

一个杰出的军事家不仅是要获得胜利，而且是要追求在已有条件下最杰出的战争胜利。它归结起来有 4 个途径：

（1）追求各种不同类型的 0 伤亡作战。

（2）在只能进行非 0 伤亡作战中，以己方最大击毁效率作战——将击毁效率最高的、最先进的武器装备最大程度地集中使用。

（3）以隐形、防御等手段在敌方最小击毁效率条件下作战。

（4）追求相对战斗单位数量至少 $3 \times \sqrt{\dfrac{敌方击毁效率}{我方击毁效率}}$ 倍以上优势的作战。如，即使我方武器击毁效率为敌方 2 倍，也要集结相对敌方至少 $3 \times \sqrt{\dfrac{1}{2}} = 2.12$ 倍以上的数量优势加入战争维，而绝不可因为自己拥有更为先进的精确制导等高科技武器而轻敌，误以为只要敌方 1 半的战斗单位数量就足矣。

如不具备以上条件，就应坚决地避免作战，即使承受很多舆论的羞辱，也不要去以全军覆灭的代价逞一时之能。

"胜兵先胜而后求战，败兵先战而后求胜""善战者，其战胜者不忒。不忒者，其所措心胜，胜已败者也"。毛泽东最伟大的军事思想就是："打得赢就打，打不赢就走；不打无准备之仗，尤其永远不要去打开战之前就已经注定打不赢的仗。"对于战争本身的规律来说，除了打赢之外，其他一切讨论不仅是毫无意义和价值，甚至可能是祸害无穷的。

如果世界上存在战无不胜的军事家，就是只去打能够经过战争循环因果序列计算后可以打赢战争的军事家。

如果打不赢，无论其他人说什么，都应"能避之""能逃之"。否则，"小敌之坚"，只能成为"大敌之擒也"。即使属于被迫应战，也应设法迅速脱离战场。

第十节

预备队

1. 使用预备队的条件

预先将一部分兵力储备下来，在战役最后阶段再投入使用，这种"预备队"的兵力使用方法是一种经典的用兵方法。

但是，如果我们假设一场战役中自始至终击毁效率完全相同的话，会发现如果在一开始就投入所有兵力，会比后面阶段再投入兵力要获得更大的战果。例如，假设 R 方初始阶段有 1000 兵力，B 方有 500 人，假设双方击毁效率都是 4%。则交战结果是在第 14 个时序，R 方全歼 B 方，R 方战损为 144。

而如果在一开始留出 200 人作为预备队，先以 800 人对 500 进行交战，200 人的预备队在第 10 个时序加入战斗，其他条件都相同。由此可算得结果是 R 方在第 17 个时序全歼 B 方，R 方战损为 177。采用预备队方法的结果是战损更大，并且全歼 B 方所用的时间更长。这是怎么回事呢？

如果作战中可以一直保持击毁效率不变，那么是不应该采用预备队方式的。预备队方式之所以有效，前提就在于双方击毁效率在作战中并不是一直不变的状态：

由于作战对弹药的消耗，以及作战中武器装备的损伤，作战效能会不断下降。最严重的情况是弹尽粮绝，会进入耗竭型 0 击毁效率状态。

参战部分的军队士兵因所在部队的伤亡增加，有可能会使其战斗意志下降，导致作战效能下降。最严重的情况是作战意志崩溃，即使此时还有弹药，也可能进入战损崩溃型 0 击毁效率状态。

因作战是一种运动量极大的活动，因体能消耗的不断增加，士兵的作战效能会不断下降，最严重的是进入体能耗竭型 0 击毁效率状态。当然，如果是无人作战系统，只要动力系统不耗尽，没有受伤，其作战效能一般来说就不会降低。因此，无人作战系统在这一点上可能存在与有人作战系统的差异。但即使是无人作战系统，其动力系统、弹药等也可能会耗竭。并且如果受伤的话，其作战效能也可能会下降。

在以空战为主的情况，存在强有力的前线空军基地补给能力，再以不同波次进行空战，这样某个攻击波次返回的战机可以进行补给，飞行员也可以休息恢复体力。这样的空战可以使击毁效率在非常长的时期内一直保持不变。在这种情况下，就可以在一开始就出动所有空军力量，而不需要留预备队。这就是所谓"首战即决战"战术的来源。但它也是有条件的，事实上这是在存在武器代差型 0 伤亡作战条件下才会形成的状态。如果敌方具有大致接近的空战能力，并给自己带来一定的持续毁伤，战机的恢复所需要的时间就太长，"首战即决战"就不存在可行的条件了，这就会回到与其他作战几乎一样的普通状态，预备队的战术就具有可以成立的条件。

战斗中的击毁效率不仅受武器和人员自身状态影响，更关键的是也受敌方作战状态的影响。如果当敌方作战能力下降时，会使我方受到的压力降低，从而很容易使我方击毁效率相比受到敌方最佳状态攻击时有所提升。当不用躲避敌方较多炮火时，其更多时间和精力就可用于更精确地击杀敌方。这一点是非常重要且极为关键的。

我们还是以 R 方 1000 人，B 方 500 人，击毁效率最初都是 4%，但双方都会在作战到第 6 个时序时，击毁效率降低到 1%。从第 7 个时序开始，双方一开始就加入战斗的作战人员击毁效率都降为 1%。先假设一开始作战时，双方都投入全部力量作战，此时结果为 R 方在第 37 个时序全歼 B 方，极限战损为 139。

表 3-1　*B* 方预备队不同击毁效率情况下的最终战果

B 方预备队前 6 个 时序击毁效率	R 方获胜时序位置	R 方获胜时剩余兵力	R 方极限战损
非预备队方式	37	861	139
4%	37	869	131
6%	37	858	142
10%	38	835	165
15%	39	807	193
20%	40	778	222
30%	41	720	280

假设 B 方采用预备队在第 6 个时序加入战斗，并且预备队也是在作战 6 个时序后，击毁效率降低为 1%。表 3-1 计算了在预备队不同击毁效率情况下的最终战果。由此可见，只有当预备队可提升击毁效率时，这种方式才可以获得战果的提升。

因此可以看出，并非简单地只要采用预备队方式就一定会有正面作用。预备队的采用提升的击毁效率越大，作战效果就越好。为了达成这一点，投入预备队的时机就非常重要，必须是在敌方因耗竭或崩溃使得其击毁效率极大下降时。此时敌方击毁效率的极大下降，才可以使我方预备队投入战斗时的击毁效率高于敌方正常作战的时候。

2. 预备队的多种作用

以上分析是从积极角度来看待预备队作用的，希望以预备队方式增加作战效能。但事实上，采用预备队并非完全是从这种角度来考虑问题。总体上说，它有三个方面的作用：

一是如上节所述，采用预备队获得作战效能的提升。在敌方因崩溃或耗竭等陷入击毁效率大幅度下降时，采用预备队进行追击作战。这是积极角度的考虑。

以下两个是从负面角度考虑：

二是因为战争中很可能出现大量意外情况，不可能在战前完全确定所有过程。如果在作战时出现己方的防线被意外突破，或某个方面作战力量突显不足，预备队可以作为机动力量使用，以进行战争维中的补缺。

第三个方面是从最坏角度考虑。如果己方主力部队战败，或因耗竭、越过战损崩溃点等而发生溃败，为避免陷入敌方以 0 伤亡进行追杀，将预备队顶上阻击敌方，可以让已经陷入耗竭或崩溃的主力部队有序撤退。

第四章

0 伤亡与战争维分割

坎尼会战的数学分析

1. 迦太基骑兵形成的两种 0 伤亡作战

坎尼会战是非常著名的一次冷兵器时代的战例。此战中，汉尼拔指挥的迦太基军队，不仅战胜了超过自己数量 1 倍左右的 8 万罗马军队主力，而且竟然以相对较小的战损使罗马军队遭受到近 90% 的伤亡，似乎构成一个对战争基本循环因果序列的反例。但事实上并非如此。

后来的军事家们在总结此战胜利原因时，比较多地提到汉尼拔采用的新月形布阵的战术效力。这个布阵在战术上的确对包围罗马军队起到关键作用。但罗马军队败到如此之惨的程度，仅靠这个战术的效力远远难以解释。如此显著的以少胜多，并且使对手遭受如此之大战损的结果，以战争循环因果序列规律来看，很显然地属于存在部分 0 伤亡作战才能达到的效果。如果没有这个关键性的因素，即使迦太基步兵形成了对罗马步兵的包围，并且最终也获得胜利，罗马军队伤亡不可能会达到这么大的程度，另外迦太基军队自身的伤亡也会大大超过实战的结果。

骑兵＋弓箭，或投射的标枪具有较大的战争维。投射的标枪在一般情况下，击毁效率并不一定很高，因为对方发现后若有足够空间和时间躲闪，就可极大减少自身伤亡机会。因此，一般交战中只有集中大量兵力同时投射才可有效地显著提升击毁效率。而当罗马军团被挤压和包围时，投射的标枪击毁效率会大幅度地提升。此时拥挤在一起的士兵不仅很难躲闪，而且躲闪动作还会造成自相践踏。

此战最后结果，汉尼拔的军队也承受了较高的 17000 千多人的伤亡。战死 6000 多人，其中有 4000 多人是中路的高卢步兵，有 1500 多其他步兵，而骑兵战死者只有 500 多人。可以看到，骑兵伤亡率远低于步兵，并且一个很合理的假设是这些伤亡主要是因与罗马 6000 骑兵交手、并击败该对手时产生的伤亡。由此可见，迦太基的步兵在与罗马步兵短兵相接的战斗中，伤亡率也非常高。而在迦太基骑兵击败罗马骑兵之后，从罗马军队后方包围并攻击其步兵时，所受到的伤亡却几乎可以忽略不计。这清楚显示了他们在与步兵的战斗过程中，是以近似 0 伤亡状态在与罗马军队作战。

它开始时是属于战争维包含型 0 伤亡作战。这样的状态一旦形成，无疑将很快使罗马军团的后部军心大乱，并陷入崩溃。糟糕的是，其后方军队受到这样的打击并陷入崩溃后，会慌忙地向前躲闪，以躲避迦太基骑兵的进攻。这就导致整个罗马军团高度拥挤在一起而自相践踏，并将恐慌和崩溃情绪迅速传递到整个军队，进而使整个罗马军团陷入崩溃型 0 击毁效率状态。

如果没有迦太基骑兵后方的 0 伤亡作战导致整个罗马军团崩溃，在正面和侧翼步兵的厮杀将会是一场长久维持的消耗战，这会对迦太基军队构成比实际结果大得多的伤亡数量。甚至最后因迦太基军队数量不足还可能陷入失败的结局，尽管同时罗马军队遭受的损失也还是会很惨重。

2. 新月形布阵形成的战争维分割

汉尼拔在此战步兵的新月形布阵的确起到了相当好的作用，但我们必须清晰地明白其作用到底是什么。

很多对此战役的军事研究和评述都提到，迦太基军队后来对罗马军团"分割包围"，加以歼灭。但从大致公认的战役发展地图上看，我们很难理解迦太基军队是怎么能够对罗马军队"分割"的。因为整个罗马军队是高度地拥挤在一起，其内部都很少有机动的缝隙。迦太基军队怎么能够插得进去呢？并且，如果迦太基部分军队冲入敌阵，弄不好是自己陷入对方的包围之中而反被敌方歼灭。

军事研究者们之所以一定要设想迦太基军队对罗马军队进行了分割歼灭，是因为在数量上敌多我少的情况下，如果不对敌人进行分割的话，根本无法理解迦太基军队怎么能够做到在其数量相比对手更少的步兵作战中，能够以极大的优势歼灭敌人。尤其是在冷兵器时代，双方士兵之间一般难以形成太大的击毁效率差异。如果没有数量上分割敌方的话，以战争循环因果序列或一般经验性的军事理论来看，难以形成以少胜多、而且伤亡率竟然还极大地低于敌方的结局。虽然存在上述 0 伤亡作战的情况。

一般情况下，分割都是将敌方军队在空间上切割成不同区域来实现。但坎尼会战中，迦太基军队是对罗马军队形成了一种极特殊的"战争维分割"。

在冷兵器时代，战斗时的静态战争维很可能远小于双方兵力集结范围。战斗只发生在双方长矛 + 手臂的狭窄空间范围，这个距离只有一二十米。而双方军队方阵的尺寸却可能以百米甚至千米计算。这样会发生军队方阵后面的士兵不在真正的静态战争维中的情况。

这一特点是坎尼会战中，汉尼拔能够通过精巧的布阵，即使在步兵的交战中也能以极大战果优势战胜数量上多于自己 1 倍左右罗马军团的原因所在。

因为一旦罗马军队高度地、大致呈一个半圆形地拥挤在一起，位于中央的大部分罗马军队就处于当时的战争维之外，而无法起作用了。只有在包围圈的边缘上才处于可以实际交战的战争维之内。因此，尽管整个罗马军队看起来还是处于一个完整的空间区域，但却处于包围圈边缘和中央相互分割的状态。

我们取半圆的半径为 r，而半圆形边缘厚度为其半径的 10% 来计算。

半圆形的面积 $A = \dfrac{1}{2}\pi r^2$

半径减少 10% 的半圆面积为：$\dfrac{1}{2}\pi\,(90\%r)^2 = 81\% \dfrac{1}{2}\pi r^2 = 81\% A$

因此，处于边缘 10% 半径的面积为 19%A。

同理，如果半圆形边缘厚度是半径的 5% 的话，可得其边缘面积占总面积的比例为 9.75%。假设坎尼会战后期形成的半圆形战场半径为 1000

米的话，边缘战争维宽度为 20 米，其半圆形外沿战争维的面积占总面积的比例竟然只有 3.96%。如果罗马军队总人数为 8 万人，也就是说，此刻处于战争维中的军队数量竟然只有 8 万 ×3.96%=3168 人！这 3168 名罗马步兵要与迦太基充分展开的近 3 万步兵进行对攻，怎么可能不面对惨败的结局！如果考虑到战场尺寸，以及实际战争维假设的误差，以边缘战争维宽度为半径的不同比例进行计算，可以得到不同假设条件下罗马军队同一时刻进入战争维可以参战的军队数量见表 4-1：

表 4-1　不同假设条件下，罗马军队同一时刻进入战争维的可参战军队数量

战争维厚度比例	进入战争维的罗马军队数量
2%	3168
3%	4728
4%	6272
5%	7800
6%	9312
7%	10808
8%	12288
9%	13752
10%	15200

以上计算时假设罗马军队总人数是 8 万人。假设在其较为拥挤的情况下，以罗马军队平均每人占有的战场面积不同假设，可以简单估算出形成半圆形包围圈时的战场半径。

表 4-2　形成半圆形包围圈时的战场半径

平均每人占有面积（m²）	战场半径（m）
1	226
2	319

平均每人占有面积（m²）	战场半径（m）
3	391
4	451
5	505
6	553
7	597
8	638
9	677
10	714
15	874
20	1009

如果战场半径越大，战争维面积所占比例就越小。按以上计算最大半径时，战争维厚度占半径比例为2%；而如果战场半径越小，战争维所占面积比例可以越大，但罗马军队士兵活动空间就越小，从而影响其作战能力，最终影响击毁效率。按以上计算最小半径时，战争维厚度占半径比例为10%。此时战争维中罗马军队数量处于最高水平，也仅为迦太基军队一半。

进行此计算时假设罗马军队是均匀分布在半圆形平面内，可能会有一定误差。因为如果有一定空间的话，罗马军队应当是在边缘战争维中密度与迦太基军队一样。此时按几何规律，假设迦太基军队战争维厚度与罗马军队一样，其占有的外圈面积会比罗马军队的内圈面积略大一些。也就是其军队数量略多一些。

在击毁效率上，因迦太基处于外圈，其活动和机动空间会更大。处于外圈的迦太基士兵如果从空中向内投射标枪，会增大其战争维，并有效击毁圈内密集分布的罗马军队。而处于内圈的罗马军队一是因拥挤难以施展。另外即便他们投出标枪，因迦太基军队是较薄的一层，一旦投远就无法具备有效击毁能力。

当天罗马军队处于迎风方向，因军队活动掀起的尘土影响了罗马军队的视线，这也影响了其击毁效率。

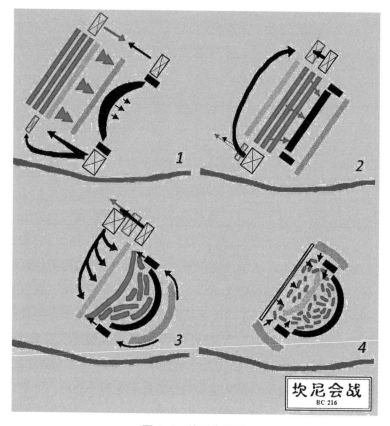

图4-1　坎尼会战图

1. 迦太基的新月形布阵和罗马军队的布阵。

2. 迦太基非洲战象部队和骑兵从左路首先攻克罗马骑兵，并绕到右路夹击罗马骑兵。

3. 迦太基骑兵从罗马军队后方包抄，形成对罗马军队的挤压。

4. 迦太基军队对罗马军队形成剥洋葱式的战争维优势。

从几何上看，圆形是以最小的边线长度提供最大的中间面积。这就使整个战役过程中，总是分割出尽可能少的罗马步兵进入战争维中，与充分同时展开的迦太基步兵进行交战，而把尽可能多的罗马军队隔离在战争维之外的中央面积中。然后沿着包围圈的边缘线，将罗马军队逐次层层歼灭。

因此，虽然整个战役过程中，罗马军队整体数量超过迦太基军队，但在每一个具体时刻，即使以步兵数量计算，真正处于战争维之中的迦太基军队数量却都远超过罗马军队。罗马军队就像从中央切下的洋葱块一样，虽然空间上是一个密集的整体，却被分割成一层又一层薄薄的半圆形洋葱线圈，被汉尼拔的军队从外向里层层剥下吃掉。

在罗马军队后部大致呈直线形（半圆的直径）的包围线上，为迦太基骑兵提供了最高效率的以 0 伤亡击毁敌人，同时又可以有充分空间随时机动撤退的条件。

以上就是为什么坎尼会战中，迦太基军队能以如此之高的交换比，战胜比自己总人数更多敌人的数学奥秘。它不仅没有违反战争循环因果序列，反而以另一种方式更严格地证实了它。

从战略上说，要进行一场战役需要军队有效集结在一个战场，从而提供尽可能多的军队数量。而在真正进行战斗的时候，又需要在战术上将军队充分展开，以使所有军队尽可能同时发挥击毁能力，从而提升每个时序的击毁效率。因此可以看到，在火绳枪和燧发枪时代，为了使军队所有士兵同时发挥击毁能力，其布阵是所有人员尽量站成一排，同时向敌方开火。而在今天看来，这实在是不可思议，因为它也会造成敌方攻击时很高的毁伤效率。

在冷兵器时代，军队需要有相隔一定空间的方阵，以使得己方军队保持一致地攻击敌方的同时，也相互保护。罗马军队在坎尼会战之后，从该战役中充分总结了教训。如对军队方阵做出改革，将方阵分为很多细少的分队，每个分队可独立移动，以提供更高的灵活性。这些改革使罗马军队的机动性和战斗力获得了极大提升。

第二节
马拉松战役

1. 希腊联军存在 0 伤亡作战

在马拉松战役中，希腊联军约 1.1 万人，而波斯军队约为 1.5 万人，波斯军队人数上略占优势。但是，此战结果却是希腊联军以区区 192 人伤亡的代价，杀伤波斯军队 6400 多人。这样以少胜多，并且伤亡远比对手小的战果，依战争循环因果序列可看出，其中一定存在希腊军队以 0 伤亡作战的情况。事实表明也正是如此。

2. 波斯军队的优势及问题

波斯军队的步兵方阵一般是 10×10 队形，每一个面向敌人的 10 人纵列代表一个基本战术单位"10 人队"，队长站在前列，装备一面长方形盾牌和一支约两米的长矛，上身披轻便的鳞片甲。他身后的 9 名步兵，每人装备一副弓箭和一柄弯刀，一般不披铠甲。战斗时队长负责抵挡敌人步骑兵的冲击，而身后的 9 名弓箭手以密集的齐射杀伤敌军，其中只有第二排的弓箭手能够从队长的身旁直射敌人，后面的 8 人则是对空放箭，射角由前到后逐渐抬高至 45°，这样在阵前 300 米以内构成弓箭的火力覆盖。当敌人被波斯人的箭雨大量杀伤，溃不成军之时，波斯步兵就开始冲锋，他们将弓收入箭囊，拔出弯刀，冲入敌阵近身格斗。

本来，在冷兵器时代，弓箭是击毁距离最远的武器。如果敌方不能有效防卫弓箭的射杀，波斯军队在以这种方式作战的初期将拥有战争维包含型 0 伤亡作战的巨大优势。弓箭的大规模集中使用，就是冷兵器时代的战前"炮火准备"。这是波斯军队在此前 50 多年时间打遍周边无敌手的军事优势所在。

但是，波斯军队的两个弱点在马拉松战役中成了致命问题：

　　一是因为其重视弓箭攻击而形成的杀伤力无人能挡，因此对自身士兵防护就不太重视，只有第一排士兵有铠甲防护，后排士兵几乎无防护。这样在过去的作战中，因进行第一波的密集"炮火准备"之后，一般情况下敌方就已经溃不成军。没有防护可轻装上阵，在后续的短兵相接交战中可增大杀伤力。但如果遇到对方较强的攻击，其自身伤亡率也会大增。

　　二是波斯人使用的箭是一种三棱宽刃箭镞，青铜质地，带倒钩，杀伤力强大，但穿透力不足。这一弱点使得其在攻击希腊重装步兵的严密防护铠甲时，攻击力完全丧失。

　　类似地，中国志愿军在朝鲜战场采用猫耳洞等防护工事，也使美军超过范弗里特当量 5 倍的炮火准备失去攻击效果。

　　以上两个问题只有同时存在时，对波斯军队才是问题。因为如果其弓箭的攻击力不受影响的话，开始初期的几波弓箭攻击之后，敌方的攻击力就被杀得所剩无几了。因此其防护力弱就不会是问题。而一旦其弓箭的攻击如果因敌方的防护较强不具有杀伤力之后，敌方的杀伤力依旧强大，这时波斯军队的防护力弱就成为重大问题了。

　　波斯骑兵借鉴游牧民族的游击战术，也主要依靠弓箭杀伤敌人，战斗时波斯骑兵一般会迂回到敌人的侧后方发起攻击，等到敌军阵形散乱时才会排成密集队形冲击敌人。在一般情况下，波斯骑兵同样可发挥冷兵器时代"骑兵＋弓箭"这种"最高的机动性＋最远杀伤距离"的巨大优势，可以形成战争维包含型 0 伤亡作战。但在马拉松战役中，因希腊联军利用紧贴两翼沼泽的有利地形布阵，使得波斯骑兵无法通过侧翼迂回到希腊军队侧后方。

3. 希腊联军坚盾型 0 伤亡作战形成的条件

　　希腊联军当时拥有一支训练有素的精兵和著名的希腊长矛密集阵战术（Phalanx）（希腊方阵）。希腊军队的这种重装步兵（Hoplite）的装备包括青铜打造的头盔、胸甲和肩甲，躯干的其他部位着鳞片甲。尤其一面浅碟形圆盾直径约 1 米，表面是一层青铜蒙皮，这可以形成非常好的防护。主要兵器是一支长约 3 米的矛，辅助兵器是一柄 60 厘米长的短剑。希腊步兵战斗时组成密集的方阵，通常有 8 行纵深，前 4 排士兵持矛水平向前，后排的长矛叠在前排长矛之上，而后 4 排则将矛竖立。希腊的密集阵战术对士兵的身体素质和战术素养要求非常高，一个全副武装的步兵需要负重 40 公斤，进行长距离的奔跑和高强度的冲刺。一个希腊方阵必须在任何情况下保持队形紧密，步调一致，这需要长时间的队列训练才能达到。

图 4-2　希腊重装步兵

与坎尼会战类似，希腊联军的指挥将领米提亚德采用了加强两翼，中间薄弱的布阵。他采用这种布阵在战役后期达成了与坎尼会战同样的效果——将波斯军队呈半圆形包围起来，但这种战果对米提亚德来说是一个意外收获。最初他采用这种阵形的目的只是为防止波斯骑兵袭击他的侧后方。无论如何，这种包围带来了相同的对波斯军队"战争维分割"的效果。

就像在坎尼会战中一样，仅仅以"战争维分割"方式切割对手，并不会形成如此之大的伤亡率差异。关键在于希腊士兵的严密个人防护和密集阵形，使波斯军队的弓箭攻击完全失去作用。希腊方阵的密集长矛和波斯方阵士兵个人防护的薄弱，使得希腊军队形成了较高击毁效率状态下的"坚盾型0伤亡作战"。即使是希腊联军相对极少的伤亡，绝大部分也是发生在战斗最后，为追击已经开始向船上逃跑的波斯军队，希腊方阵自己也已经打乱的状态之下。由此可见，在希腊联军以严密方阵与波斯军队交战的过程中，几乎接近完全的"坚盾型0伤亡"状态。这就像第二次世界大战初期的德军，以密集的坦克攻击手持马刀的波兰骑兵一样。

一般来说，能够真正形成这种坚盾型0伤亡作战的时机都不会是很长的。坦克装甲和反坦克武器的发展历史很好地说明了这一点。一旦一种新的防护力更强的军事技术获得应用，就会有人努力发明可以攻破这种防护的武器。因此，任何一种"坚盾"能够达到形成坚盾型0伤亡作战的时机都是一个相对短暂的阶段。

如果马拉松战役之后，波斯军队能够接受教训，改进弓箭的箭头，那么，波斯帝国的战斗力优势还会保持非常长的时间。遗憾的是，波斯军队在马拉松之战后似乎并未接受战役中的教训，在10年之后的第二次波希战争中，类似的事情再次发生。在著名的温泉关战役中，波斯军队的这种密集弓箭攻击，也因斯巴达军队采用大面积盾牌防护而失效。战役第一天，波斯军队付出巨大伤亡代价，而希腊联军仅损失两三名斯巴达士兵。

第三节
再论战争维分割

　　在战争史上，战争维分割方式曾多次为军队数量薄弱的一方提供有利条件。如公元前 480 年，作为波希战争转折点的萨拉米海战中，希腊海军以不到 400 艘战舰对阵波斯联军的 1200 多艘战舰。在对手多于自己 3 倍战舰数量的情况下，却以损失 40 艘战舰的代价，击毁波斯海军 200 多艘战舰。此战获胜的关键所在，就是希腊海军利用狭长的萨拉米斯海峡，使得波斯海军的大量战船无法充分集结对希腊海军同时攻击，从而利用自己战船短小灵活的优势，对波斯海军形成了战争维分割。

　　同年更早些时候，在著名的温泉关战役中，根据希罗多德的历史记载，希腊军队是有 6700 人，而并不是传说中夸张到只有 300 斯巴达勇士。但即使是这样，面对 20 万波斯大军，数量上的敌强我弱也是极为显著的。此战中，列奥尼达率领的希腊联军一方面利用马拉松战役中发挥了出色效力的希腊方阵，挡住了波斯军队的密集弓箭攻击。另一方面，利用温泉关一条最窄处只能通过一辆战车的狭长通道，对进攻的波斯军队有效形成了战争维分割。此战虽然最后包括 298 名斯巴达勇士在内的希腊军队几乎全军覆灭，并最终还是丢失了温泉关防守，但也使得波斯军队为攻下温泉关付出了 2 万人伤亡的巨大代价。如果不是因一名名叫埃彼阿提斯的农民告密，使波斯军队抄小路迂回到希腊联军背后，其付出的伤亡代价显然会远比这大得多。

　　公元 1597 年 10 月 26 日，朝鲜名将李舜臣与日军在韩国鸣梁海峡的一场海战，李舜臣以 12 艘龟船击败 330 余艘日舰组成的舰队，击沉 31 艘，击毁 92 艘。日军伤亡数以千计，而李舜臣的海军仅损失 34 人，无一艘船只被毁，创下世界海战史上难以超越的奇迹。此战李舜臣利用狭窄到只有不到 300 米宽的鸣梁海峡，有效将日军舰队进行了战争维分割。并利用鸣梁海峡的特殊地理特征和反复的潮水特性设伏，用固定在两岸的铁索和水中的障碍物将日军船只困于海峡之中。朝鲜海军的龟船在湍急的海水中因船体宽而保持平稳，使得其火炮命中率很高，而日本海军船只被湍急的海水摇晃不已，不仅无法对朝鲜船只有效射击，而且自己互相碰撞受损。这些使得李舜臣指挥的朝鲜海军达成 0 伤亡作战的状态。

第五章

势均力敌的消耗战

当战争双方实力很接近时，就会形成消耗战。消耗战是最终会打成平局，同归于尽的战争形式。如果击毁效率相同，处于战争维中军队数量也相同，就会形成消耗战的局面。从一般情况来说，处于战争维中的战斗单位数量平方乘以其击毁效率如果相等的话，也会形成势均力敌的消耗战局面。例如，R方战斗单位数量为100，击毁效率为5%，B方战斗单位数量为50，击毁效率为20%，双方交战也会形成势均力敌的消耗战局面。因为：

$$100^2 \times 5\% = 50^2 \times 20\% = 500$$

博罗季诺会战

博罗季诺会战中，双方军队数量差异很小。从总体上俄军稍多一点：俄军 15.4 万人，法军 13.5 万人。但在交战最激烈的 9 月 7 日当天，实际战争维中的法军略多一点：法军是 13 万人，俄军是 12.2 万人。而法军的 1.85 万皇家近卫军最后并未参战，俄军的 1.7 万民兵和哥察克骑兵也未参战。因此，双方在 9 月 7 日当天的实际参战部队几乎是相同的，法军只是略多一点，其投入战争维中的战斗单位数量优势仅仅略多于 6% 左右，法军作战素质略高于俄军。但双方战斗意志几乎相同，火炮数量差不多，且都采用集中大规模使用的战术，击毁效率接近。

因此，以战争循环因果序列来分析，这是一个典型的、双方实力大致平衡的消耗战。实际交战结果也是如此，俄军伤亡约为 4.4 万人，法军伤亡为 3.5 万人左右。

第二节

控制军队战损崩溃点的重要性

　　有些评论认为，刚接任俄军统帅，已经 67 岁高龄的库图佐夫在此战中的作用有限，并且有很多战术指挥上值得商榷之处。但库图佐夫在此战中最伟大的一个作用被很多人忽视了：就是他有效地避免了俄军的崩溃。在 9 月 7 日下午俄军接近崩溃，即使俄军最勇猛的战将巴格拉季昂都强烈建议尽快撤退时，库图佐夫却严令绝不可撤退，并且让他的军队相信拿破仑已经快完蛋了，命令俄军准备全面的战略反攻。事实上，双方的军队当时都已经接近崩溃点，这时候最关键的事情就看谁能撑到对方陷入崩溃。这个反攻命令即使在库图佐夫内心深处也并非真实想法，但该命令能够让他的将军们相信，至少部分相信，也是因为他们的确亲眼看到了法军在战场上大量的尸体。在成功阻止俄军崩溃后，库图佐夫很快将命令转为战略撤退，并且使撤退有序进行。

　　正常情况下，拿破仑最精锐的战略预备队——皇家近卫军击毁效率并不会比敌方高太多，军队数量也不会占很大优势。因此，在主力会战阶段，如果过早采用皇家近卫军，他们也会遭到显著的消耗。只有在敌方击毁效率开始出现显著下降特征，表明其军队接近崩溃点时，才是使用皇家近卫军的最佳时机。这也正是拿破仑一再使用的拿手好戏。每当经过第一轮集中的炮火准备，敌方已经被显著消耗。再经主力部队互相厮杀，不久敌方即会接近战损崩溃点。一旦拿破仑发现敌方击毁效率开始显著下降，战斗意志接近崩溃，就迅即出动皇家近卫军，这不仅促使敌方更快崩溃，而且将皇家近卫军的出动本身就定格为辉煌胜利的象征。

　　但在博罗季诺会战中，俄军击毁效率始终看不到显著下降迹象时，拿破仑就一直无法确定采用皇定近卫军的时机。这使库图佐夫有时间在晚间突然实施战略撤退，与拿破仑军队脱离接触，避免了军队进一步消耗。在库图佐夫不具备数量优势情况下，如果持续消耗下去，尽管还可能给予拿破仑军队以有效毁伤，但自身必然最终陷入覆灭的结局。

　　主帅对于控制战损崩溃点有决定性的作用。从反面来看，很多军队与敌人交战时一触即溃，并非表明其作战能力不够，而是其战损崩溃点太低，并且往往在这种情况里可以发现战场主帅在开战时即逃跑的情况。在这种情况下，军队往往会迅速崩溃，无论其潜在的战斗力有多强。不管是最近伊拉克反政府武装以区区800多人竟然俘虏政府军3万多人的战例，还是甲午战争中的中国军队一触即溃的战例中，都可发现主帅在开战时便逃跑的情况。在战争中，对这种情况必须最严厉地禁止，将逃跑的战场主帅毫不犹豫地就地予以处决，否则军队的战损崩溃点就几乎接近于0，表现为无任何战斗意志。

第三节

该投入皇家近卫军吗?

1. 对法军投入皇家近卫军假设的计算

多年以后,拿破仑在总结自己一生经历时,感到最后悔的一次战役就是博罗季诺会战,他甚至感觉如果当时他最后出动皇家近卫军的话,是极有可能赢得这场战役的。拿破仑的这种看法,使得此战中法军是否应该出动战略预备队,成为军事史学家有较多争论的一个问题。但事实上,假设只会是假设。如果我们用战争循环因果序列计算一下就会明白,事实并非像拿破仑所后悔的那样。

以下我们在不同假设情况下,对博罗季诺会战的交战结果进行了循环因果序列计算,结果如表5-1:

表 5-1　博罗季诺会战法俄两军交战的不同情境分析

情境1:

	初始战斗 单位数量	预备队	击毁效率	结　局
法军	111500	不投入皇家近卫军	4%	胜,极限战损率67.52%
俄军	105000	不投入更多人员	4%	第44个时序被全歼

情境2:

	初始战斗 单位数量	预备队	击毁效率	结　局
法军	111500	第9个时序投入18500皇家近卫军	4%	胜,极限战损率48.36%

	初始战斗单位数量	预备队	击毁效率	结　局
俄军	105000	不投入更多人员	4%	第 32 个时序被全歼

情境 3：

	初始战斗单位数量	预备队	击毁效率	结　局
法军	111500	第 9 个时序投入 18500 皇家近卫军	4%	胜，极限战损率 66.62%
俄军	105000	第 9 个时序投入 17000 民兵和哥察克骑兵	4%	第 45 个时序被全歼

情境 4：

	初始战斗单位数量	预备队	击毁效率	结　局
法军	111500	第 9 个时序投入 18500 皇家近卫军	4%	第 63 个时序被全歼
俄军	105000	第 9 个时序投入 17000 民兵和哥察克骑兵	前 8 个时序 4%，第 9 个时序开始因投入后备火炮增加为 5.2%	胜，极限战损率 88.33%

2. 谁看得更清楚？

拿破仑自己在晚年后悔在此战中没有出动皇家近卫军，只是对此战惨烈程度的痛悔，而并非真正认真的军事策略思考。因为通过精确的计算我们已经知道，如果他真的出动皇家近卫军，只要库图佐夫能够成功避免自己的军队崩溃，皇家近卫军的参战对交战结果的影响并不大，甚至也还存在法军最终战败的很大可能。而无论如何，皇家近卫军受到极大的消耗却是确定无疑的事情。当时法军几乎所有的将军们都赞同不出动皇家近卫军的决定，这就充分证明当时法军自己在作战意志上也已经接近崩溃的边缘。

有些学者认为是战场的硝烟和混乱使法军的战将们无法准确判断战场形势，从而错过了获胜的时机。但是，难道那些事后坐在书斋里的学者们，会比当时就站在敌人刺刀和火炮面前的法军将领们看到的真实情况更多吗？俄军是否会崩溃并不完全取决于拿破仑和他的官兵们，而是取决于库图佐夫。法军将领们可以看得到俄军阵地被攻破，看得到俄军主力已经被打退，看到俄军尸横遍野。但他们却无法看清俄军战损崩溃点在哪里！因为那只藏在俄军的心里，最重要的是藏在库图佐夫的心里。

库图佐夫与拿破仑交手并不是第一次，在此前的奥斯特里茨战役中，库图佐夫的军队曾惨败于拿破仑。此战中最后俄军兵败如山倒，被拿破仑的皇家近卫军杀得丢盔卸甲，伤亡3万多人。虽然此战有沙皇直接指挥干扰的问题存在，但毕竟是库图佐夫心中沉重的伤痛。他深知拿破仑的作战规律，也深知其军队如果在这样一场大战中崩溃后、陷入拿破仑的皇家近卫军追击作战的结局是什么。因此，必须强力阻止俄军在遭到惨重伤亡的情况下陷入战损崩溃的状态，就是一个至关重要的问题。

拿破仑唯一能后悔的只是他遇上了真正的对手。并且很显然，他根本就不该在双方军队数量几乎相同的情况下打这样一场攻坚战，只是后一点是拿破仑更难以去表白的事情。出动皇家近卫军只是一个战术细节上的问题，它的影响因素有很多，甚至可能有其将军和参谋人员的问题。而该不该打这一仗却完全取决于拿破仑的战略决策。他并不是真正后悔没有出动皇家近卫军，而是后悔俄军在伤亡已经如此惨重的情况下为什么没有崩溃，从而给他出动皇家近卫军的机会。但是，正如《孙子兵法·形篇第四》中所说："善战者能为不可胜，而不能使敌之可胜。胜可知，而不可为。"

3. 出动预备队的实际案例分析

以上分析只是一个根据理论的计算结果。作为科学来说，一个理论分析的结果需要得到实际测量数据的验证才会被认可。能有实际案例证明以上出动预备队的循环因果序列分析吗？还真有。

与博罗季诺会战类似，美国南北战争时期著名的葛底斯堡战役也是一场接近势均力敌的消耗战。指挥北方军队的米德也是在开战前几天刚刚上任。在战役过程中，北方军队遭受了与博罗季诺会战中俄军类似的惨重伤亡，战役初期都是连连败退，并且同样持续败退到了最后的阵地。所不同的仅仅是：最后罗伯特·李出动了皮克特指挥的 1.25 万战略预备队，对北军鱼钩形防御阵地正中央的墓园山脊（Cemetery Ridge）发起攻击，史称"皮克特冲锋"（"Pickett's Charge"）。

结局是什么呢？北军集结了 100 门火炮。在皮克特冲锋的 1200 多米路程的各个距离上，北军采用了新式线膛炮、老式滑膛炮和霰弹炮对攻击的南军进行大量杀伤，最后阶段再以步兵枪弹进行杀伤。在 1863 年 7 月 3 日下午 3 点开始的皮克特冲锋仅仅 30 分钟内，弗吉尼亚师超过 1 半的极高伤亡率连罗伯特·李将军也深受震撼。当皮克特的部队败退时，李将军策马在伤亡惨重的子弟兵间穿梭，口中不停地说道："这都是我的错，弟兄们，这都是我的错。"随后整个南军连续 3 天的进攻彻底停止并开始撤退。

博罗季诺会战中法军是否应该出动皇家近卫军的问题，罗伯特·李在葛底斯堡战役中已经用实际行动给出了实证的答案。

葛底斯堡战役南方军队数量为 8.3 万多人，北方军队数量为 7.5 万多人。南军伤亡 2.3 万人，北军伤亡 2.8 万人。北军数量约为南军数量的 90%，最后的交战结果南军伤亡数量为北军伤亡的 80%。相比之下，博罗季诺会战中俄军实际参战军队数量约为法军的 94%，法军伤亡数量也约是俄军的 80%，从数学上来说基本上完全一样。

米德指挥的北方军队是通过连夜突审南方军队的战俘，发现所有战俘来自各个军队，而唯独没有皮克特的弗吉尼亚师。因此判断这是一支预备队，并很可能于第二天发动最后的攻击。根据此情报，北军有效制订并连夜部署了应对皮克特冲锋的作战方案。

4. 拿破仑的幸运

在博罗季诺会战中，根本就不需要任何军事情报，所有俄军将领都知道：拿破仑会以皇家近卫军作为战略预备队发起最后的攻击，这在当时早已是拿破仑惯用的手段，属于公开的军事秘密，库图佐夫对此更是心知肚明。如果他完全不考虑给皇家近卫军准备充足的"菜"，那才是让人难以理解的事情。因此，真正值得讨论的问题并不是拿破仑是否应该出动皇家近卫军，而是库图佐夫给皇家近卫军准备的"菜"是什么？

前面我们已经充分讨论过，采用预备队方式可以改善作战结果的前提是：投入预备队的时机，必须是在敌方击毁效率极大下降的时候，从而可以使预备队比正常作战的击毁效率极大提升。如果没有这个前提，采用预备队并不能改善作战结果，甚至比一开始就动用预备队作战结果更差。

博罗季诺会战中，最后拿破仑之所以一直没有下决心出动预备队，关键原因就在于他看不到俄军陷入耗竭或崩溃，从而导致击毁效率明显下降的迹象，尽管俄军的伤亡非常惨重。

有一个细节过去军事史学家们可能未给予充分关注：俄军的火炮本来总量有 675 门，而有 300 多门因较多集中配置在右翼，几乎没有在战役过程中使用。但是，如果皇家近卫军最后出动攻击了俄军最后仅剩的右翼，只要俄军不会崩溃，这 300 门火炮无疑就会给其用上。当 300 多门几乎未使过的火炮、加上原来动用过而后还能使用的数百门火炮，对准拿破仑的皇家近卫军一起开火时，后果是什么？很清楚，那与皮克特冲锋结果完全一样。只是因为拿破仑最后没有出动皇家近卫军，才使后人没有真正看到库图佐夫给皇家近卫军端上这盘早已准备好的菜。

库图佐夫无疑在一开始就考虑到了这肯定是一场严重的消耗战。如果消耗战打到最后，法军出动了皇家近卫军，如何避免俄军全军覆灭？这 300 门没有使用到的火炮难道不是一个很好的答案吗？它与葛底斯堡战役中米德给南军战略预备队准备的"菜"完全一样。如果这样，拿破仑未出动皇家近卫军应当是其幸运，而不是错误。虽然博罗季诺会战他没能成功，至少他不用像罗伯特·李一样对他的皇家近卫军说："这都是我的错，弟兄们，这都是我的错。"他还有机会去用想象来自我安慰，而罗伯特·李是连想象的机会也没有了。

在滑铁卢战役中，双方军队数量也是势均力敌，拿破仑最后出动皇家近卫军了。结局是什么呢？大家都知道，皇家近卫军被打得丢盔卸甲，法军惨败，拿破仑从此退出历史舞台。"滑铁卢"也从一个地名变成了失败的象征。

第四节

大国是不可战胜的

因俄罗斯有足够的战略纵深，它可以在退却的过程中不断积累战争资源。而进攻一方深入敌后，却使其战线不断拉长，从而实力不断受到削弱。博罗季诺会战时，双方的实力从最初法俄的 3 ∶ 1，变为 5 ∶ 4，而真正投入在博罗季诺会战的战争维中军力之比是 1.06 ∶ 1，处于相对平衡点上，法军仅占极微弱的数量优势。因此，其战成几乎平局，并且俄军伤亡略多一些，这是数学上很自然的结果。

不打无胜利条件战役的重要性

这场仗从双方的角度来说都不应该进行，但却真实发生了。这表明很多战争、战役的进行，并不是受双方军事统帅纯粹从战争规律角度明智思考的。拿破仑害怕俄军进一步退却，使自己再也无法具备任何军力优势了，其求战心切。从俄军一方来说，初期俄军统帅并不是库图佐夫，而是巴克莱将军。库图佐夫是 8 月 29 日博罗季诺会战前几天才刚刚上任。巴克莱将军初期的不断退却被沙皇认为作战不力，并被撤职。但事实上，从纯粹战争角度看，巴克莱将军并无太多可指责之处。在此之前他在退却的过程中已经消耗了法军 25 万人左右，使初期拿破仑的 60 万大军，到该会战时仅剩下 13 万可参战的人员。因此，把此战功劳都记到库图佐夫头上也是非常不公平的。

这一仗与中国抗日战争时的百团大战非常类似，弱势一方都是因为实在受不了自己内部根本不懂战争规律的舆论，对在不利条件下尽力避免正面交战的严厉指责而发起。此前库图佐夫就因坚持在条件不成熟时，及时采用战略退却的正确策略，而被内部指责为"免战将军"，并一再受到撤职的冤屈。

从占军事优势的一方来说，无疑都希望在自己占据优势的时候发起尽可能大规模的主力会战，以此一战全歼敌方主力而定乾坤。因此，优势一方会采取各种手段欺骗、引诱，甚至极端羞辱不具备胜利条件的敌方军队与自己交战。如三国时诸葛亮送司马懿女人衣服来羞辱对方不敢与自己交战。或者在对方内部宣扬宁愿战死疆场，也不做这种不敢出战的胆小鬼、窝囊废等愚蠢的观念。但是，如果在自己不具备胜利条件的时候进行交战，结局就只能是惨痛的损失，甚至战败。一旦战败，其结局会比忍受任何程度的辱骂和羞辱都要更加糟糕。库图佐夫进行这一场战争并非毫无意义。它的最大意义和价值，就是使俄方政治统帅和本国人民清醒地认识到战争的残酷性。如果没有这一场惨烈的战役，后面就不会有顺利地执行不经交战就放弃莫斯科的惊人战略退却决策。

毛泽东在解放战争中不经交战就放弃延安，与此也有异曲同工之处。

第六节
分割

在双方战斗单位数量基本相同的情况下，并非就绝对不可以进行决战。但在此情况下唯一的取胜之道必须是能有效分割对手。在博罗季诺会战中，双方并非没有做出过这种设想，但实际情况是都很难分割对手。双方都有很多迂回包抄对手的设想，并且战役进行过程中，俄军的确以骑兵对法军侧翼和后方进行过袭扰，但很快又撤回去了。法军也曾设想过对俄军进行迂回包抄。问题就是当时的战况已经使双方完全交织在一起。如果进行过多侧翼的迂回和包抄，弄不好会被对手分割以优势兵力吃掉。分割对手时也需要自己兵力分散，这个过程中就看谁可以有效分割对手，而不会被对手所分割。最终的事实是在这个会战中，双方都没能分割对手，而是双方全体官兵混战在一起。

第六章

如何成为战神?

第一节

淮海战役是以少胜多吗？

在淮海战役中，解放军华东和中原野战军，以 60 万军队，对阵国民党 80 万军队。最终能够以少胜多，是因为最有效地在数量上分割了对手。

首先在东线的碾庄将黄百韬的 7 兵团 10 万多人分割围歼。但由于该大战初期，解放军整体数量不占优势，抽调出来用于围歼黄百韬的作战力量有限，战争维中的数量优势很难达到明显超过 3 倍程度。该战役最后全歼 7 兵团，但解放军的损耗也非常大。

假设解放军击毁效率为 4%，初始数量从各数据渠道得到的 18 万人到 28 万人，黄百韬 7 兵团为 10 万人，击毁效率从与解放军一样的 4% 到为解放军 4 倍的 16%。经战争循环因果序列计算后，解放军极限战损会从 2 万人到 9.1 万人，其中间值在 5.5 万人左右。此战黄百韬利用了碾庄之前已经修好的坚固工事，极大提升了击毁效率。7 兵团被围后坚持作战了 12 天，直到整个 7 兵团打光，黄百韬指挥部受到攻击，黄本人突围过程中战死（也有指为自杀）为止。崩溃点战损率基本上为 100%。此战解放军最后虽然打赢，但因伤亡太大，战役结束后对此战进行了很多经验教训的总结。事实上，虽然的确有很多具体战术上的经验教训，但因黄百韬集结了十多万人的庞大兵力，而解放军初期因整体数量劣势，难以形成 3 倍以上的绝对数量优势，因此遭受巨大伤亡也是很自然的。

然后在西南方向的双堆集将黄维的 12 兵团 12 万多人分割围歼。在该阶段解放军已经可以集中 3 倍以上的绝对优势兵力作战。为获得这一优势，华野甚至将陈士榘的 3 个纵队调到中野支援围歼黄维兵团的战役，以保证这一数量绝对优势的建立。

最后将杜聿明主力在陈官庄以更大绝对优势兵力合围并歼灭。

在每个阶段，解放军都能集中数量上占优势，甚至 3 倍以上绝对优势的兵力，与被合围的国民党军队开战。最终在整个淮海战役上，尽管总体上解放军处于数量劣势，但国民党军队总伤亡人数为 171151 人，解放军伤亡为 136524 人，后者还略少于前者。国民党军被俘虏 320355 人，投诚 35093 人，起义改编 28500 人。总损失竟达到 555099 人。

另外，共产党有 39 万地方武装，以及 220 多万名担任后勤的民工加入战役。所以并不能简单地说解放军是总体上以少胜多。如果算上正规军和地方武装，共产党的总兵力事实上达到 100 多万人，已经超过国民党军队。如果算上担任后勤的民工，总人数更是达到 320 万 –330 万人。

即使如此，如果简单地对比双方可参战人员，解放军依然不是占绝对优势。因此，在战役进行过程中对敌方的有效分割是至关重要的。甚至在第一阶段围歼黄百韬兵团过程中，是抓住了黄百韬自己两三天的行动迟疑的时机，以及长期潜伏于国民党的何基沣、张克侠，于 1948 年 11 月 8 日的关键时刻，率部 2.3 万人战场起义，创造了短短 4 个多小时的战机，使得解放军完成了对黄百韬 7 兵团的包围。这种用如此之短的战机去打大型歼灭战，不仅需要极准确的信息判断，而且需要事先充分的运筹才能下如此之大的决心。因为稍有不慎，这样的行动也会使自己陷入敌军的重围之中。这一点充分体现了像粟裕这样杰出将领的作用和价值。

第二节

孟良崮战役

在孟良崮战役中，陈毅、粟裕指挥的华野以超过对手近 5 倍的绝对优势兵力对整编 74 师进行合围。尽管后者为国民党五大主力之首，拥有最精良的全套美式武器装备，但这需要其超过华野近 25 倍的击毁效率才能平衡其数量劣势。这显然是不可能的。该歼灭战 1947 年 5 月 15 日早上完成最后合围，真正的围歼作战从 5 月 15 日下午 1 点总攻开始，到 5 月 16 日下午，仅 1 天多时间就基本打完了。到最后张灵甫及师部非战斗人员都投入了战斗，一直打到张灵甫及师部大部分高级军官都战死为止（关于张灵甫本人死因有多个版本，但无论是哪个版本都丝毫不影响 74 师崩溃点战损率接近 100% 的事实）。整编 74 师不仅战力非常强悍，而且战损意志力强度接近完美。该战役最后结果是华野以伤亡 1.2 万人的代价，全歼整编 74 师。

假设以华野参与围歼的 5 个纵队兵力为 15 万人，整编 74 师为 3.2 万人来计算。表 6–1 的分析模型中（1）是按解放军统计数据计算；表 6–2 的模型（2）是按国民党统计 74 师伤亡计算。由此可以看出：华野以 1.2 万人伤亡代价，完成全歼张灵甫整编 74 师，意味着张灵甫的整编 74 师单个作战单位来看的平均击毁效率，竟然约为参与围攻的华野 5 个纵队的 3 倍。如果以国民党统计 74 师伤亡数据计算，是 4.5 倍。无论哪个数据都可证明其战力的确强悍到极为惊人的程度。难怪战役进行过程中，一些华野纵队级司令员信心都曾发生动摇。关键时刻陈毅、粟裕表示坚决不能撤，谁要说撤就杀谁的头，陈毅甚至还宣布了追究失职者责任的"撤职、查办、杀头"三大战场纪律。当然，在作战中 74 师主要是处于防御地位，这会使其占有防御之利，从而有助于提升其击毁效率。很多对该战役的评价中也提到这一点。但从孟良崮地形来说，主要为石质地形对其防御既有有利方面，也有不利方面。

有利方面是：只要找到石质的遮挡物，对于防御就会有非常大的好处。

不利方面是：这种情况下很难挖壕沟，士兵后部难有阻挡，一旦受炮火攻击，落在士兵后部的炮弹杀伤效率会比较高。尤其受炮火攻击后，碎石乱飞，很容易造成大面积杀伤。此战中粟裕不惜代价地用掉了三万多发炮弹，对提升华野击毁效率作用巨大。

同时，到处是怪石对进攻一方在进攻路线上找到遮挡物也是存在有利方面的。

无论如何，在华野存在 5 倍数量优势的前提下，74 师是不可能撑住的。而如果国民党最高统帅部能明白这一个数量差距意味着什么，也就根本不可能会提出想当然的中心开花策略了。

表 6-1　孟良崮战役循环因果序列分析（1）

时间序列号	华野	华野击毁效率	整编 74 师	整编 74 师击毁效率
0	150000	4%	32000	12%
1	146160		26000	
2	143040		20154	
3	140622		14432	
4	138890		8807	
5	137833		3252	
6	137443		0	

表 6-2　孟良崮战役循环因果序列分析（2）

时间序列号	华野	华野击毁效率	整编 74 师	整编 74 师击毁效率
0	150000	4%	25323	18%
1	145442		19323	
2	141964		13505	
3	139533		7827	
4	138124		2245	
5	137720		0	

孟良崮战役真的存在反包围险情吗?

很多文艺作品中描述是张灵甫自视战力强悍,主动退上孟良崮引诱粟裕来包围自己,从而创造一个中心开花的战机,让国民党更外围的45.5万人反包围华野的27万人。但这完全不是事实。精通兵法、身经百战的张灵甫是发现华野包围自己的作战企图后,一再向汤恩伯发电要求停止原计划向坦埠的进攻。后在撤退途中被华野5个纵队成功合围在孟良崮,尤其潜伏在鲁南的6纵快速切断了他在垛庄的后路。粟裕在其回忆录中也反驳了前述说法"把敌人想象得过于愚蠢"。中心开花是国民党最高指挥部在张灵甫已经被合围后产生的作战意图。这个意图是当时蒋介石最高统帅部做出的,这也的确是陈毅和粟裕当时担忧过的问题。但陈粟之所以敢下定决心和坚决执行最终围歼张灵甫的74师,并真正将其全歼,这是因为:

第一,即使这种反包围的可能性存在,就算以45.5万人包围了27万人,国民党的数量优势也并不特别明显,仅为1.6倍。很多描述中把华野说成数量上有"很大劣势"的说法,不过是要更体现其胜利荣耀的一面。在很多介绍文章里把这个明摆着的1.6倍的数字说成是"几乎2倍"。粟裕回忆录里也说"敌军兵力占有很大优势"。但事实上其45.5万人很难全部投入战斗,这会使其数量优势更小。而根据战争循环因果序列,假设双方击毁效率相同情况下,按1.6倍数量优势计算,国民党军队即使获胜,其极限战损率为23.1%,而2倍数量优势时的极限战损率为14.4%,两者是有很大区别的。如果其数量优势因分散和不能全部投入使用而只有1.3倍的话,极限战损率就会急剧加大到37.4%。这种时候的仗是很难快速打赢的。一般这种情况下会打成一个消耗战,或最多击溃战。但对74师来说,面对5倍围住他的华野数量优势,即使他拥有单个作战单位3—5倍的超强击毁效率优势，也会在瞬间就被歼灭。因此可见，想以中心开花方式直接合围整个华野，本身策略上就是想当然和一厢情愿的，就算围住了也未必能轻易吃得下来。

第二，国民党军队是以一字长蛇阵排开，而华野则相对较为集中。国民党军队要完成全部 45.5 万军队的合围会耗时漫长，且很难完全收口。在华野后方并不存在一个强大的国民党军队，要想截断华野退路非常困难。而反过来华野的 6 纵却正好隐藏在整编 74 师后面的鲁南地区，直接拉上来就把 74 师的后路给堵住了。

第三，当然，如果反包围真的实现，华野虽未必会被歼灭，遭受非常大的损失却是必然。但只要以 5 倍兵力围住张灵甫，快速将其歼灭就是有高度把握的事情。即使因此被国民党军队部分反包围，并遭受一定损失也是值得的。并且，只要歼灭了 74 师，对其他国民党军各部的士气打击和震慑必然非常强大，从而使其难以全力攻击。这一精神上的巨大潜在战争成就，《粟裕战争回忆录》中论述该战役决策过程时，是作为第一个原因充分提到。这样，只要华野的主力相对集中，即使遭受一定的反包围，也可以较容易地向国民党兵力薄弱的北方突围出去。在孟良崮战役最初结束时，情报发现山中还有信号，粟裕要求各部清点战果，发现与 74 师的差距非常大，判断山中还有较多残余部队。因此要求各部返回山中继续清剿，果然发现还有约 7000 人藏在山中，并将其剿灭。由此可见，粟裕在此战中打得是比较从容的，并不是特别担心真被围上。这不是粟裕胆子大，只是他算清楚了表面看似险恶，其实并没有什么太大危险而已。

第四，如果在华野的北边后方存在哪怕一个国民党的整编师，粟裕肯定就不敢做出孟良崮战役的决策了。但那样的结果却会变成：华野会反过身去把这个孤立的国民党整编师给包围吃掉。之所以国民党军形成这种紧密的一字长蛇阵式，就是怕分开后被粟裕分割包围。这种步步推进的平推方式被对方合围的可能性是减少了，但想分割对手的空间也会非常少。如果撞上华野主力，也只能是两边全军主力决战方式。这样就算打赢了损耗也必然是非常巨大的。

第五，当时在张灵甫被围后，正确的策略应当是在未受到明显削弱之前，74 师主力迅速向黄百韬的 25 师靠过去，其他部分兵力阻击正在围攻中的华野部队。两师相隔仅在不到 10 公里距离，在作战过程中黄百韬也曾提出过要张灵甫向他靠拢的策略。华野以 5 倍兵力歼灭 74 师，极限战损率为 8%，全歼所需时序长度为 6 个时序。只要 74 师与 25 师合力一起打通相互之间的联系，就算最坏情况他们合兵一处后还是被华野 5 个纵队围住，以前面数学分析可看出：假设 25 师击毁效率远低于 74 师，与华野一样也是 4%，数量与 74 师相同，两师相加为 6 万人，平均击毁效率为11%。这样华野数量优势从 5 倍绝对优势急剧降低到 2.5 倍，要想全歼对手，极限战损率会从 8% 猛然拉大到 27%，伤亡会高达 40692 人，尤其全歼对手所需时间长度会拉大 1 倍多到 13 个时序。显然，一旦如此，华野马上就会变得极为困难。但是，这个战机存在的时间并不长，而国民党最高统帅部以及汤恩伯是严令张灵甫死守孟良崮，幻想以中心开花方式一举吃掉整个华野，这才是断送整编 74 师的祸根。

第六，中心开花策略一个显然不成立的地方还在于：华野并不是 27 万人全集中在一起，而是 5 个纵队围攻张灵甫，还有 4 个纵队也是沿着一字长蛇阵在各个区段上切割阻拦其他国民党部队。如果国民党军队能及时越过打援的 4 个纵队围过来，围住的只是攻打张灵甫的 5 个纵队。而这一点如果成立的话，结局是华野的 4 个纵队就在更外围，把围过来的国民党军队又给反包围了。所以并不是那么简单的 45.5 万人包围 27 万人的想象故事。

第七，如果合围的国民党部队不是直接越过阻援的 4 个华野纵队，必然就是拼死苦战，先分别攻克 4 个纵队的阻援阵地，并且最好是先歼灭这些外围的 4 个华野部队，才能安心地合围攻打张灵甫的 5 个纵队。这没有1 个星期甚至更长的时间根本是不可能完成的。因为他们在各个点上分别遭遇，都不可能形成数量上的绝对优势。因此，并不是想象的最远的部队仅位于一两天路程内，只要国民党各部用力，一两天时间就可以完成中心开花的反包围。

第八，合围的战法要想获得成功，一般有两种方法：一是从敌方两翼向纵深攻击，两支力量在敌人后方会师，从而实现合围。二是条件具备，从四面八方直接同时围过来。华野包围 74 师就是后一种情况。而国民党军中心开花的具体计划却是各部还是沿一字长蛇向 74 师所在位置靠拢。很难理解，如果不截断华野向北的退路，这样简单收拢怎么可能围得住华野呢？那最多还是把华野向北挤跑而已。因此，如果当时距离较远的左翼 11 师和最右翼的第 7 军和 48 师分别直接向华野已经空虚的后方位置进攻，只要攻入几十公里，就会形成 11 师和第 7 军、48 师要在华野后方会师，合围华野的态势，这会产生远比直接向 74 师位置靠拢大得多的威胁。但是，他们各自也都被 3 纵和 7 纵、2 纵缠住，难以脱身。

孟良崮战役的战争维分割

有很多评论指责近在咫尺的黄百韬25师和李天霞的83师没有全力营救。也有指李天霞与张灵甫有个人恩怨，因此不愿全力营救。其主要依据应是事后黄百韬和李天霞都受到处分，尤其李天霞差点被枪毙。国民党军队内部的团结的确是一个问题，但这只是问题的一个很小的方面。事实上，如果国民党最高统帅部能有战争维的精确概念，并且只要简单计算一下就会明白，除了25师、83师外，其他部队已经处于当时当地的孟良崮战争维之外了。而围住74师的华野5个纵队人数上不仅远超过74师，也超过了74师、25师和83师加起来的总和。并且专门进行阻援的2纵队就在李天霞的83师旁边。笼统的"战场上"或"战区中"有多少军队是没有用的，关键是实际的战争维里有多少军队。当时的实际孟良崮战争维里是6个纵队对付3个师（虽然2纵后来实际阻击对象是48师和第7军）。并且，国民党的3个师是相互完全被分割的状态，而华野6个纵队却是相互连通的状态，李天霞和黄百韬怎么可能不极为担忧呢？

如果他们全力去营救，怎么知道华野不是围点打援，以包围74师为名反手过来把他们给吃掉呢？尤其李天霞的83师处于右翼的接近边缘，更容易被包围吃掉。当时的情况不仅是74师被围，另一个格局是李天霞的83师和更右翼的第7军和48师，与其他国民党主力部队被从中间分割开了，83师自己所处位置的危险程度，其实比74师好不了多少，最终到底是谁救谁在当时情况下都还不好说。只是华野此刻的作战目标的确不是83师，所以这个危险就只是潜在的。但李天霞当时怎么能肯定他的83师不是真正的作战对象？这样，李天霞对援救极为犹豫，客观上也是很自然的。这也是为什么黄百韬比李天霞更为积极一些的客观原因所在。而黄百韬之所以也不能全力去攻击营救，是因为如果他攻得太快，并且全师尽出，就会脱离他后边的 65 师太远，中间的空档一旦被穿插，他也会被分割包围了。因此，不能简单地认为国民党的这些高级将领都是贪生怕死，或仅因个人恩怨就视战场如儿戏。25 师在向孟良崮方向进攻过程中，依然有上万人的惨重伤亡，足以证明黄百韬已经是拼尽最大努力。而李天霞手上当时只有 3 个团，前锋部队 57 团在营救 74 师过程中全军覆灭，团长罗文浪被俘，83 师主力在 1947 年 5 月 16 日晚到达青驼寺，只是 74 师此时已经被全歼。

如果国民党最高统帅部能够计算清楚战争维的实际情况就会明白：在当时的实际战争维中根本就没有以中心开花包围整个华野的故事存在。即使其他部队围过来，也只能是梯次压上，并不能做到同时向被合围的华野发起攻击，这在时间上就依然是一个被战争维分割的状态。事实上直到围攻 74 师的仗都打完了，胡链的 11 师还远在 50 公里之外的蒙阴与阻击他的 3 纵苦战。因此，当时唯一必须和可能的作战目标，就只能是如何让张灵甫尽快脱身，而后在其他国民党部队围过来、真正集结成一个战争维之后，再以优势兵力向华野任何一部发起攻击。

第五节

国民党军队潜在的正确应对方法

解放军的军事思想一直是灵活地寻求特定战争维中的数量绝对优势，这需要精确地计算和确定战争维。而国民党军队抱定的，一直是整个战场全军主力会战这样的西方军事思想模式。再加上整个战争之初制定的"密集靠拢、加强维系、稳扎稳打、逐步推进"作战思想，因此其中心开花策略制定成这样也就是"顺理成章"的。但如果其能够以战争维理念制订作战计划，事实上就可发现还有很多解救 74 师，甚至反败为胜的好戏存在。

如果其不去追求已经不现实的全军抱成团作战的固化思路，就可选择在让 74 师与 25 师全力会合、只求自保的同时，可以完全出乎粟裕意料地让 65 师反身向西北方向攻击，与 11 师会合，围歼阻援的 3 纵。这就可在这个特定的西北方向战争维中，形成一个 11 师加 65 师对 3 纵的数量绝对优势。当以此数量绝对优势，只需很短时间便可完成此战争维中的全胜后，65 师与 11 师合兵一处，就可没有阻挡地快速向 25 师与 74 师会合之地攻击。而 83 师和第 7 军、48 师只做机动并互相靠拢以牵制华野。这样的策略将使国民党军队以最快速度分聚成 3 大团块，形成 3 个各自相对独立的战争维。其他各部还是按原策略计划向孟良崮方向集结。

这样的以战争维和战争循环因果序列计算后获得的"改进的中心开花"策略，与原策略看似差距很小，但结果却是天壤之别。

在西北方战争维中，国民党军队将占数量绝对优势，可以较小代价快速全歼 3 纵。在中部战争维中，即使最坏情况下 25 师和 74 师被一起合围，华野也要付出 4 万多人以上伤亡的惨重代价。这还在其次，关键是歼灭所需要时间会拉长 1 倍。尤其 25 师当时还并未被围住，因此，如其寻求机动自保策略，华野很难将他们围歼。

而在东南部战争维中，是83师、第7军和48师对华野2纵和7纵，双方数量大致会处于平手的状态。如果83师不是向西攻击去营救74师，而是反过身来与第7军，48师合兵一处向东攻击合围7纵，少部兵力阻击2纵，甚至可能在东南部战争维中也形成一个国民党军队有绝对数量优势的战争维。显然，一旦如此，整个孟良崮战役的结局就会完全不同了。

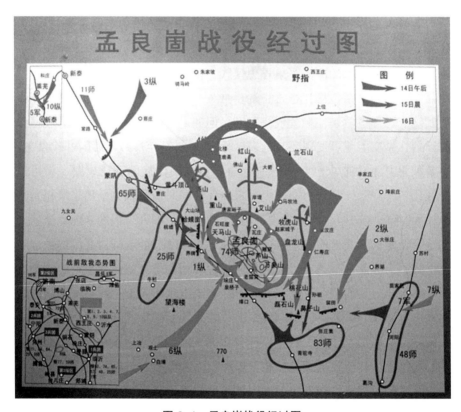

图6-1　孟良崮战役经过图

其中心开花的策略，看似把整个战场当成一个整体抱团，但如果不算远离孟良崮的第5军，事实上是被自我分割成了74师、25师、83师、65师、11师和第7军加48师等6个各自独立的战争维，算上第5军就是各自独立的7个战争维了。每一个战争维中都没有绝对数量优势，并且在

74 师的孟良崮处于绝对劣势。而以上改进的中心开花策略，看似各自分割了，其实是把 6 个各自独立的战争维合并成了 3 个，从而使国民党军队可以在其中至少一个战争维，甚至两个战争维里获得绝对数量优势，而其他战争维里的数量绝对劣势则被极大减轻。

孟良崮战役是一个战争维分割的典型战例。这种以"局部特定时间和空间瞬间战争维中数量绝对优势"打赢战役，也是粟裕战役指挥杰出能力的最大特点所在。此战本来是计划要打最右翼的第 7 军和 48 师。但在 5 月 11 日晚战场发生变化的瞬间产生的战机，被粟裕抓住了。从开始产生这个大的战役思路、开始兵力调动到 16 日下午完成整个战役，竟然只有 5 天时间！这样的手法在淮海战役中围歼黄百韬的 7 兵团时再次上演。

第六节

战争维与战场

直到国民党队退守台湾，其内部人员依然难以理解他们是怎么败的。

绝非是国民党官兵不努力和贪生怕死。从很多战例可以看出，国民党军队的崩溃点战损率都达到了接近 100% 的完美程度，战役指挥部和其最高指挥人员都在最后阶段投入战斗。张灵甫、黄百韬、黄维……无论他们最后一刻是战死、自杀还是被俘，都不影响其崩溃点战损率接近 100%，或战损意志力强度达到理论最大值这样的事实。有大量战例数字，无论是从任何一方的统计结果来看，都绝对可以证明国民党军人的勇敢和顽强是完全无可挑剔的。相反，能证明解放军部队崩溃点战损率可以达到 100% 的证据却少之又少，但这是因为毛泽东绝对不愿意给他的部队证明这一点的机会。蒋介石和他的最高统帅部，却给了他的部队官兵们太多这种证明的机会。

国民党军队的战术素养和装备水平并不弱于解放军，甚至在很多时候是超过的。这一点也是双方都承认的，但在过去却没有确切数据来表达。从上述数学分析可以看出，在孟良崮、碾庄等战役中，国民党军队的士兵，其单兵在战斗中实现的击毁效率水平都超过了解放军的 3—5 倍这样惊人的程度。尤其在孟良崮战役中，张灵甫的 74 师是因在山区作战，把最具杀伤力的重炮全留给了华野，并且这些重炮很快反过来用于杀伤他的人马，在这种情况下竟然还是能达到平均超过华野至少 3 倍的单兵击毁效率优势，其个人战术水平之高就更让人惊叹了。不仅是在此次战役，在之前的淮阴战役，两次涟水战役中，无论 74 师作战结果胜负，都充分体现了这一点。但是，即使这些官兵们个人素养达致他们所能达到的极限，其作战英勇程度达到完美，甚至其最高兵团司令或整编师的师长们最后都能端起冲锋枪勇敢地加入战斗，一旦他们在战争维中遇到超过自己 5 倍左右的绝对数量优势对手时，战争循环因果序列的铁定数学规律会让任何军事天才都无力回天！

74 师内部在涟水战役中的被俘人员认为，其两次涟水战役中的极大损耗，造成了其基层官兵战术水平相当程度的下降，是孟良崮战役失败的重要原因之一。这也是很多解放军战史研究者的观点。但事实上，如果我们根据战争循环因果序列计算可得知，即使假设孟良崮战役中 74 师的击毁效率在最大可能值上再大幅度提升 50%，为华野的 7 倍多计算，其数量还是按最大的 3.2 万人考虑，这撑死了只是会使华野的极限战损从 1.2 万扩大到 3.27 万，并不会本质上改变其被歼灭的命运，甚至连被歼灭的时序也仅仅从第 6 个延后到第 7 个！还是会在 1 天多一点时间内被快速歼灭。而以陈毅和粟裕所下决心来看，即使有这种程度的战损，只要能速战速决，他们也是决心要歼灭 74 师的。

国民党军队的官兵，包括其最高统帅也不是不知道获得数量优势的重要性。但是，国民党军队对获得数量优势的认知一直停留在"战场"概念，却没有充分的"战争维"概念。而共产党军队在长期军队总体数量、装备水平、士兵个人战术素养都全面处于弱势情况下，不得不极端追求利用战争维的精确计算，以获得在各具体战争维上巨大数量优势，并在这一点上达到登峰造极的程度。这绝不是简单的"人海战术"这样的词汇可以准确表达的，因为在很多大的决战中，国民党军队都在总体战场上集结了更大的兵力"人海"。因此，"人海战术"这个概念在很长时间内蒙蔽了国民党军队的眼睛，使他们看不到真正的原因是什么。

尤其像粟裕这样的高级指挥人员，在创造瞬间战争维中数量绝对优势的手法上，更是达到炉火纯青的程度，虽然他在具体战术技法上未必是最出色的。但当他在瞬间战争维中获得的数量优势足够大的时候，战术技法的影响力就被压缩到最小程度了。后人，尤其解放军不同将帅的军迷们经常把他与林彪进行对比争论。当然，没上过一天军校的粟裕，与黄埔四期的林彪在具体战术水平上有区别并不奇怪。正因为如此，粟裕在之前所有军事理论中都没有的，创造具体的精细战争维中数量绝对优势的追求上也特别用心和出色。

事实上，本书所创立的战争维概念，即是主要在研究粟裕指挥的大量战例以及其他历史上以少胜多的战例时，为解释其成因而建立的。

一般情况下，共产党的军队是通过大量的运动，造成敌方在空间上的分散，从而找到一部被空间上分割的薄弱兵力加以歼灭。而粟裕尤其擅长通过时间的分割，将空间上并不分散的敌方切割于不同的精细战争维之中。这在孟良崮、七战七捷等战役中体现得尤为充分和极致。

更为重要的原因还在于，在新四军时代，以及之前更长时期，陈毅和粟裕都处于极为恶劣环境中的缘故。而所有这一切创新的战略及战策思想，都被毛泽东深入总结并推广到了他的所有军队中。这体现在其《集中优势兵力，各个歼灭敌人》的军事文章中。在毛泽东这篇写于1946年9月16日的文章中，就明确把8月底刚刚结束的七战七捷战役作为证明这一军事原则的第一个案例。并且在这篇文章中，所有案例分析全是陈粟和刘邓的在写该文之前几个月的战例。很显然，正是这些战例充分启发了毛泽东形成这一战争原则的理论思路。尤其是刚刚结束的七战七捷战例。

七战七捷战例：1946年6月至8月，粟裕以总兵力3.3万华野对阵李默庵指挥的国民党第一绥靖区12万人。交战结果是华野以伤亡1.6万人代价，歼灭对手5.3万人！

通过战争维分割、敌方资源转化率、尤其敌方人力资源转化率、无必须战果目标的全突袭型0伤亡作战等指标上的杰出优势，共产党的军队以极弱小的状态起步，而能在短期内迅速战胜国民党军队，就是很自然的了。

第七节

永恒的战争循环因果序列

即使到了今天隐形战机的时代，我们依然也不要迷信某些计算机模拟空战 144：0 的结果，就简单地以为 1 架隐形战机就可以对付 144 架三代战机。很显然，一架隐形战机上的空空导弹数量是有限的，一旦其发射完，自己反而会陷入耗竭型 0 击毁效率的状态。隐形战机时代的战争循环因果序列的数学公式，与冷兵器时代 100% 地绝对一致。

在鸣梁海战中以数量少得多的战船，却能 0 伤亡大败日本海军的李舜臣，后与陈璘、邓子龙联合指挥中朝联军 800 艘战船围歼日本海军 500 艘战船。虽占有数量优势，并且最终也战胜了日本海军，但因不再有鸣梁海战中那样绝佳的地利优势形成的高效分割对手和 0 伤亡作战条件，自身也遭受到正常消耗战阶段的巨大伤亡，甚至主帅邓子龙和李舜臣自己都在此场海战中阵亡。

绝对以少胜多、以弱胜强的军事奇迹是不可能存在的。

"举秋毫不为多力，观日月不为明目，闻雷霆不为聪耳。古之所谓善战者，胜于易胜者也"。在任何实际的战争维里，胜利都永远 100% 地属于以战争循环因果序列计算后可以获胜的军队，或者反过来说，一切胜利都是符合战争循环因果序列的。

战争循环因果序列，概括了《孙子兵法》、若米尼的《兵法概论》、《战争艺术概论》、克劳塞维茨的《战争论》、杜黑的《制空权》、马汉的《海军战略》等所有历史上伟大军事理论的正确思想，并把它们最清晰地以精确数学规律表达出来。

第七章

作为特殊投资手段的战争

所谓战争的哲学问题，也可称其为战争外在的，或政治的问题。一般来说，应当先谈论一个领域的哲学问题，而后再来谈细节似乎更为合适。但对于战争来说，由于其内在的细节问题与宏观的哲学问题如此地不同，甚至有可能相反。如果我们不首先谈清楚其细节，很难完全理解其宏观，或外在的问题。另一方面，战争艺术的数学原理，也从微观上决定了战争哲学的数学原理。因此，这是为什么我们把战争哲学的问题放在战争艺术的问题之后来进行讨论。

战争与和平

如果我们去询问世界上的所有人是否喜欢战争，大概极少有人说喜欢。几乎每一个人都会说他是多么地爱好和平。但是如果我们翻开人类社会的历史就会看到，人类之间的战争是如此地普遍，并且在文明发展的历史中起到极为重要的作用。甚至可以说绝大多数文明的建立，都是与一系列著名的战争联系在一起的。无论是古埃及文明、古希腊文明还是中国的文明，甚至包括非常年轻的、完全以民主和自由为理想的美国文明都是靠战争建立起来的。尤其是 20 世纪之前的人类历史，我们几乎找不到有哪一个国家是完全靠和平方式而产生起来，最多是以和平方式分崩离析地独立出去。

人类最初从原始部落发展成为地域更广大的国家，基本都是靠残暴的武力去克服人类相互之间天然的离散力，并且要依靠带有强力色彩的国家机器去维持社会的统一。这是悲剧性的，人类的文明是如此广泛地始自于野蛮。人类任何时代的文明或科技最高成就，几乎总是首先应用于毁灭文明的战争机器。

战争太残酷了，它意味着多少人惨烈地死亡，多少人惨遭战争的蹂躏，同时又让多少活着的人饱尝身心极限状态的摧残。即使在战争结束之后很久，也会让无数人品尝撕心裂肺的痛苦。

那么，我们现在希望了解的是：战争对于人类未来的文明是否同样具有不可回避的意义？依靠什么才能使这个世界获得和平呢？

无数的信徒们手持点点烛光跪在神灵面前祈祷和平与安宁，无数的艺术家们饱含期待的热泪歌唱世界充满爱心和友谊。遗憾的是，在冷酷而复杂的政治和军事战略思考面前，这一切却是多么的弱小和无力。

战争有其自身的规律，如果战争本身的确是不可避免的，无论我们有多么善良的愿望也无济于事。但是，当我们认真了解战争历史之后发现，更多的战争本来是不应当发生的，它对战争的双方并未带来任何好处。当战争发生时甚至发生后，人们总是会去分析战争的发动者都是出于什么样的战略思考进行的战争。而事后的结果却表明，人们太过高估了战争发动者的智商和聪明程度。战争双方的行为都是如此的愚蠢，以至于事后人们难以理解当初为什么会做出如此荒唐的决定。

从战争本身的规律来说，它遵从循环因果律的约束，往往很可能对应的是两个完全不同状态的突变过程。一旦进入战争状态，其发展过程将是不受单方面控制，进一步地甚至不受战争所有各方控制，从而按照其自身规律进入战争因果循环，直到最后完成整个突变过程。但是，人们在战争之前考虑战争问题时，往往把它仅仅作为一个线性的过程来评估，最后结果大大地"出乎意外"也就不足为奇了。

因而，我们可以做到的是，使人们避免不需要的和不必要的战争。虽然这不会解决一切问题，但却是可行的途径。如果我们的研究哪怕是只能避免一两场战争，那也是极其有价值的。

不能仅仅用祈祷和催人泪下的歌声来祈求和平，而必须用一种即使是最极端的战争狂人也都能听得懂的语言来谈论和平。因为战争的基本逻辑告诉我们，和平的钥匙并不是掌握在爱好和平的人手中，而是掌握在最崇尚暴力的人手中。尽管我们可能是流淌着热泪在谈战争与和平，但它却需要比一切政治家、军事家和战略家们谈论战争的语言更加冷峻。要做到这一点，必须要解决一个关键的问题：寻找到一种科学的方法，使得人们可以在开战之前就能精确地计算出某一场战争是否是值得的。

战争的手段从最初的冷兵器时代发展到热兵器时代，使人类互相残杀的效率大大提高，它最杰出的表现之一是 20 世纪的两次世界大战。在第二次世界大战末期，战争手段进入了核武器时代，广岛和长崎的两颗原子弹，使全世界的人们在美苏两个超级核大国长期的冷战时代，陷于地球毁灭的恐惧之中，而这种即使连最疯狂的战争狂人也不得不手脚发凉的恐怖感，却给人类带来了50多年的"相对和平"（依然存在朝鲜战争、印巴战争、中东战争、阿富汗战争等大量区域性战争）。20世纪90年代初，苏联解体，表面上以核平衡为特征的冷战局面结束，战争手段也进入了现代高科技兵器时代。一系列控制核武器的国际条约也达成了。

海湾战争神话般的胜利使许多人建立了一种梦幻：高科技兵器可以使拥有它的国家极其精确和有效地惩罚他们认为需要惩罚的对象，却会使无辜的平民和己方人员的伤亡降低到几乎可以忽略不计的程度。于是，从两次海湾战争，到1999年3月28日的科索沃战争。一系列高科技战争不断进行。

无论多么精确的高科技武器，它们都是由与几千年前没有太大差别的人所操纵的。在科索沃战争中，精确制导的炸弹轰炸了国际列车、医院、平民区……数以千计的平民在空袭中死亡。1999年5月8日晨，三枚精确制导炸弹，令人难以理解地同时准确击中了处于中立状态的中国大使馆。北约的一个解释是"情报错误"。

即使战争武器的技术内涵更进一步提升，但9·11之后美国进攻并占领对方国土的伊拉克和阿富汗战争，在占领期间的战争过程，与传统的战争方式几乎没有什么原则区别。甚至出现以毛驴为动力的木制板车运输的火箭弹，成功攻击美军居住的酒店这样极传统的全突袭型0伤亡作战方式。

战争是将一切推向极端的形式。常规战争与核战争之间并没有绝对的界限，也并非只有核武器会带来大规模杀伤的效果。第二次世界大战时美军对日本以燃烧弹进行的战略轰炸，其破坏力大都超过了核武器攻击带来的后果。以战略轰炸进行的对敌方城市的大规模灭绝，其效力不亚于冷兵器时代的屠城，只是速度更快而已：以冷兵器进行的屠城需要1个星期到1个月。热兵器的战略轰炸只要一个晚上几个波次的攻击。核武器只要几秒钟的瞬间。

就战争哲学的角度来说，高科技战争、信息时代的战争、核武器时代的战争与冷兵器时代的战争不会有任何本质的区别。

对人类末日恐惧的消失，很可能使人类进入真正末日的前夜。

第二节

战争哲学的基本逻辑

尽管战争本身是毁灭性的，很多战争却很容易地发生了。之所以如此，是因为战争哲学的基本逻辑所起到的作用：

战争的发起可以只取决于一方的意愿，而要和平必须取决于双方的共同意愿。

即：

战争可能性空间 = 各方战争意愿的合集

和平可能性空间 = 各方和平意愿的交集

这意味着，要想和平，必须具备两个条件：

第一，客观上存在各方共同的利益接受区间，或者各方努力创造共同的利益接受区间。

第二，各方都能认同共同的利益接受区间。

无论任何一方是否想进行战争，只要有其中一方首先发起了战争，另一方就不得不进行应战，除非投降接受对方苛刻的战败条件。一方之所以发起战争，往往就是因为另一方不能接受相应条件。发起战争后，战争发起者提出的条件只会更苛刻，而不会更仁慈。因此，一般情况下，受攻击的一方就只有应战，除非遭受难以承受的损失，或战败、无法继续作战。

因此，战争的发起，远比战争的结束可能性空间更大。尤其是当战争的发起者看不清战争的结果时，就更容易发起战争。

战争的发起更容易受人类天性的刺激作用，战争的结束，尤其是提前结束则更多需要人类各方的共同理性。

如果把战争与和平都看作是一种生意或买卖，和平的买卖一般来说只有当双方都同时心甘情愿的时候，生意才能做下去。但战争的买卖则只要有一方想做，另一方就得陪着做下去。

和平的买卖要做成，其成交点必须处于双方都认为划算的区间内，并且双方所获得的划算值有平均化的需要。

战争的买卖要最终做成，其成交点则处于胜利者一方不仅占到很大便宜，而且还可能要使对方承受身心最强烈攻击的区域。因而，一般来说，对方必然同样要以强力加以反抗。

从另一方面来说，做和平生意的人，如果以后不想做了，他可以通过正常的途径，合同到期就中止生意或转卖权益退出。也就是说，和平生意可以单方面结束。

战争的生意一旦某一方首先做起来，再想停下来就难了。因为想和平，要经对方同意。而战争的"权益"原则上是不可转让的，因为你是否要继续打下去并不完全取决于你，而是必须取决于对方，否则你将承受你不可承受的东西。

因此，战争一旦开始，就需要准备将战争进行到底。双方以最大可能的效率互相消耗对方的战争资源，直到双方中的一方被消耗到越过其战争意志崩溃点为止。

第三节
战争成本与战争成就

1. 战争不过是特殊方式的投资行为

就战争的军事本质来讲，它可以说就是以自身一定的毁伤为代价、去换取敌方的毁伤。如果这样看的话，仅就战争本身来说是毫无意义的。因此，从经济角度看，战争本身只是成本，而不具有任何利益性。这样，战争本身就仅仅只是一种手段，并且主要是一种投资手段。如果它不能去用于达成其外在的目的，就是一种纯粹荒唐的人类自我毁灭行为。战争作为一种投资行为，与所有投资行为一样，必须要考虑两个问题：

一是这个投资的成本具体是多少。

二是这个投资能否达成相应最终利益性的目的。

与任何投资行为一样，如果不能对其成本收益进行充分的分析，那么结局就只能是亏损，甚至是荒诞的。

计算一个投资是否划算，是通过投入产出分析，对于战争同样如此。只有通过投入产出计算最终结果分析是划算的，才能认为这样的战争投资是合理的。否则将属于不合理的投资行为。

2. 对战争投资行为进行经济评价的三大指标

拿破仑说：战争的目的是土地。

而克劳塞维茨则说：战争的目的是消灭敌人的军队，使敌人的军队陷入不能继续作战的境地。"战争既然是迫使对方服从我们意志的一种暴力行为，它所追求的就必然始终是而且只能是打垮敌人，也就是使敌人无力抵抗。""敌人的军队必须消灭，也就是说，必须使敌人军队陷入不能继续作战的境地。"（《战争论》第二章"战争中的目的和手段"）而在谈到战争的本质时，克劳塞维茨又说："战争是政治的继续。"后面这句话甚至更广泛地为人们所熟知。这些不同的说法，反映了有关战争的两个不同方面的目的：一个是战争本身的内在目的，它决定了战争本身的内在规律；另一个是战争外在的政治、经济或社会目的，它决定了战争投资行为最终的价值。

战争投资行为是否值得，就在于用一定的战争成本投资，相对于实现最终的外在政治、经济或社会目的达成情况。

我们可把它们之间的关系，简化成三大要素，包括：

（1）战争成本：用 C_w 表示。它是为战争而付出的我方所有代价。

（2）战争成就：用 A_w 表示。对于战争投资手段来说，我们是希望通过这个投资获得最终真正的政治、经济和社会"收益"。但一般来说，战争直接获得的只是"战争成就"，而不是直接对应我方的实际收益。战争成就一般来说对应的只是敌方的"毁损"。它是敌方的战争成本。

（3）转移政治收益：用 T_w 表示。它是通过我方战争成本的付出，获得战争成就，再以此使得我方可以达成的真正有意义和价值的政治、经济或社会目标。本节将先讨论战争成本和战争成就，转移政治收益将在后续讨论。

3. 战争成本

战争成本是我方为战争而付出的所有财产、土地、生命、道义等的总和。它主要包括 9 个方面的内容：

a. 和平时期的军费开支。这一项即使是在没有战争情况下也会付出的。因此，可称其为"平时军事供养成本"。

b. 战时为供养和装备军队而付出的所有财富之和，它包括军队的生活费用、训练费用、储备的武器装备费用、基地和设施费用等。当占领某一些地区后，为维护在这里的战争成果而进行军事统治所消耗的费用。这一项是在战争时期，即使不打仗也要付出的成本。因此，可称其为"战时军事供养成本"。

c.因作战过程中，敌人的直接攻击或者其他有效的军事行动，使我方军队产生的一切损失。它包括敌人直接攻击摧毁的武器装备、基地设施和杀伤的人员；因敌人的军事行动而导致的我方过度行军中毁损的武器装备；因迫使我方退却而使我方自己主动摧毁的辎重和设施。另一方面，即使要消灭敌人也必须要打出去的炮火和其他武器消耗。这一项是真正在打仗中毁损掉的成本，因此可称为战争的"战斗成本"。

d.因战争而丢失的设施、法律权益或战争赔款。其中法律权益的丢失绝大多数情况下是因战败而被迫签订的不平等协议。因此，这一项可称为"长期战败成本"。战争赔款即使很大，也只是一定时期的，赔完了就结束了。不平等条约在一定条件下也可以修改，甚至废除。但如果丢失的土地被敌方长期占领，甚至归并为敌方国土，这将会是战败所可能付出的最大成本。一般情况下这将会变成"永久性的"。因为一般情况下，很难通过和平方式改变国土的归属，如果要改变，往往意味着另一次战争。因此，这一成本可称为"永久战败成本"。"永久战败成本"属于长期战败成本中的一类，但是属于很特殊的一类。

e.因战争而使我方丢失给敌方的武器辎重和被俘人员。这一项可称为"短期战败成本"。在某场战役中，即使总体上我方获得了胜利，也同样可能存在局部被敌方俘虏的人员，或被敌方夺取的武器、辎重等物资，但我们依然可把它们归为一种局部的"短期战败"。至少在这个局部的短期来看，出现战败且人员物资被敌方夺取的情况。

f.因伤亡和物质损失而带来的精神损失。

g.我方和平居民在战争中的人员伤亡和财产损失。

h.因选择战争和为战争中的各方财产生命损失而承担的道义责任。

i.因战争而使敌方对我方形成的长期仇恨。这种仇恨会引起下一次战争，或即使在停战后的和平时期也会长期存在的正常关系障碍。这一项可称为战争的"长期精神成本"。无论战争本身胜负，这一成本都是存在的。尤其这样的仇恨存在于不同民族、宗教之间，并且持续引发战争的时候，会带来延续上百年，甚至上千年的战争灾难。

f. g. h. i 四项可称为"附带战争成本",一般情况下,它们并不具有直接的军事意义。仅从战争本身来讲似乎是可有可无的,只是战争进行过程中附带产生的损失。但是,这四项的成本往往是不可避免,并且可能是非常巨大的。军事目标往往都是人员集中的地区,而且军队的基地也往往要依靠人员密集的地区。攻击这些地区往往是军事行动的重要目标。

其中的 f 项具有很不稳定的作用,以及对军事方面的影响,后面在战争成就中会详细谈到。

以上所有成本并不是一个简单相加的关系。

平时军事供养成本,在战时全部转换为战时军事供养成本。两者本质上一样,只是在战时一般数量上会更大。因此,在战时,就没有平时军事供养成本了。但从历史积累的角度说,平时军事供养成本投资的结果,会作为军事资源体现在战时。其成本可以累积计算。

战斗成本和短期战败成本并不是战时军事供养成本之外另外增加的,而是属于战时军事供养成本的一部分。只是如果战斗成本和短期战败成本加大,会增加战时军事供养成本。并且,短期战败成本甚至很有可能变成敌方的军事资源。

4. 战争成就

战争成就其实从另一方面来看就是敌方的 8 个不同方面的战争成本。

a. 敌方和平时期的军费开支。这一项也就是敌方"平时军事供养成本"。在和平时期,并没有明确谁是敌人。因此,这个被称为"敌人"的对象,只能是当战争打起来时,往过去回溯才能确定的。这一项如果被称为我方"战争成就",可能不是直接容易理解。因为军费开支往往被看作是对所在国自己有利益、会增强其军事能力和资源的事情,如何能被看作是相对这个国家潜在敌国的"战争成就"呢?事实上,如果一个国家对其潜在敌国进行军备竞赛,将会极大增加其军费消耗,而这种方式甚至可以达到不经交战就击垮一个国家的程度。因此,平时军费开支具有多方面的意义。对消耗相应军费的国家本身有增强军备的作用,另一方面也有耗费其资源和成本，从而成为其潜在敌方"战争成就"的作用，虽然此时战争很可能还没有发生。苏联就是在与美国的军备竞赛中耗空了国家的经济资源，最终陷于崩溃。

再如，对马汉的海权理论并不能简单地去理解。海军是一项耗资非常巨大的军备，而且由于海军技术的进步很快，水上的战斗对武器技术也高度敏感，少量技术优势就会带来战争结果的巨大差异。如果完全不考虑国家经济资源而盲目维持极为庞大的舰队，不仅会很容易耗空国家的经济资源，而且这样的舰队在真正打仗的时候，因为技术已经落后，很可能并不具有与已经付出的过于庞大军备相适应的战斗力。历史上有多次海战，都是由于海军武器技术表面看来并不是很大的差异，或在原有技术上的少许变化，最终导致极为悬殊的胜负结果。如甲午战争中的黄海海战，日俄对马海战，历史上的英国和西班牙的格拉沃利讷海战（英国舰队凭火炮射程稍远、机动性更好而获胜）、米拉海战（罗马海军在船头安装一种称作"乌鸦吊"的接舷吊桥，前端有铁钩，两侧装栏杆。通过这种简单的改进，在作战中利用"乌鸦吊"与迦太基舰船钩链在一起，罗马士兵通过此吊桥冲上迦太基舰船，把海战变成了陆战士兵的格斗）等。这些舰船武器的简单改进，就可以使敌方耗费大量资金积累的海军装备失去应有的作战效能。因此，海军装备需要能够将舰体平台与武器系统适当分开考虑。舰体平台一旦建成很难改变，但武器系统需要持续地升级，以免过时。这就需要武器系统在和平时期不一定要满装，以节省成本，并不断地升级，而在战时快速地满装最新的武器系统。

这一项战争成就可称为"平时迫使潜在敌方军费消耗成就"，简称"平时军费消耗成就"。

b. 敌方战时为供养和装备军队而付出的所有财富之和，它包括军队的生活费用、训练费用、储备的武器装备费用、基地和设施费用等。当占领某一些地区后，为维护在这里的战争成果而进行军事统治所消耗的费用。这一项是敌方在战争时期，即使不打仗也要付出的成本。它是敌方"战时军事供养成本"。从战争成就角度说，它可被称为"战时迫使敌方军费消耗成就"，简称"战时军费消耗成就"。

c.因作战过程，我方的直接攻击或者其他有效的军事行动，使敌方军队产生的一切损失。它包括我方直接攻击摧毁的武器装备、基地设施和杀伤的人员；因我方的军事行动而导致的敌方过度行军中毁损的武器装备、因迫使敌方退却而使敌方自己主动摧毁的辎重和设施；要消灭我方军队或其他战争目标，敌方必须打出去的炮火和其他武器消耗等。这是敌方"战斗成本"，从战争成就角度说是"战斗成就"。

d.因战争而使敌方丢失给我方的设施、法律权益或战争赔款。这是敌方"长期战败成本"，我方"长期胜利成就"。相应地，因战争而获得的土地是属于长期胜利成就中的"永久胜利成就"。

e.因战争而使敌方丢失给我方的武器辎重和被俘人员。这是敌方"短期战败成本"，我方"短期胜利成就"。

f.敌方因伤亡和物质损失而带来的精神损失。

g.敌方和平居民在战争中的人员伤亡和财产损失。

h.敌方因选择战争和为战争中的各方财产生命损失而承担的道义责任。

与附带战争成本相应的，上述后三项可称为"附带战争成就"，或敌方"附带战争成本"。与战争成本分析不同的是，我方对敌方因战争而产生的长期仇恨，并不会成为我方的战争成就，而同样只是属于成本。因此，战争成就只有8项，比战争成本少一项。战争引起的仇恨，对双方都永远只是成本。

f项的敌方精神损失具有很不稳定的多方面作用。第一个方面，其本身对受到战争损失的一方必然是一个精神上的成本；第二个方面，在一定范围内，它可能增大受损失一方的仇恨和复仇的战争意志，因此可能会增大受损失一方对其敌方的战争力度；第三个方面，如果精神损失增大到一定程度，会造成受精神损失一方战争意志的崩溃，从而带来战争能力上的突然丧失。

在d项中，我方获得的土地、设施和法律权益具有双重的意义。一方面，它对军事战略上增强更进一步可依据的基础；另一方面，正是获得的土地、设施和法律权益，成为战争目的可以转化为政治和社会目的所必须的、最关键的要素。e 也具有实际的价值和意义，但它一般还是会被马上用于正在继续的战争过程，因此还是服务于战争本身的目的。而其他战争成就一般对我方并不具有任何最终的利益。它们即使有意义和价值也主要是服务于战争本身目的。

不同战争成就的价值分析

1. 军事类成就

不同的战争成就，对于我方来说具有的价值和意义是非常不同的。

从军事角度来说，传统军事家们所最为夸耀的，是短期胜利成就，尤其是战斗成就，当然也包括长期胜利成就。战斗成就的确最明显地体现了军人直接的作用，也是评价他们战功的最重要指标。但是，如果我们抛开军事价值本身来看，尤其从战争结束之后回过头再来看，战斗成就的价值很快就变得完全模糊了：

战争中的敌方死亡或负伤了若干士兵，对于我们的价值到底何在？会使我们增加什么？似乎什么也没增加。

敌方被摧毁了 100 架飞机，意味着我们可以得到 100 架飞机吗？显然不是。

那么，在战争中往往最为人们称颂的战斗成就，其真正价值到底在哪里呢？

对于敌方来说消失了的人或物，对于我方来说同样是消失了，我们并不能因敌方这些资源的消失而得到它们分毫。并且，那些消失了的士兵如果不是因为战争，很可能与我们毫不相干，也可能在和平状态下成为我们的顾客、伙伴、朋友，甚至通婚的对象。

因此，战斗成就的价值仅为军事上的意义：减少敌方对我方的战斗成就，即减少我方的战斗成本。

2. 交换比分析与交换比定理

当我们进行不同战争成本和战争成就的数学分析时，会具有不同的意义和价值。作为传统军事研究来说，往往最关注的是战斗成本和战斗成就。如果只将这两者相比较，可以获得军事战术手段的投入产出分析。两者比值常被称为"交换比"。例如在空战中，我方战损飞机数量就属于"战斗成本"，敌方战损飞机数量属于"战斗成就"，两者之比就是空战的交换比。例如，在某空战中，我方以战损 3 架飞机，使得敌方的飞机战损达到 30 架，敌我双方飞机战损的"数量交换比"就是：

战斗成就：战斗成本 =30 ∶ 3=10 ∶ 1。

如果将损失的飞机以及飞行员的经济价值折算进去进行计算，那么以上交换比可能会发生变化。如果我方损失的飞机是 5000 万美元 1 架，而敌方损失的飞机是 1 亿美元一架，我方飞行员经济价值是 200 万美元 1 名，敌方飞行员是 500 万美元 1 名。战斗中消耗的炮弹、油料总计为我方 500 万美元，敌方为 900 万美元。并且假设每损失一架飞机，伴随损失 0.5 名飞行员。以上空战从经济角度评价的"价值交换比"就是：

$$（30 × 10000+30 × 0.5 × 500+900）∶（3 × 5000+3 × 0.5 × 200+500）=19.52 ∶ 1$$

由此可见，由于经济价值的不同，10 ∶ 1 的飞机数量交换比，变成经济角度 19.52 ∶ 1 的价值交换比。基本上扩大了 1 倍。当然，从中也可看到，主要是最大权重的飞机经济价值决定了交换比的最终经济价值。

这个交换比分析常用来评价武器的军事能力，或军队的战斗能力。

作为任何一种投资行为，一个理性的考虑就是以尽可能少的投入，获得尽可能大的产出。因此，交换比也就是从军事能力角度来说的投入产出比。如果能以导弹等空战武器更多投入，换取空战交换比的提升，无论从数量的交换还是以经济价值的交换比提升来说，都是非常划算的。

如果从每一个作战阶段来看，仅统计在该阶段双方战损的交换比与之前双方存量之比的关系，即可以判断双方作战的走向。可以很容易证明：

当不考虑恢复量前提下。设在时序 i 时，R, B 双方作战单位数量分别为 P_i, Q_i，并设 $N_i=P_i/Q_i$，$N_{i+1}=P_{i+1}/Q_{i+1}$；双方在第 i 个时序战损分别为 $L_i=P_i-P_{i+1}$，$G_i=Q_i-Q_{i+1}$。交换比为 $M_i=L_i/G_i$。若从第 i 个时序起，以及此后所有时序的作战中，双方击毁效率都保持不变，那么有：

（1）如果 $M_i>N_i$，则有 $N_{i+1}<N_i$。根据存量比定理，B 方获得胜利；

（2）如果 $M_i=N_i$，则有 $N_{i+1}=N_i$。根据存量比定理，双方战成平局；

（3）如果 $M_i<N_i$，则有 $N_{i+1}>N_i$。根据存量比定理，B 方获得胜利。

以上规律可称为"交换比定理"。

先证明（1）：

由 $M_i>N_i$ 可得：

$(P_i-P_{i+1})／(Q_i-Q_{i+1})>P_i/Q_i$

整理上式可得：

$P_{i+1}/Q_{i+1}<P_i/Q_i$

即 $N_{i+1}<N_i$

同理，可得（3）。

再来证明（2）：

由 $M_i>N_i$ 可得：

$(P_i-P_{i+1})／(Q_i-Q_{i+1})=P_i/Q_i$

整理上式可得：

$P_{i+1}/Q_{i+1}=P_i/Q_i$

即 $N_{i+1}=N_i$。

3. 交换比与战役结束点的关系

根据战争循环因果序列计算可很容易看出，随着战争循环因果序列的增加，占优势的一方获得的交换比也越大。表 7-1 以红军初始值为 1000，蓝军为 500，双方的击毁效率都是 4% 而计算的交换比结果。可以看出，战争的结束越靠后，从交换比角度说对占优势一方更加有利。并在全歼对方时达到最大的交换比。

因此，一般情况下，占优势一方应尽可能地打歼灭战。这可以将越来越大的优势一直扩展到底，对提升交换比是有利的。

表 7-1　红蓝两军的战争循环因果序列与交换比

序列号	红军	蓝军	交换比
0	1000	500	
1	980	460	2.00
2	962	421	2.06
3	945	382	2.13
4	929	345	2.20
5	916	307	2.28
6	903	271	2.37
7	893	235	2.47
8	883	199	2.58
9	875	164	2.70
10	869	129	2.83
11	864	94	2.98
12	860	59	3.14
13	857	25	3.33
14	856	0	3.48

由战争循环因果序列可知，初始交换比（第一个序列完成时的交换比）计算如下：

第一个时序结束双方剩余数量：

$$P_1 = P_0 - E_b Q_0$$

$$Q_1 = Q_0 - E_rP_0$$

第一个时序结束时双方损失：

红方 R 损失为　　　E_bQ_0

蓝方 B 损失为　　　E_rP_0

初始交换比 = 蓝方损失 / 红方损失

$$= E_rP_0 / E_bQ_0$$

$$= （P_0 / Q_0）× （E_r / E_b）$$

也就是说，初始交换比等于"数量优势比"与"击毁效率优势比"两者的乘积。

最终交换比大于初始交换比。那么，这个提升会有多少呢？兰彻斯特定律表达的是：数量上的劣势，需要武器装备击毁效率平方倍的优势才能弥补。但从战争循环因果序列计算得知，最后的交换比却并不会形成与数量优势或武器装备优势平方倍的关系，而只是直接对应两个因素优势倍数乘积大致线性的关系。

在实际的战争中，一般并不会保持相等的击毁效率，一直到战役结束。尤其当弱势一方的战损率超过战损崩溃点后，其击毁效率会迅速下降，变为优势一方的 0 伤亡或接近 0 伤亡作战状态，或弱势一方投降。这种情况会使交换比有较大提升。如假设表 7–1 中在第 5 个时序蓝军越过战损崩溃点，则最终红方获得的交换比会从 3.48 变为 5.95。

表 7–2 显示了假设击毁效率都是 4%，红军初始数量为 1000，蓝军初始数量为 500 时，在各个不同的时序点上，蓝军进入战损崩溃点时的最终交换比。由此可见，越早使蓝军进入战损崩溃点，所获得的交换比提升越大。如果到最后接近完全消灭弱势一方时才进入战损崩溃点，所获得的交换比提升就会非常微小。

表 7-2　红蓝两军战争循环因果序列与战损崩溃点交换比

序列号	红军	蓝军	正常交换比	在该时序蓝军越过战损崩溃点交换比
0	1000	500		
1	980	460	2.00	25.00
2	962	421	2.06	13.02
3	945	382	2.13	9.05
4	929	345	2.20	7.09
5	916	307	2.28	5.93
6	903	271	2.37	5.18
7	893	235	2.47	4.65
8	883	199	2.58	4.28
9	875	164	2.70	4.01
10	869	129	2.83	3.81
11	864	94	2.98	3.66
12	860	59	3.14	3.57
13	857	25	3.33	3.51
14	856	0	3.48	3.48

　　从上述分析可见：最终获得的交换比并不会简单地只反映武器装备的优势程度，甚至会因数量优势的不同而呈现相反状态。

第八章

战争成本与收益分析

效费比与安费比

1. 武器效费比

平时军事供养成本，会以军事或国防安全的名义去获取。安全性无疑是极为重要的，但对于安全性需要有一个清晰的界定。否则的话，安全性也可以很容易被无限地夸大，从而陷入一种平时军事供养成本扩大化的趋势。历史上的很多帝国并不完全是因为虚弱而崩溃，反倒是因为陷入穷兵黩武的过高成本泥潭。

当获得一种武器的时候，是希望以最小的成本去获取尽可能大的战争效能。评估这个目标的指标是效费比。即：获得一定作战效能与成本之比。效费比指标可以帮助在经济上评估平时和战时武器装备的最佳选择。

效费比分析已经是目前武器发展上非常重要的评估内容。尤其像空战飞机，随着每一代战机造价指数上升，如何以最经济的投资获得更大的空战效能就是一个极为重要的问题。

例如，飞机的动态战争维为"飞机作战半径＋空战导弹的射程"。

这样，如果要获得更远的战争维，可以增大飞机作战半径，也可以增加空战导弹的射程。如果增加 200 公里空战导弹的射程成本比增加 200 公里作战半径的成本更低，那就应投入更多资源在增加导弹射程上。反过来也是如此。

如果 10 颗低精度、低技术，但价格便宜的火箭弹，在相同射程上比导弹还要便宜很多，再假设 10 颗这样的火箭弹获得的火力效能，与高精度导弹获得的效能一样，与其使用导弹，就不如使用火箭弹覆盖近程的目标效费比更好。

2. 安费比

如果从最广泛的意义上说，无论平时还是战时军事供养成本，都是为了获得更大的安全效能。因此，使一定安全效能前提下的成本尽可能降低，就是一个需要充分考虑的问题。这个可用"安全效费比"，简称"安费比"来评估，即：获得一定程度的整体安全能力，或整体军事能力与成本之比。

在对武器装备进行费用估算方面，目前国际上通行的是 LCC 方法，即寿命周期费用（Life Cycle Cost）。LCC 分析的理念不仅包含研发和购买武器装备本身的费用，而且包含全寿命周期的维护和使用中发生的全部直接和间接费用。这个成本概念与 IT 领域的总体拥有成本 TCO（Total Cost of Ownership）有很大相似之处。它们强调的都是"全成本"的概念，而不仅仅是设备购置成本。事实上，设备采购成本仅占总成本的很小一部分，甚至只有 10%–20%。其他用在管理、维护、使用、技术支持、培训、能源消耗等上面的成本占了绝大多数。

武器系统的成本分析

1. 武器系统的构成

武器装备本身的费用和其设计理念，显然是整个 LCC 中的至关重要因素。武器装备本身从大的方面说可分为"战斗系统"和"运载系统"两大部分。战斗系统又可分为"战斗部""发射系统"和"发现瞄准系统"三个部分。

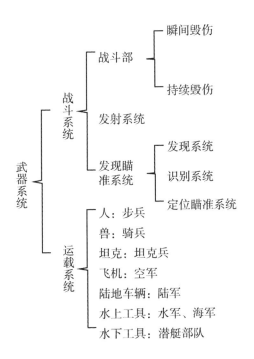

2. 战斗系统的组成

战斗部：它是直接用以击毁敌方目标的最终单元和部分。大多数是某种可以瞬间将能量释放在目标体上的系统。能量的缓慢释放一般不构成毁伤，甚至可作为民用。如作为民用电力的核能，就是不构成毁伤的和平应用。而瞬间释放的核能就成为核武器。

子弹头是通过其动能在目标体上瞬间撞击的释放毁伤目标。

炮弹头是通过其内部化学能的瞬间释放，直接瞬间作用于目标，或转换成弹头破片动能，再瞬间释放于目标体，从而毁伤目标。

未来的激光武器、高能武器等，都会是各类不同类型的能量系统，通过瞬间释放作用于目标体而毁伤目标。

其实，即使并非专用于武器的系统，任何只要是可以瞬间释放大量能量的系统，都可以成为类似武器的战斗部。如油箱里的燃油缓慢释放可用于驱动汽车，飞机；瞬间释放就成为炸弹；天然气瓶缓慢释放是厨房做饭做菜的燃料，瞬间能量释放也会成为威力强大的炸弹。因此，利用这一点而开发的简易爆炸装置 IED（Improvised Explosive Device），就是一种将各类民用能量体简单转换成武器的系统。它的成本极为低廉，而产生的破坏力却不亚于，甚至高于正规的武器系统。9·11事件，恐怖分子就是将装满燃油的大型民用飞机，变成了击毁能力强大的 IED，仅两枚这样的 IED 即将坚固的世贸大楼彻底摧毁，一般航弹都很难达到这样强大的毁伤效果。

根据物理学的压强原理，动量原理及牛顿第二定律，一定的能量以越高密度、高硬度的物质携带，在越短的时间、越有限的面积上释放，所形成的穿透力、破坏力就越强。

而对付坦克等的破甲弹（High-Explosive Anti-Tank），甚至还利用门罗效应，以金属高温高压射流等作用，极大降低目标物的防护能力，来增大破坏性。这种不仅仅是直接增强自身的穿透力和破坏力，而且同时以降低敌方目标的防护力来提升击毁能力的思路，是一种很奇特，却更为有效的战斗部开发思路。

一定能量瞬间释放，只是战斗部的一般作用原理，但不是所有。某些虽然是持续释放的作用力，但同样会造成巨大破坏能力的原理还有：

持续的大火。这是通过引燃目标物自身可燃物质，从而极大增加破坏能量释放的原理。大火本身就因其高温和燃烧而具有极大破坏性。

持续的放射性。广岛和长崎遭原子弹攻击后，因核放射长期作用所导致的死亡人数超过瞬间核能量释放所造成的死亡人数。

持续的缺氧环境，导致人员窒息死亡。

中断敌方通信和道路等，以持续地阻断敌方正常功能而起越来越多和越来越大的破坏作用。

细菌武器和化学武器：持续的传染病菌、化学有毒物质等对敌方造成持续的毁伤。

......

因此，如果以毁伤起作用方式，可在大的方面将战斗部分为"瞬间毁伤作用"和"持续毁伤作用"两大类。

战斗部瞬间释放的能量一般是武器系统自身提供的能量。但如果能引发敌方目标物能量的同时瞬间释放，毁伤能量就会被急剧放大，这属于间接击毁。如引爆敌方弹药库、炸毁敌方燃料库、水库等巨型储能设施等。

山洪和泥石流、火山喷发、地震、闪电等自然能量的瞬间释放，如果作用于敌方目标上，所带来的破坏力远超人类制造的任何常规武器系统，甚至不亚于核武器的毁伤能力。因此，理论上说如果能将此自然能量精确定位并引发敌方目标上，会形成不亚于核弹的战斗系统。只是因为这些自然力很难精确控制和引爆，因此才难于实现。

发射系统：发射系统是用于将战斗部投向作战目标的部分。如大炮、枪支、导弹或火箭发射架……发射系统不仅仅是起到将战斗部射向目标，而且往往还是战斗部作用能量的提供者。如大炮和枪支等，它们既是支撑发射战斗部，使其飞向目标，同时在发射系统中提供的能量，也是战斗部起毁伤作用的能量来源。尤其像子弹、穿甲弹等更是如此。

发现瞄准系统：战斗部要准确命中目标，必须依赖于发现瞄准系统的帮助。本质上说，发现瞄准是一个信息系统。发现瞄准系统是非常重要的，因为战斗部如果不能准确作用于敌方目标体上，其偏离程度只要超过击毁距离，战斗部就会失去击毁的作用。有些简单的发现瞄准系统直接集成在发射系统上。如枪支的瞄准器等。导弹在末端运行时，必须要末端制导系统的帮助，一般情况下发现瞄准系统甚至必须集成在战斗部上。随着现代武器击毁时距离的不断增加，如何有效地发现和瞄准敌方目标是一个越来越具有挑战的问题。这个问题也可以被分拆为多个方面：

发现：发现敌方目标。在现代，雷达等是发现敌方目标最重要的装备。

识别：发现的目标未必是敌方目标，可能是我方目标，第三方无害目标，甚至自然目标。因此，需要识别所发现的目标是敌方目标，并且确定是敌方的何种武器，甚至武器的型号。

定位瞄准：确定敌方目标的准确方位，以及运动轨迹、运动速度、方向。这在今天也是雷达等装备的工作任务。一旦精确定位，也就可精确地引导武器瞄准。由于瞄准是最终引导武器战斗部精确命中敌方目标的，因此，这一系统在目前远程作战武器中常常是集成在战斗部上的。甚至于需要将发现、识别、定位瞄准都集成在战斗部上。

以上三个功能部分可以集成在一起，也可能各自分开在不同系统装备上。

3. 运载系统

运载系统本质上就是一个运输工具，只不过它要运输的是武器系统而已。军队的军种，一般就是由运载系统的不同而确定，而很少是由战斗系统的不同来确定。尽管不同武器运载系统，由于其运输能力等制约，会对武器战斗、发射、发现瞄准等形成不同影响，但本质上说它只会带来量的区别，而不会导致质的区别。不同运载系统，形成不同武器的作战平台。

直接以人来运输，就成为陆军；

以马、骆驼等兽力工具来运输，就成为骑兵；

以坦克运载，就成为坦克部队；

以飞机运输，就成为空军；

以水上运输工具运输，就成为水军或海军；

以水下运输工具运输，就成为潜艇部队。

……

只有"炮兵""二炮"（现在的"火箭军"）等，是由战斗系统来区分的军种。但事实上，只要我们深入分析一下，"炮兵"事实上是一个不严格的概念。因为相同的火炮可以用汽车来牵引，也可以装在军舰上。因此，所谓炮兵事实上也就只是陆军的一个军种而已。

由于抗毁性、机动性的需要，现代武器装备的运载系统越来越复杂，装甲越来越厚，动力越来越强，吨位越来越大。因此，整个武器系统的成本，事实上绝大部分是消耗在运载系统上，而不是战斗系统上。但最终起到击毁作用的，却只是战斗系统，尤其是战斗部。除非将运输工具本身的动能直接用于撞击释放在敌方目标上。如在过去海战中，的确就用船头的撞角直接撞击敌船，而使作为运输工具的船体本身就成为战斗部。

第二次世界大战时日本神风攻击队，不仅是战机上的炸药是战斗部的重要组成部分，作为运输工具的飞机本身动能，也构成了战斗部的重要击毁能量。

4. 武器系统成本分布及成本倒置

武器系统真正起作用的是战斗系统，甚至是最终的战斗部。但因防护和机动等因素的影响，现在武器系统的成本构成中，运载系统部分的成本越来越大。

战斗系统与运载系统，可以说就是武器的矛和盾。当我们说到击毁战果时，往往是指击毁的敌方运载系统，而很少指击毁了敌方多少战斗系统。如击毁敌方多少人、车辆、坦克、飞机、军舰等；很少说击毁了敌方多少枪支、火炮等。战斗能力相对是比较容易获得的，这是因为战斗系统的效费比远比运载系统高。少量成本投入的增加，就可以获得战斗系统击毁能力的很大提升。而要提升运载系统的防护能力，则非常困难，从而使获得同样击毁能力和防护能力平衡的前提下，投入在运载系统上的成本，要比投入在战斗系统上的成本高得多。

第三节

增强防御能力的成本分析

防御能力，往往也以"战场生存能力"来表达。第七章中已经谈到，要增强防御能力，或战场生存能力。可通过三个途径获得：击毁敌方，减少敌方命中的概率和增强抗毁性。

无论是提升运载系统的隐身设计，还是提升抗毁性能，都需要成本极大的增加。现代隐身战机需要在保持良好气动性能前提下，进行隐身外形设计、采用特殊的隐身材料。

抗毁性能的提升需要更好的装甲材料，更厚的装甲。由此引起运载工具重量的大大增加，要维持，甚至还要提升机动性，就需要强大得多的动力系统。由此引起的所有问题，都需要极高的成本和设计难度。

既然后两者的改善如此困难，而运输系统又并非是击毁能力的核心要素，这就给在维持相同效能前提下，极大降低 LCC 提供了一个很好的思路方向。即：索性不要隐身和抗毁性，而只从击毁敌方，通过分散等简单方法减少敌方命中概率等方面下功夫，甚至将武器运载系统的部分功能做成一次性的，以极大降低成本。另外，还可通过将运载系统军民通用，平时可以在民用的商业过程中获利，战时可大量征集用于军用。通过这些方法，把更多资金，用在提升战斗系统、尤其战斗部的击毁能力上。

我们可以做这样一个战场假设：以配置 4000 枚重型和轻型反坦克导弹的蓝方骑兵部队，对垒 500 辆最先进的红方重型坦克集群。重型反坦克导弹很难做成单兵式，但以骑兵部队来进行装载则没有问题。蓝方为 2000 名骑兵，每人 2 匹马，一匹装载一枚重型反坦克导弹，另一匹马由佩带冲锋枪的骑兵，再带上一枚轻型反坦克导弹。

这样，因蓝方拥有 2000 作战单位，而红方是 500 个，因此，红方需要在击毁效率上高出蓝方 16 倍，才能达成交战过程的平衡。而事实上，红方不仅很难做到这一点。甚至其击毁效率可能还不如蓝方。

首先，在 3 公里到 8 公里的距离上，蓝方先在无人侦察机等指引下，先以分散队型，采用 2000 枚重型反坦克导弹，分 2—4 个波次进行远程超视距攻击。

再继续机动到 1—3 公里距离，以另外 2000 枚轻型反坦克导弹，分 4—16 个波次对剩下的敌方坦克进行打击。很难想象，经过 2000 枚重型反坦克导弹和 2000 枚轻型反坦克导弹打击后，500 辆最先进的红方重型坦克集群还能侥幸剩下几辆。

而蓝方在发动第一波攻击的时候，远在红方坦克的机枪甚至火炮有效射程之外。因此，只要蓝方以相对分散的队形发起攻击，红方重型坦克集群的火炮，能对蓝方形成的有效击毁能力是非常有限的。

最后，即使蓝方承受了一定损失，4000 匹战马只要损失不超过一半，就足够支撑所有剩下的骑兵以冲锋枪攻击敌方剩下的步兵。并携带少量剩下的轻型反坦克导弹，攻击侥幸逃过前几波攻击的红方重型坦克。

如果采用以上思路，开发的骑兵用重型和轻型反坦克导弹的发射系统，可将瞄准系统分开，发射筒甚至可做成一次性的，打完就扔掉。因此它甚至可用塑料等极其轻便又很便宜的材料来制作，不需要考虑任何抗毁性，以减轻重量和成本。它仅仅是起到存储和运输中的箱体，以及发射时的支撑功能。

而以这种方式形成的骑兵部队，其战场适应能力并不比车辆差。尤其骑兵部队可越过复杂地形以及山地环境，对敌方进行攻击。而在平原和具备良好交通条件情况下，骑兵部队又可借用纯民用车辆进行机动。

无论如何，骑兵部队的机动能力比单纯靠人力的步兵要强得多。

而从成本上看：蓝方的 4000 匹战马，2000 枚重型反坦克导弹，2000 枚轻型反坦克导弹，其加在一起的价格，顶多也就是 10 辆最先进重型坦克的价格。而蓝方这样配置的骑兵部队并不仅仅可用于打击敌方坦克集群，也可用于打击其他众多目标。

记住一点：只要你能对敌人一枪毙命，就可索性光着膀子上阵，仅为防护用的盔甲就成为多余的东西。

以上武器开发思路即使不能用于全部军用装备，至少可开发出相当大一部分，以极大地减轻总体军事供养成本。

寓军于民

1.民用运输工具加高效战斗系统

目前军事装备大多都是专用的，尤其是运载系统。这种专用设备在平时完全不具有经济价值，因此其生产装备数量不能太高，这样其单价就会更高。而另一方面，如果数量不足，根据战争循环因果序列，尤其兰彻斯特定律，又会以平方级降低战时整体作战能力。

如果在开发武器装备时更多考虑军民混用，因民用运载工具可大批量生产，其单价就会大幅度降低，其平时和战时军事供养成本都会大幅降低。如果在开发民用设备时，兼顾军用，这样的设备就可以在平时大量生产用于民用，产生经济效益，而在战时又可迅速转化为军事能力。

例如，可开发以标准民用集装箱为基础的火箭弹或导弹，它们的运载工具可完全以民用集装箱车辆为基础。这样，在平时民用集装箱和相应的车辆可大量生产，并且用于民用运输目的。而在战时又可仅加装极少量的火箭或导弹等仅仅是战斗系统部分，即可快速形成车载移动式火箭弹或导弹发射车。这种方式可以在战时迅速形成数量极为庞大的作战能力。如以上万，甚至数以十万计算的移动导弹或火箭弹发射车。这样的武器集群虽然在某些性能上很可能不如专门的军用系统，但因其数量极为庞大，其总体作战能力未必弱于专门的军用系统。

尽可能地军民相同标准，是极大降低平时和战时军事供养成本的有效方式。虽然这样做有可能降低单个军事装备的抗毁性等指标，但因其进攻能力在数量上可呈数量级地扩大，因此总体作战效能会更高。

有一场战争很能体现"民用运载工具加战斗系统"模式的威力，这就是"丰田战争"。乍得军队有 400 多辆配备反坦克导弹的越野车、皮卡车，它们击败了利比亚全部为军事专用的装甲部队。最著名的一次战斗，1987年1月2日乍得军队和利比亚军队在法达地区发生交火，乍得军装备大量的民用丰田以及陆虎吉普，车上配备美法提供的米兰反坦克导弹及机关炮，在短暂的冲突中，784名利比亚士兵阵亡，92辆坦克和33辆步兵战车被毁，81人被俘，13辆坦克和18辆战车被缴获，而乍得军仅18人阵亡，3辆丰田车被毁。

因战斗部击毁能力的增强，一辆价格1000万元人民币的高成本专用军事车辆被导弹击中，与一辆成本20万元的极低成本民用车辆被相同的导弹击中，结果都是被击毁。但它们装载了相同作战单元后，其进攻能力却是一样的。甚至于，因为装备极便宜的民用运载工具省下了大量的钱，就可以花更多的钱用于战斗部上，因此其击毁能力反而更强。既然如此，为什么不用这1000万元人民币生产50辆民用作战运载系统工具，而要生产一辆军事专用运载工具呢？并且，这50辆民用运载工具在平时完全可用于一般生产过程而产生经济效益，但那个价值1000万元人民币的军事专用车辆在平时不会产生任何经济效益。根据战争循环因果序列，50个作战单元形成的击毁能力，是1个作战单元的2500倍！或者可以只生产25台运载工具，但把省下的500万元用于成倍增强真正有最终战术价值的战斗部。

一般来说，每辆军用坦克价值为300万–1000万美元，而一辆民用车辆的价值一般都在2万–3万美元水平。即使去掉坦克的武器系统，二者成本依然相差100倍以上。以100辆民用越野车加装击毁能力更强的导弹和火箭弹组成的战斗部队，与现役和未来几十年内最先进的任何1辆专用坦克相比，前者的作战效能绝对都是后者的千倍以上。

能够快速地消灭敌人，就是最好的装甲防护。

如果以标准的民用集装箱为基础开发武器系统，它可用于各类民用运载工具上。集装箱货柜卡车、火车及轮船都可装载。更重要的好处是，它们的隐身效果会非常出色，其与民用系统很难分辨，因为它们除了隐藏在集装箱内看不见的战斗系统外，本身就是纯民用系统。

如果以标准的远洋运输集装箱和民用远洋集装箱货轮为基础，开发超远程火箭弹和导弹，在拥有制空权和制海权的前提下，它所形成的击毁能力会远超过现有任何海军武器系统。目前世界上最大的航母为美国尼米兹级核动力航母，最大排水量为 10 万吨；而世界上最大的集装箱货轮伊夫林·马士基可达到 17 万吨，运载能力为 1.1 万个标准箱。如果一个标准箱只携带 4 枚超远程火箭弹，一艘这样的远洋货轮，就有能力把 4.4 万枚超远程火箭弹发射到几百公里之外的地方。它的击毁能力远远超过一个最现代化的航母战斗群。

这种以标准民用集装箱为基础开发的武器系统，可以装载到所有各种民用集装箱货轮上。这样在战时，可以获得具有强大打击能力的海军作战舰只数量，就可以远远超过军事专用的舰艇。虽然它们在很多具体军用性能上不如专用海军舰艇。但只要打击能力可以相匹敌，并且数量上极其庞大，就可以弥补其专用军事性能上的不足。而这样获得的作战能力，其平时军事供养成本和战时军事供养成本都将远远低于全部是专用的海军装备。

最重要的是，在和平时期，这样的远洋货轮可用于正常民用运输而获得经济效益。而专用的航空母舰除了花钱，还是花钱。如果不打仗，这些大笔的钱很有可能就白花了。因此，拥有过于庞大平时军事供养成本的国家，虽然其军事能力可能非常强大，但却又同时存在必须要定期打仗的内在强大压力，这是很荒唐的事情。

当然，这种战斗系统加民用运载系统的模式并非要取代军事专用武器系统，而是可通过两者的互补，以获得总体上最佳的效费比和安费比。

2. 其他寓军于民的方法

军用与民用机场可以混用。

在高速公路上可以起降军用飞机，现在很多国家都已经在按这种方式操作。这样极大增强的抗毁能力并不是以抗打击能力为前提，而是以数量为前提。要破坏完一个国家所有没有任何抗毁能力而又可起降军用飞机的高速公路，其困难程度远超过破坏若干个防护能力极强的军用机场。

尤其现代智能技术的发展，可以无人化的机器越来越多，这些无人化的装备可以更加不用考虑防护问题，从而极大简化成本。如无人机、无人作战坦克等，都可以光着膀子上阵。不需要任何防护考虑。专用军事装备的成本主要消耗在防护设计上。相同的投入，如果因防护弱化而获得 2 倍数量的相同单位作战能力，总和作战能力将提升到 4 倍。

这样设计的武器系统，其攻击能力必须特别突出，能够具备击毁敌方任何军事专用系统的能力，否则这样的组合也会吃亏。如果不能穿透敌方目标的防护，并有效击毁敌方目标，由于自身防护力非常弱，这样将有可能会陷入敌方坚盾型 0 伤亡作战的危险境地。战马配上最先进的反坦克导弹，依然可以在今天驰骋疆场。但战马上的骑兵如果还是配马刀的话，在今天的战场上当然不可能再有任何生存和消灭敌人的机会。

如果当初的波斯军队弓箭箭头稍做改进，击毁能力可以刺穿希腊军队的铠甲，马拉松战役，尤其 10 年后的温泉关战役的结果将完全不一样。

第五节

附带战争成就扩大化引起的后果

附带战争成就中被杀伤的平民，他们可能有军事价值，也可能没有任何军事价值，甚至与战争成就目标相冲突。

假设战争的周期为 4 年，那么在 4 年之内不能长大成为士兵的儿童，他们的死亡不仅没有任何军事价值，甚至很有可能会降低我方战时军费消耗成就。即使我们完全抛开道德的角度考虑问题，敌方没有军事能力的儿童，其存在只会与战时军费开支争夺资源。杀死这些儿童从纯经济角度看只会暂时降低敌方的消耗。

战争是一种会让士兵随时面临死亡的事业。当战争降临，士兵们随时面临死亡威胁时，如果没有极其严厉的军纪约束，他们杀伤力和击毁能力的失控就会是一种很容易产生的情况。尤其在某些情况下，放任士兵在攻入城市后进行无节制的犯罪，甚至成为对士兵的一种奖励，这也放大了战争对平民的损害。

以屠城，或屠杀俘虏等方式加大对方 f 项的精神损失，也往往成为一种试图以此完全打垮对方战争意志的人为手段。对敌方可能成为军人的青壮年男子甚至女人的屠杀，也会被当作消耗敌方战争潜力的手段。但是，如果这种屠杀不能使对方战争意志崩溃，就会转成完全相反方向的增大敌方仇恨和强化其战争意志的力量。

而屠杀完全无战争行为能力的老人和儿童的行为，会给己方带来极大的负面道义成本。

以上这些附带战争成就的扩大化行为，在某些情况下会给自己增加强大的敌人。

开始于 1821 年 3 月的希腊独立战争，本来只是奥斯曼帝国内部的分裂战争。但因在战争中土埃联军对希腊起义军的镇压，肆意扩大成了对基督教平民的迫害和大屠杀。土埃军队（尤其是土耳其近卫军）大肆杀戮，所到之处，不仅将可能成为军人的男子，而且将老年妇女和儿童全部杀掉，只留下青年女子作为随军的军妓。仅在希俄斯岛，他们就屠杀了2.3万人，将4.7万人卖为奴隶。甚至连君士坦丁堡的东正教主教格里高利五世，也因拒绝提供著名希腊人的名单，被土埃联军吊死后抛尸海中。这种不理智的行为不仅对自身毫无意义，而且引起了整个欧洲基督教社会的震惊和强烈反对。最终导致英、法、俄组成联合舰队干涉，触发了著名的纳瓦里诺海战。在此海战中，土埃联军的海军遭受接近全军覆灭的打击，由此导致已经接近成功的奥斯曼帝国对希腊独立运动的镇压，最后彻底失败。

从其他利益角度说，希腊独立战争本身完全不足以引起英法等国的实际军事干涉。尤其是获得辉煌军事胜利的纳瓦里诺海战指挥者，英国的爱德华·科德林顿海军中将，在海战胜利后却处境尴尬。英国政府给他的命令是维持地中海的均势，防止俄国的影响力在这一地区继续扩大。但结果是，纳瓦里诺海战摧毁了土耳其的海军主力，打垮了它的战争潜力，这显然不是英国政府想要的。一个获得了辉煌海战胜利的将军科德林顿，在他的有生之年，不得不一再为自己的行为辩解，最后在痛苦中了却余生。因此，很明显，如果不是土埃联军附带战争成就扩大化的行为，英法甚至连象征性的干涉行为都不会有。从纯军事角度说，完全是土埃联军对自己军队击毁能力不进行控制，且毫无意义的主动扩大化，尤其是人为变成有意识的宗教迫害，最终葬送了他们此前所有的战争成就。

中国的义和团运动，也因为毫无意义地把对西方的仇恨转化成对基督教的仇恨，而使一场社会动乱转变成大量针对基督教徒的屠杀行为。由此引起八国联军的干涉而使中国遭受巨大损失。

要使得附带战争成就具备军事意义，如使敌方战争意志崩溃，需要有超过其精神承受力的损失强度，这往往意味着极端残暴的侵害行为，并且需要将可以导致精神崩溃的恐惧在敌方人群中传播。在通信落后的古代，这种残暴的侵害行为难以被实时地传递，恐惧首先只存在于战争的现场。导致现场的区域敌方群体的精神崩溃。而这种精神崩溃向外逐渐的传递，有可能使恐惧一步步扩散到更为广大的地区。

而在现代通信条件下，这种残暴到反人道的侵害行为有可能瞬间传遍全世界，这样传递出去的信息就远远不只是会导致精神崩溃的恐惧，而会导致更大强度的愤怒和反感。尤其随着制约战争罪行的国际法律等的制定和人道主义观念的普及以及跨越国界的相同宗教联系等，附带战争成就的扩大化导致的负面军事价值会越来越超过其正面的军事价值。

转移政治收益

战争的转移政治收益，用 T_w 表示。它是通过战争成就而给己方实际带来的政治和社会目的的满足。它主要包括以下 5 个方面的内容：

a. 因占领的土地和设施而带来增加的真正资源，它对应于"永久胜利成就"。

b. 从战争中直接转化的财富，包括从战争中直接抢得的财物或所有财富。它对应于"短期胜利成就"。

c. 因直接战争利润而可以获得的更为有利于自己的条约。它对应于"长期胜利成就"。

d. 因战争胜利而获得的短期，尤其是长期精神价值。如国际地位的提升等。它对应于"附带战争成就"。

e. 使敌方因承受打击而被迫进行战略上有利于我方的转变。它对应于"长期胜利成就"。

为研究战争成本、战争成就与转移政治收益之间的关系，我们建立三个比率的概念。

一是战争的"成就 / 成本比"，用 R_w 表示：

$$R_w = A_w \,/\, C_w \tag{1}$$

R_w 表达了我方用一定战争成本获得的战争成就是多少，它代表的是战争机器的效率概念。

二是战争的转移政治收益比，用 R_t 表示：

$$R_t = T_w \,/\, A_w \tag{2}$$

R_t 表达了一定战争成就最终转化为政治收益的多少。它代表的是一定战争成就政治意义的大小。

三是战争最终的投入产出比，用 R_{wt} 表示：

$$
\begin{aligned}
R_{wt} &= R_t * R_w \\
&= （T_w / A_w）* （A_w / C_w） \\
&= T_w / C_w
\end{aligned}
\tag{3}
$$

R_{wt} 表达了通过一定战争成本投入，获得战争成就，最终转化成转移政治收益的比率。它代表的是战争行动最终实现政治目的的效率概念。从最终的政治目的上说：我们真正需要的正是 T_w 和 R_{wt}。

在以上这个公式的推导过程中，战争成就 A_w 是一个最终消失掉了的概念。这将是一切问题的关键所在。在以往传统的军事理论中，A_w 似乎等同于战争的最终价值和意义。但是，这两者是完全不同的。在战争成就中，只有一部分可以转化为最终的转移政治收益，而大部分，尤其从单纯军事角度本身来说最重要的战斗成就，几乎与最终的转移政治利益毫无直接关系。这是我们分析战争的两个目的时需要特别注意到的地方。

第七节

适合采用战争手段的绝对条件与相对条件

为了更全面地研究战争与和平的关系，我们需要另外一套概念来与其相比较。如果我们采用某种和平的手段而去获得相同的转移政治收益，则有两个基本要素：和平成本 C_p、转移和平收益 T_p。

和平成本是采用和平方式而投入的人力物力的总和。这与和平方式的不同手段有关。例如，为使用一块土地，可以用战争方式强占它而加以利用，但也可以通过外交努力、通过商业谈判签订合作协议，通过租用方式、购买土地所有权或使用权等方式而加以利用，那么，为租用或购买而投入的资金、外交努力支出、谈判支出等就是和平成本。

为利用某种资源，可以用战争方式加以强占而开发，也可以通过合资或独资的投资方式而加以利用，投资的资金就是和平成本。

和平转移收益是以和平方式获得的所有收益之和。如投资获得的利润，购买土地后投资的获利等。

由此，必然也存在一个和平方式的价值分析问题，这就是和平方式的投入产出比，它用 R_{pt} 表示：

$$R_{pt} = T_p / C_p \qquad\qquad (1)$$

对于战争方式，如果它是有意义的，至少其战争的投入产出比必须大于1，即：

$$R_{wt} > 1 \qquad\qquad (2)$$

如果不能实现一点，也就意味着打了一场战争之后，从中获得的东西还没有为战争花销的多，这显然是很荒唐的事情。

对于和平方式来说，同样也要有这一要求，即：

$$R_{pt} > 1 \qquad\qquad\qquad\qquad\qquad\qquad\qquad (3)$$

那么，究竟选择和平还是战争方式，评判依据不是道义或其他含糊的标准，而是完全从决定行为一方的利益出发的投资决策。如果有什么道义上的问题，它也仅仅划归到与其他投入一样的成本概念中去。（2）式是评价战争是否值得的绝对标准。

但是，如果战争是一种划算的行为，仅仅满足（2）式是不够的，如果在转移政治收益相同的前提下，采用一种和平方式所付出的成本更小。或者在成本相同的情况下，获得的转移政治收益更高，和平方式的投入产出比更高，那么采用战争方式同样是不划算的行为。因而，战争行为不仅要满足绝对标准，而且还要满足与和平方式相比的相对标准。为获得可比性，假设 $A_w = A_p$，或 $C_w = C_p$，那么判断战争值得进行的相对标准就是：

$$R_{wt} > R_{pt} \qquad\qquad\qquad\qquad\qquad\qquad\qquad (4)$$

在发起战争之前，对于达到战争成就目标后，可以获得的转移政治收益，既可能估计不足，更可能会夸大。而对于还没有发生的战争将要付出的成本是什么，往往结果会大大超过预算。

例如，在 2003 年 3 月 19 日开始，直到现在的伊拉克战争中，美军实际开支估计超过 3 万亿美元（见斯蒂格里茨与比尔米斯所著《伊拉克战争的真实成本：三万亿美元的战争》）。而战前美国的估计成本却是 500 亿–600 亿美元，被认为是最夸张的估计也是 2000 亿美元。这种情况并非只是特例，战前对战争成本的估计往往都非常离谱，甚至根本就没有认真去做过这种估计。

为什么战前的成本估计与实际会相去甚远？原因会有很多：

希望发动战争者总会有夸大战争成就，并减少战争成本估计的心理倾向。这种情况在和平行为的投资过程中也是存在的。很多项目预算也往往会因做预算的人希望项目能够上马，从而有意压低项目预算，以便于项目

预算能够通过，从而实际启动项目。而等项目实际启动后，又不得不持续追加预算。这样的话，往往最后就导致预算超标。只不过是战争因其非理性因素更大，从而这种预算约束更为无力，突破预算的程度和可能性更为巨大而已。

尽管以上我们从一般角度对战争成就以及转移政治收益有普遍性的分析，但事实上转移政治收益和战争成本的承担，对不同人是不一样的。获得转移政治收益更大的人会更多考虑利益因素，而忽视成本估计。

战争的强烈精神作用，使得很多人根本就不去考虑战争的客观成本问题。如把一些刺激战争起因的问题看作是绝对不可理性分析的。如领土的神圣不可侵犯，敌方已经发起了战争，己方无法回避和选择，对宗教感情的侵害有可能会使教徒即使死也不可接受等。当生命都可以付出的时候，以经济价值计算的成本就可以完全不考虑了。

……

以上这些会形成对战争成本计算的误差因素。但即使我们剔除以上这些估计的误差因素作用，从成本估计的客观方法本身来说，以往对于战争成本预算方法，完全是建立在与战争本质上为循环因果和突变规律相反的基础之上，将战争看作是一个线性的过程，这是造成战争成本估计偏差巨大的根本原因所在。

第九章

人的要素对战争的影响

第一节

影响战争结束的要素

1. 一方 100% 战损情况下战争的结束

如果不考虑其他要素影响，一场战争会按照战争循环因果序列或战策循环因果序列进行，一直打到某一方完全为 0。即，战争结束点的条件为：

$$P_i = 0 \text{ 或 } Q_i = 0$$

此时，存量为 0 的一方，其崩溃点战损率达到 100%。这种情况是战争停止的"绝对原因"——战争的对手已经不复存在。

2. 战争提前结束的不同情况

但在实际的交战中，很可能战损率远未达到 100%，战争就停止了。导致战争停止的原因要素有：

因自然原因使双方都无法再交战。如在冷兵器和早期的热兵器时代，因黑夜会使战争双方都无法看清对方，因此，黑夜的到来往往是导致一场战役停止的常见原因。当然，具备克服这种客观原因能力的一方也往往因此而获得极大的优势。如在抗美援朝战争中，因不具备制空权，中国军队经常选择夜间作战。它有利于防空能力较弱的中国军队隐蔽自己。因此有黑夜属于中国志愿军，而白天属于以美国为首的联合国军的说法。即便如此，甚至在拥有了很多夜战器材的今天（如红外夜视仪等技术），由于人的生理周期以及其他相应的困难，黑夜依然是战争的一个重要停止要素。

另外，雷雨、台风、暴雪、极热和极寒等自然天气，也会是导致战争停止的自然客观原因。印度次大陆在历史上战争案例远比其他地区少得多，因为这里在夏天普遍高达 40 摄氏度以上高温天气下，别说是在荒郊野外打仗，长期暴露在太阳底下能撑下来不被热死就不错了。直到今天，每年印度依然会有数千人在夏天因酷热而死亡。

因除人员之外的战争资源耗竭而选择投降。当一方战争资源耗竭时，也就是常说的弹尽粮绝，继续交战将没有任何意义，将意味着陷入敌方耗竭型 0 伤亡作战的境地。

战争意志崩溃。前面的原因都是属于客观原因导致停止战争行为，而这一原因是主观的。大多数情况下，某一方停止战争行为，逃亡或投降，都是因为战争意志崩溃，而不是客观上无法再战。

人的要素对战争的影响

1. 人对战争影响的三个方面

单纯说武器重要还是人更重要是没有意义的，我们必须深入分析它们各自所起的作用到底是什么，以及以什么方式起作用。

人的要素对战争的影响体现在三个方面：

（1）对武器的使用和改进。

（2）相互间的协调。

（3）战争意志。

2. 对武器的使用和改进

武器对提升击毁效率具有至关重要的意义，但是，武器的改进是一个长期的过程，甚至这个过程主要体现在和平时期的技术进步。如果战争持续时间过短，在战争持续期间武器技术的进步会非常有限。但战争的确会是刺激武器技术进步的最强大动力。在战争持续期间，对武器的改进，以及战术细节技术的改进，会对击毁效率的改变产生非常重大的影响，尤其是相对敌方已有武器装备高度针对性的武器和战术细节的改进，会对击毁效率的改变产生重大影响。例如，在太平洋战争初期，美军主力的野猫战机相对日本的零式战机在多项技术指标上都处于落后状态，在空战中非常吃亏。即使如此，美国空军指挥官吉米·萨奇发明了一种专门用于野猫对零式的交叉飞行战术，这就是著名的"萨奇剪刀"。在首次采用这种战术的中途岛海战中，萨奇亲自参与指挥的空战获得了以损失 1 架战机，击落日本零式战机 5 架的辉煌战果。并且这一空战对缠住日本零式战机机群，使得从企业号上起飞的 33 架俯冲轰炸机突破日军航母战斗群防空网，并连续炸毁日本三艘航母起到重要作用。虽然在后来美军开发生产 F-6F 恶妇式战机，在技术指标本身就具备压制日本零式战机后，"萨奇剪刀"战术不再有效，但在此之前的困难时期，这些战术细节改进成功弥补了美军武器一定时期内的劣势。

解放军之所以在武器装备补给非常困难的条件下，不断获得战术优势，持续有针对性地改进武器使用以及战术细节起到很大作用。例如对战壕等土工作业的战术改进达到陆战中的极致程度，在抗美援朝中更发展成大规模的坑道作业，这些极其有效地减弱了对手炮火的击毁能力。在战争中，美军使用范夫里特弹药量（5 倍基数弹药量）的炮火对志愿军阵地进行轰炸。一般情况下，在承受这样密度的炮火之后，阵地上别说是士兵，甚至连一个蟑螂都不会剩下，但当美军对这样轰炸之后的阵地进攻时，发现阵地上的志愿军反击能力却依然如故。这就是志愿军的土工作业所起到的神奇作用。即使在已经存在云爆弹、温压弹、穿地弹等武器的今天，有效的土工作业依然是极大降低敌方武器击毁效率的有效方法。

将迫击炮甚至火炮等远程武器抵近平射，更是精彩至极的对已有武器使用改进的杰作。在广泛发动官兵甚至全社会力量在战时进行战术细节的改进，以弥补武器装备的不足方面，中美军队都有非常杰出的表现。而在第二次世界大战中，日军改进很少，一款零式战机，从开战一直打到结束，几乎无变化，使战争初期日军在武器装备上的部分技术优势，到战争结束时几乎消失殆尽。

3. 相互间的协调

协同可获得各独立单位作战效能乘数的提升，而不是简单相加。因此，在相同武器条件下，协同能力的高低会产生非常大的总体作战效能差异。

4. 战争意志

这是人的精神作用的体现。士气的高低不仅会影响作战效能的发挥，而且最重要地体现在战争意志会直接影响战损崩溃点的位置。通过战争循环因果序列和战策循环因果序列不难计算出战损崩溃点的高低对战争结果的影响是什么。

假设 R 方初始值为1000，B 方初始值为300，双方击毁效率都为4%。一般来说，R 方占有绝对数量优势，如果双方战争意志都无限强大，战争循环因果序列会一直打到某一方为0时停止，此时结果会是 R 方获胜，R 方极限战损率为5.21%。

但是，如果 R 方崩溃点战损率仅为1%，而 B 方崩溃点战损率为50%，在其他条件都不改变的情况下，交战结果却变成为 B 方获胜，B 方获胜时战损率为13.33%。这就是在战争意志非常低下的情况下，一触即溃所导致的结果。在 R 方崩溃的情况下，其击毁效率很可能下降到0，使 B 方进入0伤亡作战状态，最终交战结果有可能会使 R 方陷入巨大伤亡，或大量人员被俘的境地。

第三节

影响战争意志强弱的因素

很多相同的士兵，在不同的军队里却体现出了天壤之别的战争意志差异。影响战争意志的因素有很多，主要有以下这些：

主帅。之所以千军易得，一将难求，不仅仅是主帅要有杰出的指挥才能，更重要的是主帅在战争意志高低上有不可替代的决定性作用。一旦主帅战争意志崩溃，即使有少量下层官兵英勇顽强地继续作战，全军战争意志的崩溃也往往是难以避免的。

腐败与否。社会的腐败，尤其军队的腐败对战争意志的打击会是致命的。军队的腐败往往是将官，甚至主帅的腐败，因此它会通过主帅战争意志的消失影响军队整体的战争意志。

胜利。更大的战损崩溃点，往往并不是靠更多战损磨炼出来，而是靠更低战损崩溃点的大量胜利建立的。胜利，尤其是辉煌的，自身很低战损率的胜利，是提升士气的最佳兴奋剂。反过来，过多过大的战损，会对士气和战争意志产生极大的负面影响。尤其过多陷入敌方 0 伤亡作战的大量伤亡，特别是全军覆灭式的伤亡，会使己方陷入对战争的绝望状态，其战争意志很可能接近完全消失殆尽、一触即溃。这也是毛泽东的军事思想中把"打歼灭战"作为优先选择的原因所在。"伤其十指，不如断其一指"。敌方全军覆灭式的失败，会极大动摇敌方士气、军心和战争意志。

军纪。军纪的涣散，对逃兵，尤其是不战而逃的主帅轻易宽恕，都会使战争意志极大销蚀。

其他。官兵一致、上下同欲、生活条件改善等，都会对战争意志和士气产生影响。

中国在近代的甲午战争等战争中，军队战争意志的低下是多种原因造成的，简单地只归结为某一个原因是不够的。客观地说，在早期与西方入侵军队的作战中，八旗军队曾经有非常英勇的表现，但因武器装备、军队战术落差过大，常常陷入武器代差型 0 伤亡作战的境地。典型的如第二次鸦片战争中，清军满蒙主力在主帅僧格林沁亲王指挥下，以约 27000 人于八里桥与入侵的英法联军约 8000 人决战。僧格林沁亲王战争意志力强度是完全没有问题的，他亲临前线指挥作战，并且拥有 3 倍以上数量绝对优势。问题只是敌方拥有康格列夫火箭、格林机关枪、配备刺刀的前膛燧发枪和滑膛炮，还部分使用了刚刚发明不久最新的线膛火炮和线膛步枪。而清军武器装备基本还是以冷兵器为主。因此，该战役中虽然清军将帅和士兵都极为英勇、完全不顾伤亡地一次又一次向英法联军阵地发起冲击，连副统帅胜保也负伤。但交战结果却是胜负极为悬殊：清军近 3 万军队伤亡过半，而 8000 人的英法联军经过一场大战之后，整个战役中仅阵亡 12 人，而在战斗最激烈的 1860 年 9 月 21 日这一天，英法联军仅阵亡 5 人，基本属于准 0 伤亡状态。而清军方面，在冷兵器时代战斗力最强、并在该战役中承担冲击主力的 7000 骑兵，杀得只剩 7 人 7 骑。这样在应对外敌入侵的大量作战中，敌方持续的 0 伤亡作战，使清军的战争意志不断销蚀至接近消失的状态。在大东沟海战中，北洋水师的战争意志总体上还算是非常顽强的。但在陆战中，清军的战争意志已经到了草木皆兵、一触即溃的程度。

第四节

抗美援朝为什么选彭德怀为主帅？

1. 进入候选的人员

通过对这个问题的讨论，我们可以对主帅作用有一个综合的分析和了解。

历史上，毛泽东选择入朝作战的主帅费了很长一段时间，对这个问题是有长期充分考虑的。从 1950 年 6 月朝鲜战争明确开始，最初确定粟裕作为主帅，到 10 月 4 日下午最后确定彭德怀，先后有粟裕、林彪、彭德怀三个人进入考虑的视野，中间有 3 个多月时间反复考虑这个问题。限于多种因素作用，最终是什么原因导致毛泽东选择了彭德怀，而没有选择粟裕和林彪，毛泽东并没有充分的确切资料留给后人，这就只能以对历史的分析来加以解决。

关于这个问题有多种解释，最公开的说法是粟裕和林彪因健康原因而未被选择。另外，还有林彪不赞成出兵也是原因之一。

以中共的习惯来看，当不去选择某一个高级官员时，健康原因是最合理的一个可以照顾到各方面子的理由。林彪，尤其粟裕的确身体有病，林彪因平型关战役后负伤，导致终身健康受到严重影响。但是，林彪当时并未因病停止工作。还与周恩来出国去苏联参与谈判。

粟裕的伤病也的确是客观存在的。当时粟裕也去青岛疗养，后又去苏联治病。粟裕曾先后 6 次负伤。头部两次负伤，在武平战斗中，子弹从他右耳上侧头部颧骨穿过。在水南作战中，被炮弹炸伤头部。手臂两次负伤，在硝石与国民党军作战中，左臂负重伤留下残疾。在浙西遂安向皖赣边的转战中，他右臂中弹，直至新中国成立后才取出子弹。除此之外，1929 年攻占宁都时，他臀部负伤。1936 年在云合开展游击战中，他脚踝负伤。其中最严重的是水南战役中那次。1930 年 2 月下旬，年仅 23 岁的粟裕作为支队政委与支队长萧克率部进军赣南地区，在吉水、吉安的南部水南，参加了消灭进犯赣南苏区的国民党军唐云山独立 15 旅的战斗。在激烈的战斗中，国民党军突如其来的一发迫击炮弹在粟裕身旁爆炸，使其头部受了重伤。粟裕治疗了三个多月后才伤愈归队。但是有三块未被发现的残碎弹片一直留在头颅内，直到 54 年后的 1984 年 2 月，粟裕逝世后遗体被火化时，他的家人才从他的头颅骨灰中发现。因此，战伤的后遗症和过度的劳累使刚到中年的粟裕就患有高血压、肠胃病和美尼尔氏综合症，经常头晕头痛，靠戴着健脑器工作。半年前的淮海战役中，战况紧急时，粟裕曾经连续七天七夜没有睡觉，高血压、美尼尔氏综合症发作，血压高达 180—200 毫米水银柱，戴上健脑器也不起作用。警卫员只得反复给他揪头，或用凉水冲头以分散疼痛。实在支撑不住时，粟裕还不得不躺在担架上指挥作战。

但是，粟裕此前 1949 年 6 月至 1950 年 6 月一直在受命准备攻打台湾的战争计划。1950 年 6 月 25 日朝鲜战争开始，7 月 7 日，粟裕就知道毛泽东点将让他作为入朝作战的主帅。7 月 13 日，粟裕已经被中央正式发文任命为东北边防军司令员兼政治委员，萧劲光为副司令员，萧华为副政治委员，李聚奎为后勤司令员。但粟裕几乎就是在刚一得知自己要作为入朝作战主帅的同时，就向军委和毛泽东请病假。7 月 14 日，也就是中央正式发文的第二天，经中央军委、华东局批准，粟裕到青岛疗养。这个时间点上如此的高度重合，难免不给人留下某些遐想的空间。

粟裕的伤病，并去青岛疗养，无疑会促使毛泽东重新更深入地考虑主帅人选问题。从逻辑上说有两个可能，一是粟裕的伤病的确已经达到不能作为主帅的程度；二是粟裕内心里认为他非常不适合作为入朝主帅的人选，他只是以请假去青岛疗伤而起到一石二鸟的作用，以此促请毛泽东重新考虑人选。

如果仅仅是以上逻辑假设的话，就可能仅仅是假设，甚至变成一种无端的猜测了。因此，为科学地解决这个问题，我们可以出一个题目：假设完全不考虑粟裕和林彪伤病，只以某个客观的能力模型来评价，粟裕、林彪和彭德怀三人谁是最合适的入朝作战主帅人选？我们以本书的战争理论和主帅能力模型分析得出的结论是，彭德怀的确是最合适的入朝作战主帅人选，而最不适合的恰恰是刚开始最被毛泽东看好的粟裕。

2. 选择的标准是什么？

我们首先必须首先解决一个最为重要的问题，"选择入朝作战主帅的主要标准，也就是其能力模型应当是什么？"这才是最有价值的问题，并且也只有搞清楚了这个问题，才会得出谁是最合适人选的科学结论。

入朝作战的主帅至少应当满足如下 4 个最重要的标准：

（1）具备大兵团作战指挥能力。

（2）极为强大的战争意志力。

（3）对战术细节的高度创新能力。

（4）绝对避免大规模全军覆灭式惨败的能力。

3. 大兵团作战指挥能力

这是最基本的标准。但解放军的将领中满足这个标准的人可以说是将星云集，大有人在。粟裕、林彪、彭德怀三人都是完全符合的。而且符合这个标准的在解放军的将帅中再找出 10 个也不难。因此，以这个标准来判断很难看出显著的差异。网上看到有些网友评价大兵团指挥能力 50 万人以上与 20 万人以上的重大区别，并以此对粟裕、林彪、彭德怀三人给出很大差异的评估，这有些过于夸张了。

另外的三个标准才是极为关键的。

4. 极为强大的战争意志力

一切战争都需要强大的战争意志力，而朝鲜战争尤其如此。毫无疑问，无论是支持入朝作战的毛泽东、陈毅、彭德怀，还是反对入朝作战的其他领导人，在"入朝作战必然面对巨大困难和极大伤亡"这一点上是高度一致认可的。当时面对的、以美国为首的联合国军拥有全球最强大的军事力量和最先进的陆海空武器装备。与这样的对手作战，和与之前的国民党军队，甚至日军作战都完全不可同日而语。

就在几年前的抗日战争中，与日军非精锐部队作战时，共产党军队都打得极为艰苦。虽然经过3年解放战争，解放军武器装备和技战术能力提升突飞猛进，但要与把日军最精锐部队在太平洋战场杀得一败涂地的美军作战，难度之大是可以想见的。这也是美国当时普遍地无法想象中国军队竟然敢于与其交战，并且还能给其造成远比日军在太平洋战场带给美军更大困难原因所在。但是，无论战争结果如何，中国军队将承受巨大的伤亡却是必然要面对的现实。后来的事实也充分证明了这一点。最初曾计划的伤亡数量准备是以平津战役和淮海战役解放军伤亡之和20万人来考虑的。而最后实际，中国官方公布的数字为40.86万人，成倍超过了当初已经是把困难想得尽可能充分的估计。作为主帅，如果没有极为强大的战争意志力，在面对这种伤亡情况下，根本无法支撑把战争持续打下去。

5. 对战术细节的高度创新能力

仅有强大的意志力还是远远不够的。美军不仅武器装备精良，技战术水平极高，而且其从将领到士兵，从军队到社会，都具有在战时根据战争进展持续改进技战术和武器装备的优良传统，根据对手实际情况的应变能力也非常强。众所周知的案例是，李奇微将军接任牺牲的第八集团军司令沃克中将之后，很快就发现了志愿军因后勤补给的困难，所携带的补给只够一个星期的进攻所需。因此，他迅速有针对性地制定了磁性战术：

在第一个星期志愿军进攻时有序撤退，每日只撤退15—20公里，这是志愿军一夜行军进攻的路程。这样有效保持接触，在第二天白天利用空中优势对志愿军进行大量杀伤。而在一个星期之后，志愿军陷入接近于耗竭型零击毁效率状态时，联军迅速组织大举反攻。此战术改变的确给志愿军造成巨大困难。

另一个案例是砥平里战役之后，联军迅速总结经验，将其称为"环形战术"加以推广。这就是当被志愿军包围时，不要急于撤退，而是就地选择有利地形，利用汽车坦克等重装备，火炮，以及其他轻重火力组成一个环形阵地。以此在夜晚抵挡住志愿军的围攻之后，到白天在空中优势掩护下再突围。这种战术的确非常奏效。国共内战时，当国民党军队一旦被围，不是被歼灭，就是被打援。但在朝鲜战场，联军采用环形战术之后，即使被围，严重缺少重武器的志愿军往往也对其无能为力。

因此，如果志愿军一方没有技战术创新能力上更大的作为和把有限武器装备运用到极致的能力，很难平衡掉美军的武器装备优势、技战术优势和灵活机动的战场适应能力优势。

6. 绝对避免大规模全军覆灭式惨败的能力

中国共产党军队的极高士气和战争意志，并不是靠承受大量被敌方歼灭的极大伤亡磨炼出来，而是靠让敌方承受这种伤亡的持续胜利积累起来的。客观地说，像第二次世界大战时苏联和德国在苏德战场那种无论胜负，动则几十万人，上百万人的伤亡，不是以师为单位全军覆灭，而是以集团军，甚至方面军规模全军覆灭，这样规模的伤亡对中国共产党的军队来说是完全不可想象的。毛泽东在《论持久战》中就充分论证了在面对强大敌人时，宁可以持久战的消耗积小胜为大胜，也绝不可贪求速胜式的战役可能面对的极高伤亡。因此，中国共产党的军队在历史上只可见到极少量师一级规模、万人以下全军覆灭的败仗，几乎见不到万人以上的军一级规模，也从来没有一次战役中 10 万人级别以上、更别提几十万人全军覆灭式的惨败。

虽然在毛泽东征求彭德怀意见时，彭德怀很大气地说道，如果抗美援朝打不赢，大不了就当中国晚解放几年。这种话说起来很豪迈，但这样的国之大事，其后果关系实在是太重大。在面对如此强敌时，如果打不好，受一定损失，甚至累积起来很大损失是可接受的。但如果面对一次战役中军以上规模，或达到十万人、几十万人这样级别全军覆灭式的惨败，则很难被接受。如果发生这种情况，其后果是难以想象的。但这样的可能性显然高度存在。在某些情况下不能打赢可以理解，但避免这种大规模全军覆灭的惨败，主帅就负有极大的责任。

可胜在敌，但不可胜却在己，尤其在主帅身上。

第五节

模型评估结果

1. 对各个候选人的综合模型评估

当我们确定以上标准或主帅的能力模型之后，如果我们再以这些标准给所有候选人评分，就会发现：

彭德怀在所有指标要求上，虽然相比其他候选人没有特别突出的方面，但却都是很好满足的，比较均衡。得分亦是最高的。表 9-1 是综合评分情况：

表 9-1　候选人综合评分情况

候选人	战争意志	战术创新	避免大规模覆灭	总分
彭德怀	95	90	95	280
林彪	40	100	96	236
粟裕	90	60	50	200

下面我们会详述给出这些评分的原因。

2. 彭德怀

彭德怀有强大的、经过考验的战争意志。百团大战虽然在战略上有可商榷之处，彭德怀也因此曾受到过毛泽东的批评，但从另一方面表明了他不畏强敌，敢于牺牲的超强战争意志力。他在解放战争初期以少量军队与超过自己 10 倍的胡宗南大军转战陕北高原，经历多次苦战与恶战。

彭德怀毕业于湖南陆军讲武堂，是共产党军队内部为数不多的科班军事院校出身的职业军人，对技战术的理解和把握，至少可以做到最充分地吸收共产党军队内部所有创新的程度。在第五次战役打得不是很顺利之后，虽然也筹划了第六次战役，但却放弃了这种大规模决战的模式，而转入坑道作战。这种战术创新一直到战争结束，联军都对此束手无策。虽然美军在太平洋战场上的硫磺岛战役和冲绳岛战役中，是有充分对付地下工事的作战经验的。所不同的是，日本在这两上岛上的地下工事主要是利用天然洞穴加工而成，而在朝鲜战场上，志愿军的坑道全是人工设计挖出来。在采用坑道作战之前，联军平均每40~60发炮弹会造成一个志愿军官兵的伤亡，而在采用坑道作战方式后，联军需要660发炮弹才能造成一个志愿军官兵的伤亡。即使联军采用范夫里特弹药量的炮火密度，也依然无法压制住志愿军的战力。

另一方面，志愿军不再追求大规模歼灭战，而是以更接近游击战方式，每次只抓住对手少量军队进行歼灭性打击，这被毛泽东称为"零敲牛皮糖战术"。志愿军的这些灵活战术变化，有效应对了联军的战术变化。

以上只是朝鲜战争中的事后证明。事实上，在此前的战争实践中，彭德怀在技战术细节上的掌握和创新能力得到长期实践表现。

在解放战争初期时，彭德怀转战陕北，相当于承担了保卫中央的特殊使命，其胆大心细，进退有据，使中央机关秋毫无犯。作战不利时，他可以迅速调整技战术策略，甚至及时地放弃最初制订作战计划，例如，1947年7月的第一次榆林战役，彭德怀就在战况发生超出预计的变化时及时中止了最初的作战计划。因此，在战争不利时，他有使志愿军避免大规模全军覆灭式伤亡的磨炼和能力。后来的事实也证明了这一点。所以，给予最高综合评价280分。

3. 林彪

林彪是黄埔四期毕业，是共产党军队中论军事科班出身，绝不亚于任何国民党对手的难得人才，并且非常聪明，对技战术的把握和改进，也是共产党军队中最为出色的之一。正是他领导的四野，创造了攻下防护坚固的大城市可以用小时计算的奇迹，这是以大量技战术创新和改进为前提的。事实上，这种以蛇形战壕不断延伸到敌方城墙，从而可使军队以最少的伤亡代价前出到最佳攻击位置的方法，在 17 世纪就由法国元帅，著名军事工程师塞巴斯蒂安·勒普雷斯特雷·德·沃邦（1633–1707）发明并实战采用了。但林彪领导的四野将这种战术改进和发挥到了极致，并且增加了将火炮通过这样的堑壕抵进对坚固的城墙平行射击的绝妙方法。因此，在这一项上林彪得分可以说是最高的。

在避免全军覆灭式伤亡方面，林彪也极为突出。他极为讨厌自己军队受到伤亡，只喜欢打让对手全军覆灭的仗。如果没有极充分的、达到七成以上的把握，林彪从不轻易开战。林彪自己对粟裕的敢于冒险，并屡屡获得奇迹般的胜利真心羡慕，他为此曾说过："我因为长期肩负保卫党中央的重任，又是毛主席直接指挥的主力，我担子很重，打仗较慎重。一般情况下，有了七成把握才打，只有五六成把握，风险太大，不能打，等到有了八九成把握，又会失去战机，无仗可打！而粟裕同志呢，长期远离中央，孤军作战，一般都是在敌人包围的态势下打的仗，不冒险就无法生存，养成了他敢于冒险的特点。如豫东战役，我看最多只有五成把握。我是不敢轻易下决心打的。"因此，在这一项上林彪得分也是最高的。

但是，林彪在战争意志上却存在重大的弱项。他因解放战争初期面对国民党的精锐部队遭受过一系列失败，的确存在过很多畏难的精神状态。如果他打顺了，会打疯，而如果遭受稍多的伤亡，其战略判断力就可能会走样。在解放战争的决战阶段，毛泽东对粟裕是给予了可临机专断的授权，遇大事可不经请示先斩后奏。但对林彪却始终不完全放心。在辽沈战役攻打锦州的问题上，林彪一再犹豫，甚至军队都开到攻打锦州前线一半了，他还想打退堂鼓。如果不是毛泽东一再严厉催促，锦州战役的决策最后都不知会变成什么样了。可以想见，如果是林彪指挥志愿军，别说是在第四次和第五次战役中志愿军遭受的一些挫折，就是前三次打得算成功的战役中，志愿军遭受的损失，也会让林彪痛心疾首。到第四次战役和第五次战役时，林彪很可能就不听中央指挥了。

四野之所以在攻城等作战中的技战术创新上达到如此极致的程度，也

正是林彪极其不愿自己军队遭受伤亡所强烈促动的。

如果在朝鲜与美军交手中，一旦经历几次大的败仗，很难保证林彪的决策不走样。而要想在朝鲜战场每场仗都获得打败美军七成以上把握，这怎么可能？几乎就意味整个战争根本就不要打了。这才是林彪最终未能成为主帅的关键原因所在。给予综合评价236分。

4. 粟裕

粟裕在国内的战争期间表现极为出色，打过很多出乎所有人意料的、被称为是"神仙般"的、表面看好似违反军事常识的仗。他深受毛泽东的欣赏，甚至早就曾对其寄予过高的期望。但粟裕自己心里是很清醒的。解放战争时期，毛泽东曾计划让粟裕带领10万人先过长江，更加深入地在敌人后方插进一个钉子。但粟裕极力反对，并说服中央放弃了这个先过长江的计划。

其最为擅长的是创造瞬间战争维中数量优势的能力。几乎所有军事家都知道创造数量优势的重要，但如果没有战争维概念，很难完整准确理解粟裕式战法的秘密所在。他的这种能力最充分地演绎了毛泽东"集中优势兵力，各个歼灭敌人"的军事思想。因为如果是整体上就有数量优势并打赢，这并不能充分看出集中优势兵力的能力。只有在总体数量上处于弱势，而能在局部战争维中集中优势兵力，才更能充分地展示出这一原则的价值和指挥员的能力。而粟裕以总体数量弱势兵力最后打赢战争的案例是最多的。

因为与陈毅长期在敌后最艰苦条件下作战，因此其战争意志力与彭德怀不相上下。

正是以上两点，使毛泽东一开始就把粟裕列为主帅的人选。但是，这却是毛泽东因过于偏爱粟裕而再次对他寄予了过高的期望。

与林彪和彭德怀不同，粟裕没上过任何军校，虽然两次考上师范学校，但却都因当时的战乱而未能上成，他最终只算是小学的学历。粟裕成为杰出军事家完全是自学成才和在实践中摸索出来的。正因如此，他具有不拘泥于教科书的高度战略机动能力。

粟裕未受过系统专业的军事培训，虽然会在战争中不断得到学习和弥补，但在这一点上却始终是个隐患。这在七战七捷之后就遭受一连串挫折，以及金门战役挫败等里面已经隐隐体现出来。金门战役失利主要是对海战时潮汐影响这一看似很小的关键战术细节关注不够，而这正是渡海作战与渡江作战关键的不同点所在，尤其当时使用的是吃水很浅的木船，受潮汐影响非常巨大。该战役中第一批进攻的船只因退潮而陷在金门海滩，绝大部分无法回过头来运送后续补充的军队，使过海的近一个师陷入重围，最终导致全军覆灭。当然对此战也有其他可总结之处。如在情报上不知胡琏已经到达金门、第一批过海的三个团没有师一级统一指挥等。但如果解放军在潮汐这一关键细节技术问题上没有犯致命错误，军队就可以源源不断运往金门，就算存在有情报或其他方面的失误，也可因能够在金门获得军队数量的绝对优势而回避掉。第一批先头部队缺少统一指挥也不是什么大问题，后面补一个过去就是了。但当潮汐困死了大部分船只后，一切可能的补救措施全都被堵死了。

在粟裕能不断创造瞬间战争维的极大数量优势情况下，技战术的不足会被很好地掩藏起来。但如果是与美军较量，一旦因某些战术细节原因导致志愿军陷入美军可能0伤亡作战的状态，数量优势就会完全失去作用和意义。其技战术上的弱项将很容易暴露无遗。在朝鲜战场的志愿军，的确有很多次都因后勤补给的困难，而陷入耗竭型0击毁效率的状态。

瞬间进行大规模战役的决策，本身就难免会在战术细节上考虑不周，这在与国民党较量时不会有太大的问题。但在与美军较量时，一旦这样的决策有任何一个致命细节上的失误，粟裕强大的战争意志力，极易变成招致志愿军大规模全军覆灭式惨败的可能性。所以给予综合评价200分。

5. 粟裕式战法成立的条件

粟裕创造瞬间战争维中机会和数量优势的突出能力并不是绝对的，需要至少两个必备的前提条件：

（1）相对敌方机动能力的优势。只有这样，才可及时利用瞬间战机迅速完成战役部署以及歼敌任务。这也是毛泽东为什么授予了他临机专断权力原因所在。他的打法如果要层层汇报和开会讨论，战机早就错过了。因此，毛泽东授予他这一权力既是对他的高度信任，也是粟裕式战法所客观必需的。

（2）对敌情高度准确的情报获取能力。瞬间战机的捕捉需要建立在高度准确、完整可靠情报基础上的瞬间判断和决策。粟裕很多表面看似冒险的决策，实际并不是冒险，而是以获得了高度准确的情报为前提的。

但是，这一战法在与美军较量时，和与国民党军队较量时的情况完全不同。

美军的机械化程度远远比国民党高得多。事实证明，抗美援朝战争中的确有很多次，本身非常优秀的合围美军战略意图，都因美军机动能力实在太强而没有最终实现。例如 1951 年 2 月 13 日发生的砥平里战役，志愿军以绝对优势的兵力（不同资料显示有差异，有的是 4 个师，8 个团，分别来自志愿军 39、40、42 三个军）围住了对手美军第 2 步兵师 23 团和归属其指挥的法军 1 个营。李奇微的战略是让美 23 团加法军 1 个营作为诱饵，吸引志愿军在此地予以大量歼灭。这是与孟良崮战役非常相似的一个局面。但一方面志愿军缺乏重武器，难以快速解决战斗，并且伤亡巨大。而另一方面，联军的增援部队骑兵 1 师的一个坦克团尽管在冲过志愿军阻援部队时遭受了很大伤亡，但仅 1 天多时间就到达并与 23 团会师了。

其实，联军通过砥平里战役总结的环形战术，根本就算不上是什么新鲜战术，淮海战役中在双堆集被围的黄维第 12 兵团采用的也是这个战术。在被围后，他就地利用车辆等抗轻武器打击能力较强的设备形成外围坚固防御的汽车阵，以及堑壕工事。黄维兵团可是十多万人的重兵集团，并且他也成功使中野初期的围攻遭到挫折。但不同的地方在于，淮海战役中国民党军队整体上的机动能力都很弱，从 1948 年 11 月 25 日左右黄维兵团被围，直到 12 月 15 日被全歼，整整打了 20 多天，连蒋介石的儿子蒋经国都亲自加入增援部队，但国民党外围增援的部队却迟迟上不来。另外，中野当时除有大量重炮以外，还发明了利用汽油桶制作的简单炸药包投掷器。别看这种很简单的武器，它投向对方阵地的大型炸药包威力是非常巨大的。这样的炸药包不仅能将汽车、坦克都炸得飞上天，强大的冲击波和震天的爆炸声也会使士兵心理上产生巨大的恐惧。

与解放战争中大量获得全歼国民党整军，甚至整个集团军胜利相比，志愿军很少能获得完整歼灭美军一个团以上兵力的胜利，关键原因就在于美军的机动能力和火力远非国民党军队可比。在第二次战役中，志愿军本来已经大致完成对联合国军的 20 多万军队的合围，如果不是美军强大的机动能力支持，这 20 多万军队很可能就已经被志愿军全吃掉了。

另一方面，在朝鲜战场很难具备获得比对手更完整准确情报的能力，并且即使获得了也很难信心十足地确认这些情报。而在与国民党较量时，共产党军队获得和确认情报的能力，已经达到国民党军队内部战场最高指挥官都还不知道的作战计划，共产党军队可能已经先知道了的程度。相比之下，美军拥有当时最先进的空中立体侦察手段，迫使志愿军不得不把主要军事行动都安排在夜间进行。

麦克阿瑟的秘书不是地下党，李奇微的作战参谋中也没有地下党，这个与国共内战时的区别是非常大的。

没有以上两个方面必备条件的支持，像孟良崮战役那样，一个涉及双方军队六七十万人的大规模战役，从一个晚上做出决策，第二天就开始战役部署，到最后打完仗，整个过程只有 5 天时间。而 5 天时间，在与美军交战时又太长了。设想一下，如果是与美军进行孟良崮战役，以美军的机动能力，仅仅方圆不到 100 公里，整个双方的几十万人早就完全缠斗在一个战争维中，而不是被分割成 6 个以上战争维了。可以挡住黄百韬的山顶临时修出来的简易阵地，在美军的飞机集群轰炸下，很难有效地支撑下来。在朝鲜战场，如果没有充分修筑的庞大坑道工事，志愿军阵地无法抗得住美军拥有制空权优势下的狂轰烂炸。这将使战场上存在的变数，远远超过国共内战时期。

因此，开始最被毛泽东看好的粟裕，其实在入朝主帅标准的得分上却是最低的。我们认为粟裕自己事实上深知这些。但此时不像当初过不过长江，可以直陈原因。如果粟裕说像他这样杰出的主帅出战，都有可能使志愿军存在大规模全军覆灭式的惨败，会严重影响对战争的总体决策，以及上上下下的士气。因此，粟裕只能以伤病为理由极力婉拒毛泽东过高的期望。我们做出这一判断并非没有事实依据，因为这已经算是他第二次对毛泽东过高的期望进行坚决的婉拒了。

对战争的理性自知

　　最终选择彭德怀作为朝鲜战场的主帅，是毛泽东经过长期深入细致地思考，以及粟裕的明智婉拒之后，最终做出正确的选择。这是志愿军的幸运，也是中国的幸运。

　　希望读者能够理解到的是，在这一评估中对粟裕得分最低的评价，不仅丝毫不意味着对其作为杰出将领总体评估的降低。事实正相反，我们希望表达的是，粟裕是一位对其自身优势和弱项，以及战争客观规律始终保持清醒的人。无论是解放战争时一直坚持要求只做陈毅的副手，不做正职，还是 1955 年三次上书辞掉元帅的职衔；无论是解放战争时明确说服毛泽东不要让自己过长江，还是极力婉拒出任入朝作战的主帅，都体现了他对自己一生清醒的认知。尤其在受到毛泽东一再过度偏爱的情况下，能够始终保持这种自知，更为难得。"故善战者，能为不可胜，不能使敌之必可胜，胜可知，而不可为。"

　　战争，是一种很容易让人超越理性而发狂的事业。即使百战百胜，只要有一次战役失败，就足以让一个战神一世英名，更重要的是一军一国的荣辱和命运毁于一旦。与粟裕相对比，麦克阿瑟的发狂，超越战争应有的限度，不仅使太平洋战场上战功卓著的他于 1951 年 4 月 11 日被杜鲁门撤职，从此结束军旅生涯，而且毁掉 54269 名美军的性命（美方自己朝鲜战争老兵纪念碑上的数字），更使美军保持近 200 年对外战争不败的纪录从此被打破。如果麦克阿瑟能具备战策意识，并稍微分析一下战争对手的不同，就会明白如果中国介入战争，和他在太平洋战场与日本交手原则性的区别：

　　太平洋战争时的日本四面为敌，几乎没有任何外援存在。当美军可以封锁日本的交通线，耗竭本土的军事恢复能力后，太平洋上即使日军最精锐的部队，也很容易陷入耗竭型零击毁效率的状态。对于陷入这种状态的对手给予毁灭性打击，对证明麦克阿瑟的军事指挥能力帮助是很有限的。人们很容易把胜利的功劳都记在第一线与敌人面对面作战的军人身上，对日本本土进行大规模战略轰炸的李梅等人所起到的更大得多的作用不太容易进入普通公众视线可以理解，但如果麦克阿瑟等职业军人们也意识不清就完全不应该了。整个太平洋战争，一定程度上说就是第21轰炸机部队、美军潜艇部队等，把日军接近五花大绑地交到麦克阿瑟手上，只等麦克阿瑟领导的军队抡起美国本土源源不断送来的大刀下手。

但在朝鲜战场，中国本身就是一个庞然大国，庞大的战略纵深使美军难以完全切断入朝作战的补给线。更重要的是他们应该很容易想到，在背后还有一个更大的庞然大国苏联在支持着。当中国军队存在源源不断的恢复能力，甚至从苏联大量获得最先进武器的恢复能力时，麦克阿瑟怎么可能获得最后的胜利呢？

当他指挥军队越过三八线时，他以为只是把北朝鲜军队赶得更远，而没有清醒意识到这是在准备与朝鲜、中国和苏联同时开战。如果麦克阿瑟能清醒地明白，他必须要准备好一直打到莫斯科、圣彼得堡和北京、西安、昆明甚至乌鲁木齐，就会对是否可以越过三八线有不同的理解。他指挥的区区二三十万军队可以完成这个任务吗？这个军队数字后面再加个0都未必做得到。

志愿军也无法切断对马海峡的运输线，这也是志愿军很快放弃三八线以南战争目标的原因所在。

尽管联军对志愿军的后勤补给线一直保持着最大程度的空中攻击，但始终没有真正切断其补给线。中国并没有正式宣战，因此，无论麦克阿瑟、李奇微还是李梅，都无法组织对中国后方的战略轰炸，尤其是要组织对整个苏联的战略轰炸。相比之下，二战中盟军对德国腹地的大量军事和工业目标进行了广泛的战略轰炸，对日本本土的军事、工业及民用目标也进行了广泛的战略轰炸，甚至为此动用了两颗原子弹。德国和日本的国土相对狭小，而苏联和中国这两个大国的腹地远超过德国和日本一个多数量级。连比日本国土还要狭窄的朝鲜铁路运输线都无法真正切断，要想通过战略轰炸同时摧毁苏联和中国腹地的补给能力难道不是纯属做梦吗？

在此战争之后讨论这场战争时，几乎普遍认为中国志愿军是以劣势装备，打败了拥有最先进武器装备的联军。而奇怪的是，当初属于联军一方的很多军事家和史学家们在回忆这段战争历史时，也广泛认为志愿军是以"人海对火海"。但不要忘了，志愿军入朝时手里拿的主力装备是苏制"波波莎"冲锋枪，它的击毁效率同等条件下事实上是远高于联军的。这种冲锋枪弹夹能装 71 发子弹，射速可高达 1000 发／分。仅仅只要一万名装备这种冲锋枪的志愿军阻击联军，一旦发出开火命令，最大限度可在几秒钟内把 71 万发子弹倾泻到联军阵地上。尤其后来志愿军不断装备大量苏制坦克、火力远超对手的喀秋莎火箭炮、大量机械化的重炮、专用反坦克装备……让整个西方世界从此完全丧失与中国陆军作战信心的，仅仅是志愿军英勇的战争意志吗？

志愿军只飞了 20 几个小时的空军飞行员，能将美国参加过二战，飞过 3000 小时以上的王牌飞行员打掉，仅仅说明志愿军空军飞行员神勇吗？空军是最能体现武器装备综合效能的军种。人们不要忘了，志愿军空军驾驶的是米格 –15 和更先进的米格 –15 米斯喷气式战机。基本上一致公认，它在当时的作战效能远远超越美军在朝鲜战场的 F–80 和 F–84 战机，只有 F–86 具有可以与其对抗的能力。志愿军空军第一次击落美机，就是李汉驾驶米格 15 把美军的 F–84 打下来的。在整个 2 年 8 个月的空中作战中，中国空军出动 2457 架次，击落美机 330 架，击伤 95 架，合计 425 架。自己被击落 231 架，被击伤 151 架，合计 382 架。这个对比，基本上是双方战机综合效能的准确反映。双方结合飞机的战术创新能力和水平都是相当出色的。

志愿军并非仅仅以人海对火海，同样是以火海对火海。尤其在战争后期，志愿军陆军的地面炮火强度已经开始接近甚至超越联军。只是一直到战争后期，志愿军再未发起过像战争初期那样战略决战式的大兵团进攻作战，因此，志愿军的真正炮火实力并未让联军充分领略。但其实联军已经明显感觉到这一点了。例如，1951 年 10 月的文登里战役中，中国人民志愿军 68 军 204 师 610 团已经采用苏制 ZIS-3 型 76.2 毫米加农炮、中国自制的 75 毫米山炮、缴获的美制 M18 型 57 毫米无后坐力炮、美制 M20 型 89 毫米火箭筒、反坦克手雷、爆破筒等各型反坦克武器，有效阻止了联军的 M-46"巴顿"中型坦克、M-24"霞飞"轻型坦克、M-26"潘兴"中型坦克和 M4A3E8"谢尔曼"坦克组织的"坦克劈入战"。

在战争初期，志愿军是在自己整个战争期间武器装备相对最弱状态时期，以大兵团的、正规式的、战略决战式的正面作战方式，在半年之内连续发起五次战役，将联军从鸭绿江边一直打到最远 37°线位置，而绝不是在国内各个战争时期，尤其是抗日战争及以前的游击作战方式。面对拥有当时世界最先进武器装备的联军，以这种大兵团进攻作战方式打退对手，如果认为没有接近对手的强大武器装备为基础，这显然不是科学的态度。

战争初期，一些志愿军服装的确难以抵抗朝鲜的酷寒，导致了大量非战斗减员。但是，如果以为 3 年的战争期间志愿军一直都是如此，那置后方的支援工作于何地？置领导国务院的周恩来工作于何地呢？以当时中国的科技和工业能力考虑，如果先进的武器装备一时不能研发还可以理解，能抗寒的棉衣也做不出来是完全说不过去的。事实情况显然并非如此。当时周恩来下令采用最好的新鲜棉花，研制了志愿军的军服并快速装备了一线部队。它不仅有较好的抗寒能力，而且在负伤时，里面新鲜干净的棉花还有止血用途。

但是，为什么双方都长期保持这种默契，都在一直过度宣传志愿军武器装备劣势、衣衫单薄呢？这是因为：

对于联军一方来说，武器装备的绝对优势是其战争意志的主要心理支撑。如果说志愿军可以拥有足以抗衡，甚至超越联军的先进武器装备，这将使其战争意志的最后防线完全崩溃。关于朝鲜战争双方的损失数字，有一个非常有意思的地方，双方公布的地面部队战绩和自己损失基本接近，甚至中朝方面公布的战绩，比联军自己后来公布的损失还少了很多（中朝方面公布战绩是歼灭联军 109 万人，而 1953 年 10 月 23 日美联社电，"联合国军"发言人便称美国及盟军再加南朝鲜军队的人员损失总计为 1474269 人）。双方公布的空军损失总数大致也接近。中苏空军公布的自己一方被击落的数字，与联军公布的战绩也相当接近。但唯独联军空战损失，尤其 F86 空战损失一项，双方存在非常大的差距。美方只承认有 78 架 F-86 是在空战中被击落的，与中苏方面的统计差距接近 10 倍（苏联空军战报是击落 650 架 F-86），单单是这个非常突出的、独立存在的争议本身已经足以说明问题。空中优势是美军战争意志的最后心理支撑，如果连这个都没有，其心理防线也就没有了。

而对于中国来说，虽然在朝鲜战场通过苏联的支援获得了暂时的部分武器装备优势，关键问题在于绝大多数先进武器都不是中国自己研发生产的。因此，中国能够获得的武器装备数量和质量，最终完全取决于苏联的意愿和他们的能力。在空军方面，由于未能稳固建立起前线机场，战机活动空间有限，战机数量也未能获得绝对优势，除米格走廊地区外，志愿军并未全面掌握制空权，也没有能深入敌人后方的战略轰炸机和对地支援的不同目的系列化作战飞机。志愿军空军所起到的主要作用只是有效保护了其后勤补给线。而在海军方面，不仅谈不上任何制海权的问题，甚至可以说海军战力基本上为零。中国在朝鲜战争之后，必将长期面临在总体战略上以劣势装备对付优势装备之敌的问题。因此，宣传可以用劣势装备战胜对手，这也是中国战争意志的重要精神基础之一。

但是，这样的宣传可能对双方都造成非常错误的理解。因为今天的局面正在发生全面的和根本性的转变。美国制定的重返亚洲战略，正是延续于对朝鲜战争完全错误的武器装备优劣势对比理解前提下的战略，这是另一个麦克阿瑟式的决策。中国曾经只能维持后勤补给线的"米格走廊"，正在迅速扩展为能够覆盖整个西太平洋从第一岛链、第二岛链，甚至可远达第三岛链的超远程火箭炮走廊，隐形战机走廊，远程轰炸机走廊，无人战机走廊，长剑 -10 巡航导弹走廊，现在是以千枚计算，而在战争中将以万枚、十万枚计算的 DF-21D、DF-26 弹道导弹走廊，以大量 052D、055

为主力的导弹驱逐舰走廊，094、095、096核潜艇走廊……并且，这些即将以武器作战效能和数量双重压倒性优势超越美军的武器装备力量，其后勤补给线不需要跨过鸭绿江，美军准备重返到哪个走廊里？最重要的是，美军又准备如何在可能的战争中切断这些作战力量的后勤补给线？甚至于是否真正清楚了解在中国东南沿海3万多公里长的海岸线上（而不是当年中朝1420公里长的边界），这些作战力量的后勤补给线在哪里？如果当年1420公里的中朝边界美军都无法切断，今天和未来如何切断3万公里长的海岸线？如果他们考虑过这些最基本的问题，就不会提出荒唐透顶的"重返亚洲"战略了！

战争的结果，是双方士兵英勇顽强的意志，灵活机动和富有创造性的战略战术，武器装备效能，支援战争的恢复能力等综合的体现。美军当初不仅严重低估了中国的战争意志和志愿军的英勇顽强，更加远远低估了志愿军可以获得的武器装备的先进程度。甚至在战争结束之后，直到今天依然在进行这种非常错误的低估。

如果当初美军的地面阵地、机场、航母所在位置，全都处在中朝火炮和卡秋莎火箭炮射程范围之内，如果当初米格走廊的范围一直扩展到了朝鲜海峡，是否想过朝鲜战争的结果又会是什么呢？

一切错误战争的发生，都是基于错误理解自己真正实力前提下的、错误战争意志推动的错误战争决策。

比理解"真理只在大炮射程范围之内"更重要的，是准确理解清楚双方大炮的实际射程范围到底是多远。

美国重返亚洲的战略所说的要将60%以上的军力配置在亚洲，本质上就是要将60%以上的美军完全配置在中国的大炮射程范围之内。这种亡军亡国的战略竟然得到美国政府和军界的广泛支持，为什么？

知战

《孙子兵法·虚实篇第六》说道："行千里而不畏者，行无人之地也。"这句话可以从两个方面来理解：看似大胆的战争行动，其实是因为指挥者知道事实上并没有什么危险。另一个方面的理解是：平时表现得似乎英勇无比，动辄喊杀喊打的，是因为他们心里清楚根本就不会发生战争。如果战争真的发生了，这样的人跑得比谁都快。

战争是一个人间最残酷的事业，不能充分理解战争残酷性，不知道战争凶险的人，也不会在战争真的发生时拥有充分的战争意志。

第十章

战策循环因果序列

战争从哲学角度看的本质与基本概念

1. 战争哲学与战争艺术的关键区别

战争艺术可以存在突袭，而战争哲学一般来说难以存在完全的突袭，只能是一种互相的消耗，尤其对于大国更是如此。因为一旦战争实际开始，一般来说就不再有"会不会发生战争"的问题。全面的战争动员一般就不会再有任何的疑问和犹豫。

除非被突袭对象很小（小国等），在进行有效的战争动员之前，整个国家已经被突袭完全打垮，全突袭型战役变成了全突袭型战争。或者，因武器代差过大，使得整个战争呈现武器代差型 0 伤亡作战特征等。这种情况下，战争艺术与战争哲学就变得几乎没有区别。

因此，战争的最终胜利必须依赖于其抗消耗和消耗敌方的能力。

抗消耗能力由两个方面能力组成：

一是对现有战争资源的"保护力"。所谓保护力，是战损的反面，可以用战损率的倒数来表达：保护力 =1/ 战损率。

二是战争资源的"恢复"能力。所谓恢复，是修复受伤战争资源，或新增（生产、创新）战争资源的能力。

2. 恢复力的内涵

恢复力有五项：修复、补充、敌方资源转化、生产和外援。

（1）修复及修复力：将受损的武器通过修复，使受伤的人员通过治疗和康复，修复其作战能力。相应能力为修复力，它可以"被修复的数量"或以"修复率"表达：获得修复作战能力的数量占受损数量的比率。

（2）补充及补充力：将已有的库存状态的资源，通过后勤补充到前线。常称为补给，或冷兵器时代军队的粮草；相应的能力为补充力，以"补充的数量"或"补充速度"表达：单位时间内的补充量。

（3）敌方资源转化及敌方资源转化力：将短期胜利成就转化为己方军事资源的能力。如将被俘虏的敌方士兵转化为己方士兵；将敌方军事或民用生产人员转化为己方人员之用；缴获的敌方武器装备转化为己方装备等。相应能力即为敌方资源转化力，以"被转化的敌方资源数量"或"敌方资源转化率"表达：被转化的敌方资源数量占敌方资源的总量比例。

或用"转化敌方资源比"表达：被转化的敌方资源数量占我方资源总量的比例。

将敌方武器等物资转化为己所用，相对是比较容易的。而能够将敌方人员转化为己方力量则相对较为困难。中国共产党的军队在敌方资源转化能力上具有极为突出的表现。通过优待俘虏、统一战线、严格军纪、土地改革等一系政策和战术配合，共产党的军队获得了极为优异的敌方人力资源转化能力，使得其军队能够迅速地越打越多。而大多数情况下，交战双方的军队往往存在极深的仇恨，因此，俘虏常常很容易成为发泄仇恨的对象。即使存在保护战俘国际战争条约的今天，虐俘（甚至特别鼓吹人道的最发达国家的虐俘）事件也非常普遍。共产党军队远超越于"保护俘虏合法权益国际法律"概念的"优待俘虏政策"，在直到今天的战争史中都非常罕见。这种优待甚至达到在战争期间给予俘虏超越于自己军队人员生活待遇的程度。更加惊人的优待政策是：如果愿意返回敌对阵营，也采取来去自由的政策；而愿意返回家乡者，则发给路费。正是这种对待俘虏的高度尊重和优待，使得大量敌方阵营的俘虏被转化为己方力量。而来去自由返回敌方阵营的人员，则将这种优待政策广泛传播到敌方阵营里。在与国民党阵营的对垒中，大量转化国民党军队人员有大家都是中国人的种族基础。而在抗日战争和抗战结束后，也大量地转化了日方医疗及工程技术等共产党军队里稀缺的专业人才，这更充分显示其优待俘虏政策在敌方资源转化力上所产生的惊人效果。

共产党军队的优待俘虏政策并非中国历史上的第一个。中国历史上的岳家军之所以拥有极强的作战能力，也与岳飞采用的优待俘虏政策密切相关。

（4）战争资源生产力：战略上的战争物资生产能力，以及将普通人员转化成军队兵源的能力。

对于战争资源生产力，在平时和战时是不一样的。例如，在平时，可能每年战斗机产量只有100架；而到战时，因为如下多方面原因，可能会使飞机产量极大增加到每月飞机产量近万架。如第二次世界大战时美国年产军用飞机数量就达到10万架，这在平时是不可想象的。这种变化是基于以下原因：

第一，全面的军事动员，将更多生产资源转为武器生产能力。

第二，产量增加，使得仅从经济角度看原配件和最终武器装备成本也会下降，从而单位军费投入会得到更多零配件和整机产量。

第三，生产人员因军事管制和生存目的，相比仅为获利目的生产效率会有极大提升。

因此，我们需要两个不同时期的生产能力参数来表达战争资源生产力：

平时战争资源生产力：它是以单位时间（每月，或每年）内某战争资源的生产能力，或实际产量来表达。

战时战争资源生产力：它是以单位时间（每月，或每年，甚至每天）内某战争资源生产能力，或实际产量来表达。

战时生产提升率：战时生产提升率 = 战时战争资源生产力 / 平时战争资源生产力。

因为战时战争资源生产力与平时战争资源生产力很可能有巨大差异，因此，比较战时可提升多大比率是很有价值的。很多人在预评估某两个国家潜在的战争结果时，往往只以现有战争资源以及平时战争资源生产力为基础，例如某型导弹拥有量，以及相应的年产量为基础。而一旦真打起仗来，就完全是另外一回事了。该型导弹战前实际拥有量是1500枚，年产量为90枚；而若真打起仗来，月产量都可能飙升到2000枚。战时生产提升率达到267倍！因此，战时生产提升率指标可以清楚地提醒人们：如何才能准确地计算真打起仗来的时候，双方的战争资源实际对比情况。

战时产量提升时间：从平时战争资源生产力状态，提升到战时战争资源生产状态所需要的时间长度。虽然战时产量可能比平时产量有极大提升，但这个提升是需要一定时间的。如果提升时间过长，甚至到战争结束时还没有达到最大产量，那么它显然对战争进程影响力就会非常不同。战时产量提升时间越短，显然对增强战时的战争资源就越有利。

战争动员能力：战时产量提升时间，战时生产提升率等，都是反映"战争动员能力"的核心指标。战争动员能力是表达从平时状态转换为战时状态，从而在战时状态可获得尽可能更多、更强大战争资源的能力。战时产量提升时间越短，战时生产提升率越高，表明战争动员能力越强。

将更多军用物资，甚至大量武器装备的生产转交给民品公司，这不仅是很重要的极大提升战争动员能力的途径，而且对快速提升军事技术是非常重要的。如果将军事物资只是提交给专门的军品企业生产，这会带来很多的问题：

一是当战争中如果这些少量专业的军品生产企业被敌方摧毁，战争资源生产能力很快就会被消耗光。

二是在平时，军品的产量难以大规模提升，因此不仅其效益难以保障，而且其技术能力提升也会很慢。这样，会出现除了核心的战斗部以外，大量军事技术能力（如具有很大通用性的运输、通讯、动力、能源等）不如民品的问题。

三是因平时产量很难提升，因此其生产能力就有限。这样在战时就很难大规模提升产量。而民品公司如果在平时不介入军品的生产，其生产工艺、内部管理等，都很难在短期内适应转向军品生产的需要。因此，它会导致战时产量提升率不足，并且战时产量提升时间也会很长。

除了表达武器等战争物资的战争动员能力外，"军队人员的动员能力"也是重要指标。人员的生产不像物资的生产那样可以年，甚至月或天来计算。因此，如果一场战争的持续时间，不超过一个人从出生到长大至可以成为军人的年龄（如以 18 岁计算），人的自然生产对于战争的军队人员资源量来说就几乎可以忽略不计。体现军队人员的战争动员能力就只能以与战争物化资源类似，但主要以固定数量体现的"平时军队人员数量""战时军队人员数量""战时军队人员提升率""战时军队人员提升时间"等来表达。

如果仅仅以年龄来评估一个国家可以动员的军队人员数量，这也可能会产生很大的误解。例如，美国普遍私人拥枪，他们在平时利用私人拥枪就会自然地有大量个人的军事训练。这些人员在作为潜在可动员的军队人员上就天然具有优势，并且战时军队人员提升时间也会很短。另外，包括拥有私人飞机驾驶执照的人在内，美国有 7 万拥有飞行执照和飞机驾驶能力的人员。作为战争稀缺资源，美国在战时可动员的空军飞行员资源上也远超过其他国家。在电影《独立日》中，因外星人首先攻击了全球人类的空军基础，导致飞行员严重减员，美国就开始大量临时招聘飞行员。并且最后正是临时招聘的飞行员将外星人巨型飞船用氢弹击毁。这虽然是科幻电影，但它的确是以美国拥有大量飞行员作为现实生活基础的。如果真遇到大的战争，美国稀缺的战时空军飞行员提升率就会远超其他国家。

（5）外援。通过向第三方购买，或获得援助而补充的物资、人员等战争资源。其至通过引入第三方盟国加入战争，而获得的新增战争资源。

以上各项总和，构成战争"恢复力"。

以上计算时，可以是数量为单位，也可以按价值为单位。

3. 稀缺战争资源抗消耗能力

战争对一般资源的消耗，和对稀缺资源的消耗所带来的影响非常不同。战争的抗消耗能力在一般资源上的体现，与在稀缺资源上的体现有着极大的差别。所谓"稀缺战争资源"，是指获得极其困难、或成本非常高、获得时间长，并且对战争能力有巨大影响的战争资源。如：

优秀的指挥员。培养优秀的军事指挥人员不仅需要很长的时间，而且像任何一个领域一样，天才人物的出现总是极其罕见和难得。因此有千军易得、一将难求之说。

优秀的飞机员，尤其王牌飞机员。飞行员的培养不仅需要很长时间，而且需要大量的成本。尤其是航母飞行员，其培养更是困难。中途岛海战中，几百名日军航母飞行员接近全军覆灭的阵亡，以及经过多次海战造成日本海军飞行员的损耗，加上日本在太平洋战争期间没有重视航母飞行员的快速培养和训练，因此所带来的日本整体军事能力下降，远超数以十万计的日军陆军官兵损失。即使在日本战败的中途岛海战中，日本战机也给美军造成了惨重损失，并且其战斗力让美国非常头痛。但到了马里亚纳海战时，美军战机打击日本飞机已经变成"马里亚纳射火鸡大赛"（The Great Marianas Turkey Shoot）。这当然不能完全归之于飞行员因素，美军此时大量装备了性能远比过去更好的 F6F"恶妇"式战斗机，性能超过日本零式战机也是核心因素之一。

第二次世界大战中敦克尔克大撤退挽救了几十万英法联军的生命。而对于战争本身来说，其中的几百名训练有素的法军飞行员的成功撤出，其价值与其他几十万官兵都可以相提并论。他们在后来的英伦空战中发挥了极其重要的作用。

除了飞行员，一般训练有素、极有经验的杰出士兵也是重要的战争稀缺资源。

大型武器装备。尤其像航母等巨型武器系统，它们的建造周期非常长，一般都远超战争持续周期。一旦在战争中损失，往往意味着在整个战争期间难以弥补。

其他稀缺战争资源。如，自己不能生产，只能依赖进口的战争资源。英阿马岛战争中，阿根廷的超级军旗战机挂载的空对舰导弹—"飞鱼导弹"，对英军舰队构成非常有效的击毁能力，并实际击沉了谢菲尔德号将军舰。但因飞鱼导弹只能依赖从法国进口，不是自己生产。当时计划引进 14 架飞机，加 14 枚飞鱼导弹，但战前仅到货 5 架飞机，5 枚飞鱼导弹。因飞鱼导弹资源的迅速枯竭，阿根廷空军只能依赖老旧的天鹰战机携带没有任何制导能力的航空炸弹对英军舰队进行攻击。不仅击毁能力极大下降，而且普通航空炸弹只能以危险性极高的超低空飞行、凌空轰炸方式遂行作战。虽然阿根廷空军以英勇无畏的牺牲精神，用普通航空炸弹击沉了英军 5 艘舰艇、重创 7 艘，这种接近同归于尽的攻击方式使其自身也遭受了 35 架飞机被击落的惨重伤亡。战斗中天鹰大量命中的航弹未能爆炸。如果没有这样严重的战备问题，马岛战争的结果可能会有所不同。而如果 14 架超级军旗战机和 14 枚飞鱼导弹全部到货，或者阿根廷自己能够生产空舰导弹，战前多储备哪怕 10 枚空舰导弹，马岛战争可能就是另外一个结局。以至于在战争最后阶段，据说当时阿根廷总统加尔铁里瘫坐在椅子上，口中不断念叨"飞鱼、飞鱼、飞鱼……"

因稀缺战争资源如此之重要，因此对其保护，甚至不惜以牺牲次要资源来保护稀缺战争资源不受毁伤，具有重要价值。有人从贬低共产党军队在抗日战争中的作用角度，统计了抗日战争中国共两党军队高级将领牺牲情况，共产党军队高级将领阵亡数量非常低，如不计东北抗日联军，只有左权（八路军副总参谋长）和彭雪枫将军（新四军师长）等极少几位。而国民党高级将领阵亡数量则高达 200 多位。但从另一个角度说，共产党军队对作为战争稀缺资源的高级杰出指挥将领保护一直都非常严密。在整个战争期间的高级将领伤亡率一直都极低。即使在最残酷的战争期间，如长征等过程中，优秀高级将领伤亡率都保持在较低水平。因此，将共产党军队高级将领在抗日战争期间损失较低当作负面数据来否定其在战争中的作用，其看问题的角度是完全错误的。

美国南北战争时期，南军天才指挥员杰克逊在战争过程中冒险深入前线侦察，最后被自己军队误伤而亡，这并不是一种值得鼓励的行为。指挥员不能离前线太远而搞不清战场情况，但也不应鼓励杰出的指挥员亲自跑到比专职的侦察员还靠前的位置去。杰克逊的阵亡对南军造成难以估量的损失，这样的损失在短期内难以弥补，甚至是无法弥补的。

战争本身就是一项极为危险的事情，在战争中稀缺战争资源要发挥作用，同样必须处于战争的危险状态之中。如果受到完全战损，这是没有办法的事情，但如果只是受伤，对其修复的能力就显得非同寻常地重要。例如，航空母舰的生产周期非常长，如果战争发起后再增加航母的生产，即使生产出来也很可能赶不上战争了。因此对受损航母的修复就显得异常关键。中途岛海战前，美国航母约克镇号在刚发生的珊瑚岛海战中遭受重创。美军仅以 3 天时间，完成了平时至少要几个月才能完成的航母维修工作。这使美军在中途岛海战中能够使航母数量从 2 艘（企业号和大黄蜂号航母）变为 3 艘。如果没有这种超强恢复能力，使得美军航母特混舰队实力发生变化，即使美军获得了清晰的日军突袭情报，以 2 艘航母组成的特混舰队，迎战高达 8 艘航母、5 艘水上飞机航母组成的日本海军 4 个编队，其实力也难以支撑。

具备对稀缺战争资源的恢复能力，价值非常高。它的数学计算同普通战争资源抗消耗能力完全一样。

4. 稀缺度的量化评估

不同稀缺战争资源，其稀缺度不同，其对战争进程的影响力也是不同的。为评估这些稀缺资源的稀缺程度，可用以下参数进行评估：

（1）现存数量：现存稀缺战争资源数量显然是最重要的评估因素之一。

（2）可获得数量：如果损失，有可能获得的潜在稀缺战争资源数量。如军队中的战场医疗人员，如果损失的话，只能从后方民间医疗人员中补充。因医疗人员培养时间极为漫长，因此，现存民间的医疗人员就成为战争稀缺资源的可获得数量。

（3）获得时间长度：某些出色的指挥员，需要非常长时间的培养。获取时间较长，是导致其稀缺的原因之一。要培养一个本科生，需要在小学、初中、高中之后，再加上 4 年的学习时间，硕士需要再加 3 年，而博士要在这个基础上再加 5 年。获得这些资源时间长度，是导致其一旦失去，要恢复的时间会非常漫长。优秀的合格飞行员需要经历非常长时间的培训，而一个陆军士兵相对来说培训时间就短得多。

（4）获得成本：获得成本越高，稀缺度就越大。培养飞行员需要投入远比陆军士兵大得多的成本，因此其稀缺程度就远比陆军士兵高。

（5）影响程度：对战争进程影响越大，也会对稀缺程度产生不同影响。显然，影响程度越大的稀缺战争资源，其损失带来的恶果也越大，从而其稀缺程度就显得越高。

5. 非战斗消耗与抗消耗能力

即使和平时期，人也有很多疾病和意外，何况战争本身就是一个极端险恶的环境。有以下因素会导致非战斗的消耗：

（1）负伤不治：在战斗中负伤如果治疗及时，大多数负伤不会变成死亡。负伤是属于战斗中的消耗，如果伤员因医疗条件不足导致不治身亡，则可算作是"与战斗相关的非战斗消耗"。

（2）误伤或事故：尽管误伤很可能也是在战斗中导致的，它并不是敌方作战导致，而是属于"事故"类。它既可能是在战斗期间产生，也可能是非战斗期间、军事演习，甚至和平时期正常活动期间产生。

（3）疾病：因战场营养不良、卫生条件恶劣、医疗条件不足，会导致疾病，甚至死亡。在很多战例中，因疾病而死亡的人数甚至远超过作战死亡人数。只是对于战争，人们往往更多把眼光放在直接作战损耗上，而忽视自然疾病导致的损耗。因军队高度的流动性，以及战争中的强奸等导致的性病，以及其他传染病泛滥，它会给军队以及平民带来巨大的灾难。

（4）自然杀伤：受野生动物攻击，或陷入恶劣自然环境（悬崖、泥沼等）导致的消耗。历史上甚至发生过成千的士兵被鳄鱼，甚至蚂蚁吃光的案例。而恶劣自然环境综合起作用，常常会给部队造成极大的减员。如第二次世界大战中的中国远征军第一次入缅作战时，因英军率先溃败，通过印度的腊戌被日军占领，杜聿明率6万多人从野人山撤回中国。因恶劣自然环境导致5万人丧命，远超过作战中牺牲的1万人。

据统计，日本在甲午战争中总共死亡13488人，而因脚气、霍乱、痢疾等疾病死亡竟占到11894人，占88%。

在中国八年抗战期间，虽然中国军队的武器装备相比日本有很大差距，但真正在战场上战死的军队人员只占总的死亡人员的一小部分，据统计约在 130 万 –180 万之间。而大部分人员是在转移和运动过程中，因恶劣的医疗条件和生活条件而死亡。这个死亡数字难以精确统计，有的高达200 万人，甚至有上千万人的统计数字。

这种非战斗消耗如果被对手刻意利用，此时的消耗是属于"战斗消耗"还是属于"非战斗消耗"可能难以界定。但为研究消耗的直接原因，只要属于非直接战斗原因导致的消耗，我们都可以把它们归属于"非战斗消耗"。只是要注意："非战斗消耗"既然是一种消耗，就可以成为一种重要的"武器"来加以利用。

例如，俄罗斯在历史上曾遭到过三次来自欧洲力量的大举入侵。而在这些入侵中，俄罗斯深知自己自然地理环境所具有的威力，因此都刻意利用了这些自然环境的力量加剧了对手大量的消耗。

1708 年，查理十二世入侵俄国时，俄军即开始采取坚壁清野的方法，在他们撤退时烧毁所有房屋和工具。这样在寒冷的冬天，入侵的瑞典军队多半会被冻死和因疾病而死亡。

100 年多后，1812 年，拿破仑认为自己吸取了查理十二世的教训，他之前认真阅读了所有能找到的查理十二世远征俄国的历史记录和研究书籍。拿破仑的战争计划是必须在冬天来临之前攻下莫斯科，并结束战争。结果是俄罗斯不仅冬季难熬，夏天的天气也不是"好惹的"。连日暴雨导致的道路泥泞，晴天时的太阳暴晒，导致梅毒等疾病流行。大半士兵因此而死亡，真正在作战中死亡的士兵只是极少数。库图佐夫同样采用坚壁清野的方法，撤退时烧毁一切可以烧毁的能用之物，包括整个莫斯科城。当冬季来临，拿破仑只能不战自退，沿途库图佐夫只是零星地向拿破仑发起攻击，大多数时候只是在两翼赶着拿破仑的军队跑。严寒、疾病、少量的战斗，使拿破仑的 65 万大军，最后只剩下 3 万人逃回欧洲。

又过了 100 多年，1941 年，希特勒也认为他可以在冬天到来之前打败苏联。但在冬天来临之前，纳粹德国的军队同样遭受到了暴雨和泥泞道路的烦扰。1941 年冬季来临的脚步和 1812 年及 1708 年时没什么差别。肝炎、腹泻、斑疹、伤寒以及 –35℃——40℃度的严寒和饥饿再次夺去大量德军的生命。即使在战斗激烈程度属最高之列的斯大林格勒战役中，非战斗减员的德军也超过战斗减员。

6. 战术、战略和战策

从不同角度看待战争，会形成不同层次的观念。如果从战争本质的消耗与抗消耗角度，有三个不同层次的战争观念：战术层、战略层和战策层。

战术与战略两个层次是过去军事理论界讨论比较多的，但对战策层则几乎还没有正式进入军事理论家们的视野。战策层远远不是单纯的军事问题，它涉及全社会军事、政治、经济、外交等各个层面。

（1）战术层（或战役层面）。是以战场消耗和抗消耗为基础考虑问题的层次。这是传统军事家和军事理论家们关注最多的层次。似乎只有敌我双方在战场上刀对刀、枪对枪地大战一番，方能够体现军人的英雄本色。战术是战争最显眼的活动，但也只是最低层次的活动。决定战争的不仅是战场，而且体现在更高层次的方面。

（2）战略层。是以战场、军事补给、军事后勤、武器战略资源生产等直接战争资源方面来考虑消耗和抗消耗问题。

从战术层面看，让敌人的1万架飞机飞上天再去击落，最能体现空军的战斗成就。但即使能够具备极大的空军优势，己方也必然要遭受巨大损失。例如，就算可以使战术优势达到能按4∶1的交换比实现，己方也要损失2500架飞机和数以千计的宝贵飞行员资源。而如果从战略层面考虑问题：

将敌机击落在空战中，不如将敌机击毁在机场、飞机库里；

将敌机击毁在机场，不如将其炸毁在生产线上；

将敌机炸毁在生产线上，不如将其扼杀在原材料状态，将运送原材料的货轮炸沉到海底，根本就不要让它生产出来；

……

越是在更早阶段消耗敌方，自身代价越小，效益却越高。虽然从战术层面看起来的战斗成就越小。

第二次世界大战中，美军在对日本以燃烧弹进行成功的战略轰炸之后，日本的整个战争资源潜力很快就被耗空了，它对日本最终战败投降所起到的作用极为显著。但它们却远不如中途岛海战、冲绳岛战役、硫磺岛战役等看起来那么吸引人和更能显示军人的作用。使日本的飞机生产量从月产 2380 架下降到 8 架，从单纯的战争武器资源消耗角度看，相当于每月击毁日本战机 2372 架。但通过战略轰炸获得这个战绩所需要付出的代价，远远比从空中直接击落 2372 架飞机的代价要低得多。

（3）战策层。它包含所有战争资源及其潜力的消耗和抗消耗。战术和战略层面比较容易看见，而很多战策层面的消耗和抗消耗可能难以直接看清楚，但却可能会起到更为巨大的作用。例如通过货币战争对敌方经济资源的打击，经济的崩溃会极大削弱敌方战争潜力和资源补充。

与其在交通线上击沉敌方运送飞机原材料的货船，不如使敌人连买飞机原材料的钱都被耗空，根本无钱再去买原材料。因此，经济封锁等行为具有从最初始的源头上消耗敌方的作用。而相对来说，经济封锁不会被看作是残暴甚至反人道的行为，甚至不会被看作是战争行为。但事实上它们起到的消耗敌方的作用，可能会比战争武器的直接攻击效果更为强大。

让敌方的作战意志彻底崩溃，远远好过直接杀伤其战争资源本身。这就是所谓的"攻心为上"。

以战策层面来看待战争，也可以很容易理解以下看似很奇怪的情况：

有可能一方在战争持续期间的每个战役都获得了军事角度的战术性胜利，但却因为战争资源的消耗相比对手率先越过战损崩溃点（战争意志崩溃点），因此最终在战策层面失败。例如，在 20 世纪 70 年代越南战争中，美军几乎没有在哪一场重要的具体战役中，真正算得上在军事上失败，但最终却失去了整个战争。因为战争在战策层面的消耗越过了美国人可以承受的战损意志崩溃点，但越南却没有。

战策循环因果序列

1. 恢复量的计算方法

前面讨论过，恢复力有五项：修复、补充、敌方资源转化、生产、外援。在计入战争循环因果序列时，并不是简单地将以上五项恢复量相加。因为生产、外援两项都是要通过补充加入到实际战争维之中。因此，生产和外援是通过补充来实现的，而不是独立于补充。

因此，恢复量在数量上应当是修复、补充、敌方资源转化三者之和。生产和外援是补充的基础和持续潜力。补充直接体现为从军事基地库存等向战争维的补给，后面需要一系列活动支撑作为持续。它们包括生产或外援，运输，军事基地库存，从军事基地库存运往战争维等一系列活动。

总恢复量 = 修复量 + 补充量 + 敌方资源转化量

修复和敌方资源转化体现为相对战争维的"近程恢复"；而补充体现为相对战争维的"远程恢复"。一般情况下，远程恢复不仅实现恢复的运输距离更长，而且时间也更长。但并不排除有些近程恢复的时间会超过远程恢复。如不排除一个伤员恢复时间超过招募一个新兵并且训练后上战场的时间；也不排除修理一个损坏坦克的时间，可能会超过生产并输送一辆新坦克到战场的时间。

恢复量也可在计算上如下所示：

总恢复量 = 近程恢复量 + 远程恢复量

在计算时，如无特别说明，恢复量就是指总恢复量。

近程恢复量 = 修复量 + 敌方资源转化量

远程恢复量 = 现有库存 + 生产 + 外援

2. 战策循环因果序列

在上一章第三节中，我们讨论了如下的战争循环因果序列：

$$P_{i+1} = P_i - E_b Q_i$$
$$Q_{i+1} = Q_i - E_r P_i$$
$$P_i \geq 0, \quad Q_i \geq 0$$

如果我们假设，处于数量弱势的 B 方在每个时序都存在一定的恢复量 R_{bi}，则战争循环因果序列变成如下情况：

$$P_{i+1} = P_i - E_b Q_i$$
$$Q_{i+1} = Q_i - E_r P_i + Rb_i$$
$$P_i \geq 0, \quad Q_i \geq 0$$

为区别起见，我们把这种带恢复量的战争循环因果序列，称为"战策循环因果序列"。

假设 R 方数量初始值 P_0 为 1000，B 方数量初始值 Q_0 为 500，双方击毁效率都是 4%。在没有恢复量情况下，交战结果为第 14 个时序 R 方全歼 B 方，R 方极限战损为 144。然后再假设在开战后每个时序 B 方恢复量 Rb_i 都为 20。此时交战结果为：B 方在第 100 个时序达到低谷的 20 人，他们完全是靠恢复量维持的。而在第 110 时序之后，B 方就会越打越多，并在第 204 个时序时全歼 R 方，且 B 方数量达到 508 人！以下列出不同恢复量 Rb_i 假设情况下，全歼 R 方时序点，以及全歼 R 方时 B 方剩余数量。

表 10-1 　不同恢复量情况下，全歼 R 方时序点及 B 方剩余数量

恢复量 Rb_i	全歼 R 方时序点	B 方剩余数量
15	739	383
20	204	508
21	96	549
22	80	594
23	71	633
24	65	672
25	61	720
30	48	874
35	41	995
40	37	1122
100	22	2166

由此可见，从开战之初处于弱势的 B 方来说：

（1）只要 B 方在开战后持续有恢复量加入，最终 B 方就必然可以战胜开战时处于强势的 R 方。

（2）如果恢复量过小，B 方会有一个极低量的最令人绝望的艰难时期，此时全靠恢复量支撑，并且最终战胜 R 方的持续时间会过长，形成持久战。如果完全依赖恢复量，对于获得外援显然是极为不利的。

（3）在极低谷时存在相同恢复量只是数学上的假设，如果达到这样一个低谷，很可能恢复能力也被耗空，不再存在恢复能力。因此避免陷入这种极限低量是避免战败的重要条件。

（4）恢复量越大，全歼 R 方的时序点越靠前。并且低谷期的底部量越高，不致落入令人绝望的状态，或越过战争意志崩溃点。

（5）除非恢复量较大，否则恢复量的持续加入需要时间的积累，才能获得超过 R 方的优势地位，因此需要以持久战拖垮对手。

从开战之初处于优势的 R 方角度来说：

（1）需要以尽可能大的优势快速结束战争，在 B 方利用恢复积累改

变优劣态势之前，将 B 方消耗到越过其战损崩溃点的程度。否则获胜的战争成本会不断加大，甚至严重的会导致双方优劣势发生逆转。这一结论与孙子《作战篇》中所说"兵贵胜，不贵久"是完全一致的。但战策循环因果序列是给出了"兵"如果"久"了到底会是什么结果的精确数学分析。

（2）尽可能减少 B 方恢复量，是保证战争胜利至关重要的因素。

（3）自身也必须有恢复持续加入，才能平衡对手的恢复造成优劣势改变。

3.一方有恢复量的实力变化过程

假设 B 方恢复量为 20 时，可得如下实力变化过程。

从时序 1 到 79，B 方实力从 500 逐步下降到最低值 20（按小数点后 3 位有效数字计算考虑）。

从 79 到 104，B 方实力一直维持在最低值 20。在这个阶段全靠恢复量支撑，持续长度为 26 个时序。这是一个极为敏感的恢复量值，只要恢复量增加极微小的一个数值，如设恢复量为 20.05，底部高度就会迅速脱离恢复量，并快速升高为 33。

从 104 到 204，B 方实力不断增强，直到最后将 R 方全歼。

因 R 方没有恢复量加入，因此其实力是一直持续减少，直到为 0。

由此可见，弱势，但存在恢复量的 B 方实力变化为一上凹的曲线。其最低处的值等于恢复量。如果改变恢复量，当大于一定量后，其底部会脱离恢复量，并迅速上升。表 10-2 是设定不同恢复量时，底部的值。

表 10-2　不同恢复量时 B 方实力变化曲线底部值

恢复量	B 方实力变化曲线底部
20	20
21	150
22	212

恢复量	B 方实力变化曲线底部
23	257
24	293
25	324
26	351
27	374
28	394
29	412
30	428
35	482
39	499
40	500
100	500

综合计算各个恢复量假设可见：

在某个恢复量之下（上表大约为 20 以下），底部等于恢复量，且当恢复量进一步减少时，底部会被迅速拉长，位于恢复量的时序也会很长。

当恢复量增大到很大的程度时（表 10–2 中恢复量为 39），凹形的 B 方实力变化曲线会变成单调上升，最低值会位于初始量。

当恢复量在 20 以上，底部脱离恢复量，此时会对数据很敏感。一旦脱离，底部会随着恢复量的增长而迅速拉高。B 方反败为胜的时间长度也迅速缩短。这表明恢复量需要超过一定程度，并且在此数据之上，此时投入产出比会非常高。表 10–2 中恢复量超过 20 时，底部会对恢复量的进一步增加非常敏感。在恢复量为 20.019 时，底部开始脱离恢复量，随着恢复量非常微小的增加，底部会迅速上升；

表 10–3 是敏感区域更详细的分析数据：

表 10-3　不同恢复量下，B 方实力变化曲线底部值和底部抬升率

恢复量	B 方实力变化曲线底部值	底部抬升率
20.017	20.017	1.000
20.018	20.018	1.000
20.019	20.180	162.000
20.020	20.718	538.000
20.030	25.473	475.500
20.040	29.492	401.924
20.050	33.042	354.976
20.060	36.259	321.700
21.000	150.486	121.518
22.000	211.591	61.105

底部抬升率是底部抬升量除以对应的恢复量变化。在 20.018 之前一直为 1，此后极速上升。最高点位于 20.019 到 20.020，为 538.000，此后逐步下降。

4. 双方都有恢复量的战策循环因果序列

一般情况下，恢复并不会只存在于一方，而是双方都会存在恢复量。因此，一般战策循环因果序列就表现如下：

$$P_{i+1} = P_i - E_b Q_i + Rr_i$$
$$Q_{i+1} = Q_i - E_r P_i + Rb_i$$
$$P_i \geqslant 0,\quad Q_i \geqslant 0$$

上式中，Rr_i 为 R 方在各个时序点加入的恢复量。

在双方都存在恢复量的情况下，谁能最终获胜，恢复量起到很重要的作用。为确定恢复量达到什么程度才能获胜，我们首先要讨论什么情况下双方会处于平衡发展状态。

设带恢复量的战争循环因果序列处于平衡发展状态，并设 $P_{i+1}/Q_{i+1}=P_i/Q_i=n$

$P_{i+1}/Q_{i+1} = (P_i-E_bQ_i+Rr_i) / (Q_i-E_rP_i+Rb_i)$

$= (P_i/Q_i-E_b+Rr_i/Qi) / (1-E_rP_i/Q_i+Rb_i/Q_i)$

$n = (n-E_b+Rr_i/Q_i) / (1-nE_r+Rb_i/Q_i)$

整理上式后可得：

$E_b+n\,Rb_i\,/Q_i = n^2\,E_r+n\,Rr_i/P_i$

此处设 $Q_i>0$，$P_i>0$

上述分析的结论就是：

设交战双方都有恢复能力，

当满足 $E_b+n\,Rb_i\,/Q_i = n^2E_r+n\,Rr_i\,/P_i$ 时，交战双方处于平衡点；

若交战双方并未处于平衡发展点，且仅设：$P_i/Q_i=n$。

当满足 $E_b+n\,Rb_i\,/Q_i > n^2E_r+n\,Rr_i/P_i$ 时，战争进程向蓝方获胜发展；

当满足 $E_b + n\,Rb_i\,/Q_i < n^2E_r+n\,Rr_i/P_i$ 时，战争进程向红方获胜发展。

我们把以上这些规律称为 "**战策定理**"。

这个规律远比单纯的兰彻斯特定律要复杂得多，不仅很难直观地看出来，而且也很难从经验数据中归纳得到。由此可见，如果不采用完全的数学手段来研究战争，仅凭直观地研究根本无法精确地搞清楚其内在的规律。

当双方恢复量都为零时，上述结论就退化为兰彻斯特定律。

一般情况下，Q_i 和 P_i 是变化的，因此需要恢复量随着 Q_i 和 P_i 的变化不断发生改变，才能使双方实力不断处于平衡状态。

但是，如果设 $E_b = n^2E_r$，即双方击毁效率之比满足兰彻斯特定律，则有：

$n\,Rb_i\,/Q_i = n\,Rr_i/P_i$

$Rb_i\,/Q_i = Rr_i/P_i$　　　　　双方恢复量占比相等

$$n = Rr_i / Rb_i = Rr_0 / Rb_0$$ 双方恢复量之比，等于存量之比，也等于初始量之比

即，当双方击毁效率之比，等于初始数量之比的平方时，若双方恢复量占比相等，或者说"双方恢复量之比，等于存量之比（也等于初始量之比）"，此时战策循环因果序列的发展处于平衡状态。这是"战策定理"的一个特殊形态。

5. 一般情况下平衡点的确定

一般情况下，对于任意给定的双方初始数量，双方击毁效率，以及某一方的恢复量，可以很容易通过战策循环因果序列的数学模型计算测试，获得双方交战结果胜负处于平衡点时，另一方的恢复量是多大。

这类数据测试方法有很多，最简单的方法是数据搜索的"二分查找法"。就是先凭直觉任意选择一个恢复量的数字，看结果是胜还是负。如果是胜，就向反方向找到一个数字，使交战结果为负，然后不断以位于两个数字正中间的平均值去测试。

如果为胜，就与原来为负的数字组成新的搜索区间进行新的搜索；

如果为负，就与原来为胜的数字组成新的搜索区间进行新的搜索。

重复以上过程，每一步都会使搜索区间减少一半。当搜索区间减少到一定程度，其中间的平均值就可被近似看作是平衡点所在位置。恢复量高于此平衡点，交战结果就是获胜；低于此平衡点，交战结果就会为负。

6. 如何计算胜利的顶点

克劳塞维茨认为存在胜利的顶点，一旦越过这个顶点，就会由胜转败。但是克劳塞维茨并未告诉我们胜利的顶点到底在哪里，以及如何提前确定它。

在第二次世界大战中，我们可发现很多历史的转折点。在这些转折点上，战争双方的地位开始发生了变化。如苏德战场的斯大林格勒战役，北

非战场的阿拉曼战役，太平洋战场的珊瑚海战役等。如果人们是把获得最后一场战役胜利看作是胜利的顶点，那么就肯定会轻易越过它。因为如果不实际遭受一场失败的话，怎能知道这是最后一场胜利呢？而等实际遭受一场惨重的失败时，其实早就已经越过胜利的顶点了。如果采用战策循环因果序列来进行实际的计算，就可以清楚地发现这一点：早在获得最后一场胜利之前，就已经越过胜利的顶点了。

以战策循环因果序列来考虑，如果经过若干场战役之后，无论是胜利还是失败，只要双方的剩余战争资源相对比例，不是朝着有利于自己，而是朝着有利于敌方的方向发展时，就意味着已经越过胜利的顶点了。它表现为虽然还是获胜，但胜利的消耗代价在加大，或者消耗敌人的数量在减少。单纯从一场战役来看，战争资源是在绝对地减少。而由于恢复的存在，双方的战争资源在一定时期却会是越打越多。只要敌方的战争资源在战争过程中增加的比例超过自己，一次显著发生的战役失败就是必然要到来的事情。

战争胜利的顶点，也就是求解战策循环因果序列中，双方剩余量存量比极大值的问题。

第三节

为什么以往的军事理论会对战役的胜负给予过高评价？

虽然从战策角度说，战役的胜负（对应战斗成就、战斗消耗）意义远不像表面看起来的那么大。但为什么以往的军事理论却总是给予战役的胜利过高的评价呢？

1. 对军队和军人工作评价标准问题

军人也是一个职业，任何职业都需要有功过的评价，以便确定其工作完成的好坏和奖惩。军人的工作也就如同其他任何工作一样，都需要一个短期的、阶段性的工作评价标准和依据。如果要到整个战争结束后再来评价，显然时间太长了。因此，一场战役的阶段性目标达成情况，就成为军人工作关键的阶段性评价依据。确定一个战役胜负结果，就成为极为重要的评价指标。

2. 战损率标准的相对性

战争角度的战损率既是一个非常精确，也是一个相对性的数据。因为它完全取决于双方的实力，而不是取决于一方。因此，一场战役实现多少相对战损率（交换比），和物资上的相对消耗率，难以成为一个可以固定的、确定的数据标准和军人的工作目标。

3. 战损率统计的困难

双方战损统计数据的精确性存在相当大的困难。不仅对敌方战损很难统计，甚至对己方战损也很难统计。这种困难一是在战争的混乱和危险期间，很难提供充足的时间，以供双方进行这种统计。二是战争期间往往是一边补充和修复，一边损耗，是一种高度流动的状态。很多统计最后的毁伤数据会超过拥有人员和武器装备的总和，就是因为击毁的武器很快修复后又投入战场，又被击伤，再次修复……人员也很可能会是受伤，康复后投入战争，又再次负伤。除非是武器装备高度损毁无法修复，或人员死亡及重伤复员无法再投入战斗，这些才成为真正的被"击毁"。即使纯属人员死亡的情况，也往往是一边损耗，一边补充新兵。因此，军事史上对于双方战损的数据往往存在很多争议，原因就在这里。有很多甚至无法确定是什么情况，只好用"失踪"数字来表达。三是占领了战场的一方还有机会去统计战场上的交战结果，而从战场上被赶走的一方，根本连清点战场进行统计的机会都没有。

但是，在战役上是否攻占了一个山头，是否把敌方赶走，却是相对比较容易确定的成果。在这种情况下，军事家们很自然地会把这些最容易确定的成果作为最优先评价的依据。

4. 对数据的人为修改

为士气和宣传的需要，双方对战损的确切数据往往在公布时会有一定的修改。如两伊战争中，双方都极力夸大对方的战损。

因此，很简单地确定一个胜负的标准，是一个最清晰可判的依据。一般的判断依据就是：把敌方占领的地方给攻下来，或守住阵地，打退敌方的进攻，就认为是获得战役或战斗的胜利了。

第四节

参战者规模对战争的影响

有人认为，现代战争已经不再会是像 20 世纪的两次世界大战那么全面性的战争，而会不断变成"斩首行动"、反恐等的小规模的，但科技含量极高的战争（如乔良、王湘穗在《超限战》中即有如此看法）。因此，战争的模式会发生变化。

但是，正如我们研究战争的基本出发点所指出的：战争的本质几千年前如此，几百年前如此，现在如此，几百年后、几千年后还是如此。战争循环因果序列和战策循环因果序列是与武器及时代完全无关的。今天所发生的一切战争类型，在几千年前就有，并且几千年后还是会有。今天所谓的"斩首行动"，不过是古代的"擒贼先擒王"换个武器技术手段和换个说法而已。一切现在所谓全新的战争，全都只是在以不同的武器装备演绎几千年前就完全一样的战争循环因果序列。

我们之所以看到不同战争模式会有极大的不同，很大一部分原因是参战者的不同规模带来的差异。参战国或参战者规模的不同，对战争模式会有极大影响。理论上简单来说可分为三种：

大国与大国的战争；

小国与小国的战争；

小国与大国的战争。

最能体现战争把一切推向极限特征的就是大国与大国的战争。大国之间进行战争，没有任何其他国家能够约束得了，如果他们自己不愿约束自己，那就会是把战争打到底，突破一切极限。

当一个大国要面临亡国之险时，能指望有什么承诺、条约、国际法，更别说是道德可以成为其行为的界限！从而，大国与大国之间的战争必然是，至少极容易是全面性的战争。但凡大国之间的战争，都会是极其巨大的人类灾难。

小国与小国的战争很可能是受到局限的。不仅是因为受他们资源本身的限制，会使战争的规模受限，而且因为其背后可能有不同大国存在。如果这些大国希望约束战争的规模，那么战争就只能限制在一定的规模。这体现为各种区域性的、小规模的战争。因此，尽管克劳塞维茨说战争是把一切推向极限的活动，但并不是一切战争过程中，参战者都有能力把一切推向极限的。

那些所谓"斩首行动""反恐式"的战争，只能发生在大国与小国之间，或强国与弱国之间。大国与大国之间，或强国与强国之间可能会存在"斩首行动战斗"（如第二次世界大战中击毙日本山本五十六的行动），但绝无可能存在单纯的"斩首行动战争模式"。能设想以"斩首行动"方式把一个大国或强国的首脑打死后，战争就可以结束了吗？美国可以"斩首行动"方式把伊拉克或利比亚的首脑"斩首"并直接结束战争，但能设想他们会把对俄罗斯的潜在战争设计成"斩首行动"战争模式，仅派一小股特种部队，或一两架隐形战略轰炸机就完成整个战争行动吗？这显然是难以想象的。

"斩首行动"模式绝非是因为高科技武器出现了才发明出来，2000年前的"荆轲刺秦王"就是斩首行动模式的战斗，尽管它失败了。斩首行动的战争模式只有大国对小国才有效。因此，以小国对大国，弱国对强国的"荆轲刺秦王"就算本身从战术角度成功了，也不可能仅仅因此就获得整个对秦国战争的胜利。这种情况过去如此，今天如此，未来还是会如此。它与高科技武器和信息武器的出现完全无关。

何为"恐怖行动"？小国对大国，弱国对强国的战争活动就是"恐怖行动"。

战争能力的恢复与消耗

第一节

恢复能力对战争的影响

很多军事专家在评估潜在战争胜负时，往往是以现在（战前）双方拥有的武器装备，以及军队人员数量为基础进行分析。但从带恢复变量的战策角度来看，开战初期的武器装备和军队人员，可能在整个战争过程初期已经消耗掉绝大部分了。到战争中期尤其是最后阶段，绝大多数人员和武器都是战争期间靠恢复量增加的。甚至在第二次世界大战中，主要战争持续了4年以上，大量武器装备都是在战争期间新研制生产出来的，战前都还不存在。

只要战争持续时间远超过战时产量提升时间，恢复量对战争过程所起的作用就会非常显著。同时，战时生产提升率越高，恢复量对战争结果影响也就越大。

如果有非常强大的外援在战争期间加入，恢复量对战争结果的影响就会变成决定性的，甚至是瞬间改变战争格局。例如朝鲜战争，刚开始朝鲜军队拥有很大优势，将南韩军队一直赶到釜山。而后美国为首的联合国军介入，局势迅速改变。尤其在仁川登陆后，优势一边倒地转向韩国和美军一方，将朝鲜军队快速赶到鸭绿江边。再然后中国志愿军介入，又迅速改变战局，将以美国为首的联合国军及南韩军队赶回三八线以南，甚至丢掉汉城（今首尔）。这是一个在很大程度上主要通过外援完全改变双方实力对比的典型案例。

在第一次世界大战和第二次世界大战中，美国这个外援加入战争，对战争双方的实力对比都起到短期内完全改变格局的作用。

第一次海湾战争同样如此。初期伊军以绝对优势在3天之内就占领了整个科威特。而后以美国为首的盟军介入，局势又一边倒地转向。

由于 5 个恢复量在实际起作用时，只以其中 3 个恢复量体现出来：修复、敌方资源转化及补充。战争资源生产及战争动员、外援等都以补充来体现。以下将逐项讨论。

第二节

近程恢复——修复与转化

越是在距离战争维越近的资源恢复，一般情况下速度越快，成本也越低。

1. 士兵的"修复"——康复

与武器装备最大的不同：士兵是活着的人。即使没有受任何伤，士兵要维持生命也需要食物和水，一日三餐，及时治疗疾病。如果食物和水的来源被切断，或疾病不能及时治疗，在很短时间内，其生命都会无法维持，更别说打仗。因此，自古就有"军无粮自乱"之说。其实，严格来说应包括：食物、饮用水、医疗和卫生等综合的生存所需方面。

如果士兵在作战中负伤，只要能够得到最及时的治疗，大多数伤员会有机会康复，而不至于死亡。如果拖延救护的时间较长，因失血过多，或感染，很多本来只是负伤，最终会变成死亡。也就是说，从负伤时起，随着时间的延长，如果不能及时救护，其伤情会不断加重。因此，救护起始时长是一个非常重要的士兵康复能力指标。救护起始时长是指从负伤起，到开始进入救护状态的时间长度。不同的伤情，其"容许救护起始时长"可能会有所不同，如果超过这个容许时长，伤员的伤情会加重到不能接受，或难以再救护的程度。

流行病学调查显示，近 50% 创伤性死亡发生在伤后 60 分钟内（既往称为"黄金 1 小时"），而这 1 小时内，大部分又发生在前 10 分钟。1994 年，舒马赫（Shomaker）将其称为 "brass（or platinum）10 mins"，即 "黄铜（或白金）10 分钟"。针对这一提法，1999 年，中国的何忠杰医师首先把它译为急救 "白金 10 分钟"，并发表在论文中。以后得到大家的引用。这个开始救护的时间越及时，可避免创伤导致死亡的几率越高。而在白金 10 分钟，甚至黄金 1 小时内，一般很难来得及将伤员转运到前线或后方医院。最能及时提供救护的就是士兵随身携带的急救包。如果能在白金 10 分钟，或黄金 1 小时内，迅速完成基本的创伤处理，就可以大大延长容许救护起始时间。因此，在非常有限的空间里，装下最能有效完成止血、包扎等急救功能的急救包，以及战场随军医生，会给战场救护成功率带来极大的提升。

如何进行负伤的具体治疗和康复，这属于战场救护或医疗技术的范畴。而从战争的恢复能力角度说，以下三个要素决定了战场上的士兵"修复"能力：

（1）战场救护人员和配置离战场的距离。战场救护医院距离战场越近，越是能够最及时地对伤员进行治疗。

（2）伤员转运速度。直升飞机以其起降条件极为简单，以及转运速度快，因此作为战场伤员转运工具受到越来越多的青睐。伤员转运速度越快，不仅对于缩短救护起始时长有好处，而且能使可用的战场救护距离更大。

（3）伤员转运工具的连续转运时长。伤员转运工具的连续工作时长越长，当然就意味着其"可用战场救护距离"越远。

可用战场救护距离 = 伤员转运速度 × 连续转运时长

以战场为圆心，以可用战场救护距离为半径画一个圆，以"敌我控制分界线"将该圆分割为两部分。位于我方的部分范围内的具备战场救护能力的医疗资源，都可潜在地用于进行战场的救护。因此，这个空间就是"潜在可用救护空间"。当然，这个范围越大，可以纳入潜在战场救护的可能医疗机构就越多，战场救护能力就越大。但是，在这个空间内，有些区域可能离敌方攻击武器距离太近，因此是不安全的空间。以敌方各火力点为圆心，以敌方该火力点武器击毁距离为半径画一个圆。在这个圆内的空间属于相对于该火力点的"不安全空间"。

总和不安全空间 $= \bigcup\limits_{i=0}^{M} uS_i$

其中 M 为敌方所有火力点最大数量，uS_i 为火力点 i 对应的不安全空间。

可用救护空间 = 潜在可用救护空间 − 总和不安全空间

扩大战场可用救护距离，从而扩大可用救护空间是有重要价值的。战场救护医院离战场越近当然越好，但离战场越近也就越不安全，有可能受到敌方人为的攻击，或流弹的无意毁坏。当然，在真正实际伤员转运时，其转运的时间需要小于容许救护起始时长，否则伤员的伤情会加重到不能接受的程度。

某些伤员即使救活并康复，也可能因伤势太重而造成终身的残疾，不能再返回前线。但尽可能地救活更多伤员并使其康复，无论是否可重返前线，对于保持士兵的士气是极为重要的。而能够使负伤的士兵完全或绝大部分恢复作战能力，并返回前线，无疑会成为重要的恢复能力。尤其被修复的、从战场上下来的负伤士兵，都是作战经验更丰富，并且也很可能是训练有素的士兵，他们属于战争稀缺资源。因此，恢复这些士兵的作战能力，并迅速重返前线，比招募新兵效果要好得多。

以上这些能力最终可用以下指标来量化体现：

（1）非战斗减员数量：非战斗因素，如事故、疾病等原因造成的减员数量。

（2）非战斗减员占总减员比：非战斗减员占总死亡士兵的比例。它等于非战斗死亡士兵数量，除以因所有原因死亡士兵总和数量，以百分比表示。

（3）非战斗减员率：非战斗减员数量占士兵总量的比例。它等于非战斗减员数量，除以士兵总量，以百分比表示。

（4）战斗负伤士兵转运数量：负伤的士兵可能被转运回后方进行治疗，也可能来不及转运就被敌方俘获。战斗负伤士兵转运数量，是指能够被成功转运回后方进行治疗的战斗负伤士兵总数量。

（5）战斗负伤士兵转运率：能够成功转运回后方进行治疗的士兵占负

伤士兵总数的比例。以百分比表示。

（6）战斗负伤士兵救活数量：因战斗因素负伤，但最终被救活的士兵数量。

（7）战斗负伤士兵救活比例：战斗士兵康复数量占总负伤数量的比例。以百分比表示。

（8）战斗负伤士兵康复数量：在战斗负伤士兵救活者中，可以重新返回前线的士兵数量。

（9）战斗负伤士兵康复率1：可重返前线士兵数量除以负伤士兵总量，以百分比表示。

（10）战斗负伤士兵康复率2：可重返前线士兵数量除以救活士兵总量，以百分比表示。

（11）战斗负伤士兵康复时间：从士兵负伤到救治，并重返前线的时间长度。

对另一方面来说，对敌方士兵康复能力的攻击，可能会比直接在战场上攻击敌方士兵更能加大敌方的伤亡。它包括攻击敌方粮食供给、破坏或切断水源、攻击其可用的战场医疗能力等。

2. 减少士兵用量的重要性

士兵的伤亡，是战争中承受最大压力的损失。因此，需要通过武器的改进尽可能减少士兵的使用量，或减少士兵损失的机会。如：

提升武器的自动化和智能化，使其对人的依赖尽可能减少。

远程遥控的无人武器，虽然依然需要人操作，但因士兵不在现场，可减少人员伤亡的机会。

机器人等无人化的作战平台开发。

3. 武器装备的修复

武器装备的修复，与人的修复类似。只是相对来说，作为物的武器装备在受伤后，修复的时间延后一般并不会带来伤情的加重。但修复的时间长度对于恢复能力同样是非常重要的。如果能尽快修复并加入本次战役，或加入下一个战役，那么敌方在本次战斗中给该武器造成的负伤影响几乎就可完全消除。在历次中东战争中，以色列对战机的高超修复能力对其维持制空权起到至关重要的作用。

作为评价武器装备修复能力的参数有以下三项：

（1）起始修复时长：从武器负伤到可以开始修复的时间长度。虽然一般情况下武器装备起始修复时长增加，并不会使武器装备的伤情有任何加重，但是尽可能减少起始修复时长对于增加武器装备恢复能力同样是非常重要的。

（2）武器修理时间：从负伤武器开始修复，到修复好的时间长度。

（3）武器修复总时长：从武器负伤开始，到重新上前线可以作战的时间长度。

武器修复总时长 = 起始修复时长 + 武器修理时间 + 修理好的武器返回前线时间。

显然，武器修复总时长是体现武器装备修复能力的重要指标。这个时长越短，修复能力就越强。

与负伤士兵修复类似，武器装备的修复能力也有可用修复空间的问题。

如果敌方对我方武器修理厂进行攻击，会破坏我方的修复能力。反之亦然。

对于大型的航母，战略核潜艇，其他大型舰艇等武器装备等，其作战的战争维一般很可能远离支撑的基地。因此，如果能够自己携带修复能力，对于战场及时恢复作战能力显然是极为有效的。现代的 3D 打印等技术，可以及时提供各种不同型号的零备件，因此是一种很有潜力的大型武器装备自带的"急救包"。

当网络出现后，一个坐在电脑前的黑客可以攻击成千上万公里之外的一个网页。这样的远程网络攻击让军事家们眼前一亮，认为发现了全新的网络战模式。但如果从恢复的角度看，这种说法过于夸张了。一个网页可以被黑客修改，但它也很容易被修复。当它被修复之后，就像什么事情都没发生一样。因此，把黑客远程修改网页行为当作是战争模式看待并没有什么实际意义。

只是通过网络进行的窃取军事机密，将病毒注入对方武器系统等才会具有实际的战争价值。

4. 动态战场条件下的修复能力

以上讨论的人员及武器装备的修复都是以静态战场条件为前提。如果战场是动态变化的，如敌方因成功地进攻，不断将敌我控制分界线向我方一侧推进，则总和不安全空间就会向我方一侧扩张，原来的可用救护空间就会被压缩。这样，原来的修复能力就会被压缩。

当然，在敌我分界线向我方一侧移动后，如果"伤员转移速度"和"连续转运时长"等参数都不变，即伤员转运工具并未出现变化。以新的敌我控制分界线和战场为基础，可再确定出新的可用救护空间。如果敌我控制分界线的形状没有变化，只是连同战场一起向我方一侧平移，那么新的可用救护空间面积并未变化，只是位置向我方纵深平移。对应于这样的变化，如果医疗机构位置都没有变化，那么某些可用机构会淹没在总和不安全空间里，而又有一些原来不在可用救护空间里的医疗资源进入可用救护空间里。

如果原来在可用救护空间里的医疗资源全都随之进行转移，则相应的总资源甚至可能会增加。

但是，当敌我控制分界线向我方一侧移动时，一些伤员可能来不及向后方的可用救护空间里转运，就被敌方俘获。因此，敌我控制分界线向我方一侧的移动，如果没有对伤员转运做及时安排的话，会降低战斗负伤士兵转运率。

对负伤武器装备的影响也是类似的。当敌我控制分界线向我方一侧移动时，战斗负伤武器转运率也会降低。这些负伤，甚至没有负伤的武器很可能被敌方缴获，并很容易转化成敌方资源。未被转移的修理厂，也可能会被敌方占有或遭到破坏。

5. 敌方人力资源转化

相比于物的武器装备，人是远远复杂的资源。作为敌对双方，很可能存在精神上的互相对立，尤其不同国家民族间发生战争时，双方的仇恨会非常严重。并且转向帮助敌方的人会被看作"叛徒"而承受极大精神压力。因此，想使敌方人力资源转化到我方，并且真心实意地为我方所用，甚至为我方去攻击其原来的所属阵营，这是一个非常困难的事情。这不仅需要战术性的对待战俘和投降、投诚人员策略，而且需要很强的，可以获得人心的制度和政策，甚至社会变革。

相对来说，如果是内战，仅仅是不同政治派别之间发生战争，转化敌方资源的条件会好很多。这也是中国共产党的军队在内战中能够大批量和极为有效转化国民党军队人力资源的基本前提。共产党的军队不仅可以大量转化国民党军队人力资源，而且在转入共产党军队后，往往作战意志获得很大提升。官兵平等、优待俘虏、土地改革的根本社会变革等因素，极大地提升了共产党军队敌方资源转化效率和转化质量指标。

美国南北战争时期，林肯发布的黑奴解放宣言等社会变革，获得南方大量黑人的拥护，也促进了敌方人力资源转化率的极大提升。

如果缺乏这种可以极大深入人心的社会变革或政策，仅仅靠威胁和征服转化的敌方资源（常被称为"伪军"），往往被转化的军队作战意志和士气都会非常低落，缺乏战斗力。不仅转化率低，转化质量也不高。

除以上大批量转化敌方人力资源外，可有效利用敌方人力资源的方式还有如下这些：

通过审讯俘虏获得军事情报。这是战争中常用的方法。

俘获敌方的科学家、医疗、工程等技术人员，尤其杰出的科学家资源。美国在第二次世界大战中大量俘获和转化了德国的科学家资源，这对提升战后美国科技水平起到巨大作用。这一点往往不被其他国家所重视，但却是敌方人力资源转化中效益最高的活动。

敌方人力资源转化能力可用如下方面来评估：

（1）能够俘获人心的社会变革措施，政策。这是转化的核心能力所在。

（2）转化数量。就是转化的敌方人员绝对数量。

（3）转化率。转化数量是一个绝对值，它用于战策循环因果序列计算是很方便的，但它并不能直接体现转化能力。转化的敌方人力资源占敌方人员的比例可以较好地反映我方转化的能力，而转化的敌方人员占我方人员总量的比例，可以体现我方的包容能力。

（4）转化质量。以转化后的军队战斗力作为评估依据。

（5）转化的敌方科学家及工程技术、医疗等人员数量。尤其转化的杰出科学家数量。

6. 敌方武器技术资源转化

间谍和情报活动是转化敌方战争技术资源的主要方式之一。而事实上，利用公开的渠道获取敌方技术情报资源，成本会低得多，并且负作用也小得多。随着大众传媒，尤其互联网的发展，90%以上机密的技术和军队情报都可以通过公开渠道获得。

7. 敌方武器装备转化

相对来说，敌方的武器装备只要被我方缴获了，就可以相对容易地被我方所转化使用。但依然存在一些影响转化成效的因素。

武器装备的通用性或兼容性。如果武器装备不兼容，其可用性就有可能受影响。如果缴获了敌方的炮弹与我方火炮尺寸不兼容，就无法在我方火炮上使用，而只能缴获了敌方的火炮之后才能使用。

远程恢复方式

远程战争资源恢复有三种方式：基地补充、生产和外援。"远程"补充虽然距离一般较远，时间较长，但它们是资源充足度更高的恢复方式。

1. 基地补充

基地补充其实是原有生产或外援在军事基地或军事仓库的沉淀。基地补充只是需要将它们运输到战争维中。这个看似简单，但是，要维持这样的补充，需要两个条件：

（1）基地的安全。

（2）基地到战争维运输线的安全。

这两个安全在战争中往往需要耗费极大资源去维持。因为在战争中，基地及基地运输线是极容易受到敌方攻击的地方，攻击基地和运输线是最重要的消耗敌方的手段之一。因此，基地往往需要派重兵守卫，才能确保基地补充的有效进行。

基地的储量（仓储容量）、出货速度（单位时间的出货量）、运输速度（单位时间的运输距离、单位时间的运输容量）等，是它补充能力的核心指标。

2. 战争物资生产

对于以生产方式具备的恢复能力来说，首先是其能否具备生产能力。由于武器技术的不断发展，并不是所有国家都有能力自己生产武器装备的。毫无疑问，能够自己具备生产能力的国家，其恢复能力就远比不具备自己生产武器装备的国家强得多。尤其当战争开始时，很可能出于国际协

议，其他国家会对交战国进行武器禁运。一旦如此，意味着不具备自己生产武器能力的国家战争资源很快就会消耗殆尽。不具备武器生产能力的国家，意味着以生产来衡量的恢复能力为零。

甲午战争时，清朝在战前试图大量进口更先进的军舰、速射炮、开花弹等更好的武器装备。但因自己不能生产，生产国借机漫天要价，更重要的是在开战后进行武器禁运，从而使清朝海军资源迅速耗竭。

决定生产能力的因素有很多：

（1）原材料供应能力。

（2）生产能力。

（3）开发能力。

（4）从生产厂到基地或战争维的运输能力等。

3. 战争人力资源的储备和生产

一般来说，作为物的武器装备等军事物资的生产，其品质不会下降，甚至还会在战争中不断提升。因为武器装备的生产仅仅取决于生产企业的能力。在战争中，只要生产企业没有遭到破坏，其产品的品质不会因产量的增加而降低。

但是，作为士兵的人，其生产就不同了。如果仅仅从一个国家人口结构来分析潜在可动员兵源的话，是很可能犯严重错误的。因为随着动员的兵源增加，其品质很可能会随之不断下降。

我们需要了解，士兵并不是一种简单劳动力，而是一种需要高度技能的专业劳动。这种高度的技能需要长期的培养和训练，尤其高素质的士兵和指挥人员。我们切不可以为这种情况只在武器技术高度发达的今天才是如此，在冷兵器时代甚至更是如此。具有强大武功的士兵可能需要十多年的训练。而在今天，任何军种训练有素的士兵都需要相当长的时间才能获得。

作为战争稀缺资源的飞行员、海军官兵、坦克驾驶员、军事指挥员等，需要更长期的训练。如果是在战争开始后才紧急招募士兵，其战争技能很可能是严重不足的，这会在实际的战争中遭受巨大的损失。

因此，在和平时期，如果认为军事训练仅仅是军队人员的事情，很可能在真正大的战争来临后，即使单纯从年龄和性别上看潜在兵员很多，但实际合格的兵源却严重不足。但是，如果在平时，非军事人员花费太多精力从事真正的军事训练，又可能是浪费时间。因此，在战争人力资源的储备上更需要多种寓军于民的方法。

发展私人飞机产业，可以将飞行员的培训变为民间的商业行为。

类似美国的私人拥枪有社会安全方面的潜在问题，但从战争人力资源储备角度说，它把日常非军事人员的军事训练也变成一种民间商业行为。

如果不能具备私人拥枪的环境，发展军事旅游业和军事娱乐业，也是一种将军事训练寓于商业行为的方式。

因此，不仅"可动员的潜在兵员数量"是一个重要的评估战争人力资源储备和生产能力的指标，而且更重要的另一个指标是随着所动员的兵源增加，兵源素质的下降速度情况。

可动员的潜在兵员数量，一般是可以只按人口结构进行估算。如按 18-45 岁作为可动员的潜在兵源，人口统计中属于这个年龄段的人员数量就是可动员的潜在兵员数量。显然，这样计算的数量是最大可能性空间。

如果把所有属于这个年龄范围的人员军事素质分值做一个统计，按"招募兵源时间先后"（注意不是按年龄或其他标准）进行一下分值的统计。以招募士兵的时间 t 为横轴，以军事素质平均分值 Q 为纵轴，可以形成一个"战争人力资源素质变化曲线"（Q-t 曲线）。最理想的情况当然是这个曲线一直都是稳定的，没有任何下降，甚至还会有上升。如果下降很快，则在战争持续期间，假设别的方面没有变化，其军队战斗力会随之快速下降。

时间点为 0 的地方分值 Q_0 为战争开始时现役军人的军事素质分值。

如果战争开始，进行战争动员，当招募第一批士兵时，其军事素质 Q_1 与 Q_0 之间的差值是一个很重要的参数。它可以反映战争人力资源的储备现状。

如果 $Q_1-Q_0 \geqslant 0$，很可能是招募了很多退役的人员。他们拥有很高的

军事素质，在战争开始后被紧急招募重新入役。

如果 $Q_1-Q_0 < 0$，表明招募的退役人员不多，很可能非军事人员较多。如果这个差值不仅为负，而且绝对值较大，这表明平时军事人员储备工作差距较大，或可能战争动员工作不足，未能首先招募到军事素质较高的退役人员。

为避免实际战争开始时高素质军队人员不足，解决方法之一是平时以预备役方式储备相应人员。

4. 外援

购买武器等战争物资与购买常规商品存在很大区别。军火交易往往意味着与政治和外交的紧密联系。这会使军事物资外援的获得并不像一般商品那样，只要花钱就可以买到，甚至就算可以买到，出于自身的安全考虑，出口国也会在武器性能指标上做一定的降低处理，最好的武器装备只会保留给自己国家的军队使用。否则，会对自身安全造成潜在威胁。

因此，外援的获得首先需要以外交和政治上的坚实基础为前提。如为军事盟国，或高级别的战略伙伴。因此，武器交易并不是一种单纯的商业行为，而是作为一种外交和政治手段来使用。

第四节

以恢复观点设计的亿吨级"航母"

1. 军事建设的矛盾

一个国家的国防安全从最严重角度来说，影响到整个国家的生死存亡。如果从这种角度来考虑，为国防安全投入就应相当地充分。但是，平时军事供养成本也是一个巨大的数字，尤其长期累积来看更是如此。如果投入过多军费而没有战争的话，这些平时军事供养成本似乎又白花了。

从武器的角度来说，真正起击毁作用的是战斗系统，但因为要提升运载系统的抗毁性而占用了极高比例的投资。

要掌握制海权，需要的军费投资是极为庞大的。军舰，尤其大型的军舰费用极为高昂，同时无论战时还是平时维护成本也都非常高。它们的生产周期即使在今天也非常长，对现代化的航母来说，从开始生产到真正形成战斗力，没有几年时间是很难做到的。即使在战争动员条件下，其生产周期同样非常长。这样，一旦在战争中被完全击毁，其损失往往是难以弥补的。因此，以大型军舰为基础形成的制海权是非常刚性和脆弱的。一旦在很少几场，甚至一场决定性的海战中海军主力被歼灭，可能就足以决定一个国家战争中的命运。

因此，如果仅仅以专用军事设备角度来考虑大型武器装备的建设，是一种传统的脆性军事建设思路。

2. 以恢复观念为基础的柔性军事建设思路

以上矛盾的关键之处就在于武器的战斗系统与运载系统的成本倒置。尤其在现代战斗系统的发展速度超越运载系统的防护能力条件下，这种矛盾会越来越大。如果我们设想一下，采用如下的军事建设思路，将会有效地解决以上矛盾：

（1）将军费投入更多倾斜到战斗系统发展上。

（2）运载系统尽可能考虑军民通用化，从而极大降低平时军事供养成本。

（3）运载系统的生产周期要尽可能地短，以使战争中可以快速恢复和补充战争中运载系统的损耗。

（4）运载系统的生产技术可以被尽可能多的企业掌握，以使战争中可以快速地将尽可能多的国民经济资源转化为直接的战争资源。

3. 航母技术的致命弱点

航母是军事发展历史上最大型的武器装备。它的确具有极高的军事效能，但存在着很多致命的弱点：

（1）无论是平时军事供养成本，还是战时军事供养成本都极其高昂。因为其军事专用性，平时也不会有任何经济价值。航母数量少了难以形成真正的战斗力，数量多了对任何国家都是难以承担的经济负担。

（2）战争中一旦被完全摧毁，很难短期通过生产恢复。尽管人们可以争论航母的自我防护能力有多高，但人类战争历史上从来没有出现过任何不可能被摧毁的武器装备。中国开发的某些反航母杀手级武器如 DF-21D、DF-26 等，即说明了即使今天最现代化的航母也并不是不可能被摧毁的。中国在发展这种武器，其他国家也可能会发展。只有恢复能力才是弥补战争损耗的终极途径。

（3）虽然航母已经非常大，但对于飞机起降来说还是显得太小，因此需要太多专门设计在这极小的平台上起降飞机，如弹射器、拦阻索、航母专用的飞机设计等。

4. 亿吨级航母杰出优点

以柔性军事建设思想，我们可以设计出全新的亿吨级航母方案。说到底，航母真正的核心效能不过就是一个可以在海上移动的飞机场。如果我们以钢筋混凝土为材料，开发一个大型的，面积可达到 5—10 平方公里的人工浮岛，它作为机场的效能可达到最充分的程度。它会有如下突出的优点：

（1）它的面积与一个大型国际机场的面积差不多。因此可起降任何民用和军用的飞机，并且不需要任何专门的起降技术，形成战斗力非常简单快捷。

另外，大量只能遂行近海战斗任务的舰只，将借此基地而可以遂行远洋战斗任务。近海战斗舰只因其吨位较小，携带的燃料较少，因此航程较短。以中国022隐身导弹艇为例，该艇事实上可以装载任何大型驱逐舰甚至巡洋舰的重型导弹武器，因此其单枚导弹的攻击力与任何大型战舰并无区别，并且隐身性能会更好。但因吨位较小，因此其航程仅为几百海里范围，这决定了它只能在距离其基地很短的范围内遂行战斗任务。虽然抗风浪能力也是一个远洋作战的重要能力，但航程是最主要的因素。在过去，因舰船的基地只能是陆地的港口，也就只能定位成"近海"战斗舰只。但如果以亿吨级航母为基地，其遂行战斗任务范围就可以是在距离该亿吨级航母周围几百海里，这就可以使其具备相对本国的国土远洋作战能力。以小吨位战舰实现远洋作战能力不仅可极大降低成本，而且可形成数量上更多战斗单位。相对今天的反舰导弹来说，在相当大的范围内，无论军舰大小，让它们沉入海底都是一两枚重型反舰导弹的事情。把造大型军舰节省下来的巨额资金用于购买性能更为强大、突防能力更优越的反舰导弹，效费比要高得多。

（2）这样的浮岛排水量是亿吨的级别，远远超越现在任何巨型航母上千倍。它可装备总量以千万吨计算的战斗系统。

（3）可完全按民用需求设计，其本身的块头就是抗毁性的保证，因此，根本不需要专门的钢材和非常厚的装甲。在平时它的模块就只是一个民用设施，可以发挥经济效益。由此把大量海面资源变成房地产资源和其他农业或工业生产土地资源，却不用填海造成环境根本性的改变。

（4）极易恢复。即使这样的浮岛式航母，也并非不可能被完全摧毁，但是它的生产资源极其广泛，成本极低，日常储量大，并且生产周期可以做到远比航母短。军事设施只要能在短期内恢复，它可能被摧毁就不算是真正的问题。有人认为房地产生产资源不能转化为军事能力，这种想法是完全错误的。不仅房地产拉动的钢铁产量可以在战时转化为战争潜力，而且这种钢筋混凝土亿吨级航母方案理论上可以把所有房地产公司和建筑队全变成生产航母的资源。中国 2014 年水泥产量占全球超过 60%，达 24.76 亿吨，钢材产量 11.26 亿吨。如果按浮岛式航母的设计，这些资源可以生产的亿吨级航母数量数以千计。如果 1 年时间就可以再生产出 1000 艘，1 个月内就可生产出上百艘，还怕这种航母被击沉吗？而现在技术的航母，只要被击沉了，3—5 年时间才能再造出一艘，等造出来仗都打完了。一种恢复能力太差的军事装备，无论其抗毁性多强，击毁能力多大，一旦被对手击沉，就只能在整个战争期间完全归零。

（5）在平时，可以并不需要急于生产它的模块。如果水泥和钢材的产量过剩，价格下降较多，就可随时启动浮岛航母的生产，以利用和消化过剩的产能。

（6）当浮岛大到一定程度后，在它上面可以建设的设施就会完全超出传统军事装备的概念。例如，它上面甚至可以覆盖一定厚度的土壤并且种蔬菜和粮食，这样日常的食物就不需要远地补给了。并且一定厚度的土壤也具有相应的抗击炸弹破坏的能力。上面可以安装风力发电机和太阳能发电机，其能源可以自给自足。这样的航母上面甚至还可以养鱼、养牛、种花、种草、种树、建设很多不同类型的工厂……

（7）平时其模块用不着组装成浮岛，而是作为海边甚至江边的酒店或生活设施，只是在战时被征用。这样可以在平时就储备数量极其庞大的浮岛式航母的军备资源，但却不会占用军费。即使在战争初期被敌方摧毁几个浮岛式航母，仅利用平时以民用方式储备的资源也可以短时间内迅速组装出几十，甚至上百个。

（8）这种浮岛式航母如果被击沉是否会损失太大？根本不是。虽然它上面有运载数以十万的士兵、数以万计的超远程火箭炮、上千架战机、几千个垂直导弹发射架、上百个中程弹道导弹发射架、数十个激光武器和电磁能武器等的战争潜力，但谁说一定要把这么多军事资源安排到一个浮岛式航母上去？在战时它上面的武器装备和士兵够打赢一场战争就可以了。你可以只配备 20 架战机，也可以是 50 架，100 架，200 架。并且既然这东西成本这么低，为什么只派一个浮岛式航母参战？况且如果浮岛上真有那么强大的战争资源，什么样的对手才能把它击沉？现在只有区区 100 多个垂直发射架的万吨级导弹驱逐舰有胆量靠近它吗？在它面前，区区 10 万吨级的航母都不过是一只"小蚂蚁"，它组成的战斗群就算武器满载，敢靠近轻装的亿吨级航母吗？

（9）它的运动速度是否会很慢？的确有可能。但它本身不仅是一个机场，还可变成一个军港，它可以运载速度最快的几十艘 022，或其他更新型号的隐身导弹快艇。并且，当浮岛式航母的成本低到一定程度后，考虑问题的方式就会发生完全的变化。如果可以在平时生产和维护数以百计的浮岛覆盖在全球各个大洋位置，还需要考虑出现问题时从国内港口将航母开行到目标地区的问题吗？

（10）用航母生产航母。这样的航母如此巨大，上面可以直接建设生产航母模块的工厂。只要用万吨远洋巨轮将钢筋和水泥等建设材料运送到航母处，新的部署到更远处的航母就可以用航母来生产了。

（11）"空桥式兵力投送"的优势。军舰再快也快不过飞机。只要拥有这样的浮岛式航母，并且在国内与兵力投送目标地区之间以"空桥式分布"——在本国陆地机场和目的地之间的海洋线路上以飞机航程为参考，每隔一定距离配置一个浮岛式航母，任何民用和军用飞机就可以最大航程连续地以中间浮岛加油中继方式（不需要成本极高的伴飞式空中加油）飞行到全球任何地方。也可将加油机配置在中间的浮岛上起飞进行空中加油，它如同架起了一个飞机的空中桥梁——空桥。这样的兵力投送方式远远比任何军舰直接投送要快速得多。中间空桥的油料等补给可以就近获得，这样不仅可极大节省补给本身的损耗，降低补给线上的维护成本，而且可将大量极为宝贵的空中运输能力节省出来，用于更加必须的人员物资快速运输上。因此，这种浮岛式航母的用处并不一定就是直接在前线作战，而是可以建成更加重要的空桥，这可以极大地扩展飞机的作战半径。

如果将攻击目标置于两个浮岛之间，甚至可以对目标进行穿梭攻击。这种空桥不仅可以是飞机的桥梁，也可以成为船舶运行的桥梁，它可以起到部分或全部码头和港口的作用，为路过的船舶提供加油支撑服务，这可以获得巨大的效益。例如，过去的远洋船舶因为要实现极远的航程，本身必须装载大量的燃油，燃油所占的重量不仅挤占货物的空间和重量，而且增加了航行中的消耗。但如果中间能够有确定距离上的服务站，如同高速公路上每隔一定距离就会存在的服务区，任何远洋船舶就不用装载那么多燃油了。或者过去难以具备远洋能力的船舶以及飞机都可以具备跨洋航行的能力。

（12）极方便的海上救援。海洋为人类社会的经济发展提供了巨大的好处，但大量海难和海洋区域的空难也是令人心痛的悲剧。据不完全统计，海底的沉船数量高达百万艘。这些海难如果能得到就近的及时救援，生命和财产的损失就不会那么大。但因航行在大洋上的船舶距离陆地，尤其有救援能力的陆地很遥远，以及海难发生的不确定性，所以大量海难的救援是一个极为困难的问题。如果通过大量亿吨级航母像现在蜂窝移动通信的基站那样均匀分布在海洋上，就可以在任何海难发生时都有就近的救援基地存在。即使无法有效救援，至少能最快找到确切发生海难的地方及时捞回一些财物。即使生不能见人，至少死能见到尸体或生前物品给家人一个交代，类似 MH370 这样的空难就不会像现在这样找了 2 年多都找不到遇难的飞机在什么地方。

（13）解决海外驻军的困难。这其实是其最大的优点所在。航母最重要的本质优点不仅是一个移动的机场，而且是"一个可以在海上移动的国土"。现在中国的利益日益全球化，要保护自身利益，就需要中国的军事力量可以全球投送。如果没有海外就近的驻军，这种全球军力投送就是一个很困难的问题。但如果在海外别的国家领土上驻军，不仅会有一系列极为麻烦的国际政治问题，还需要长期维持庞大的成本。你想驻，所在国不想让你驻。所在国领导人想让你驻，老百姓不乐意。老百姓想让你驻，国家领导人不愿意。一些政治派别想让你驻，另一些政治派别反对。所在国上下都同意你驻，周边国家有想法。你驻了不想走，所在国后来上台的政府想让你走。你不想驻了要走，所在国不想你让走……所有这些全都是极为麻烦的问题。甚至就算你驻进去了，真当发生什么事情的时候，如果所在国不支持你的军事行动，你的行动还要受所在国制约。例如第二次海湾战争期间土耳其就不让美军利用其领土和基地，导致美军只能绕道，等其第一个数字化师到达时，仗都打完了。驻军本来是要解决问题，但海外驻军本身引起的问题比它要解决的问题可能还要多，这会使很多决策受海外驻军问题本身的掣肘。例如你想长驻，但对方不想让你驻了，还逼得情报部门绞尽脑汁搞点什么动作使驻军可以继续下去。"天安舰事件"就有传言说是美国想继续在韩国驻军而搞的阴谋。虽然这个很难证实，但日本和韩国的国民强烈反对美国驻军的声音一直持续不断却是事实。这种事情搞不好很可能就变成另外的重大国际政治事件了。如果你不想驻了，对方却想让你继续驻下去，以保持本地相应的人员就业，你撤走时难免有失脸面，让人感觉你没钱了，老大的地位受损。美国从欧洲撤出很多军事基地就让欧洲伙伴有些伤心，好多人因此而失业。但浮岛式航母是相当自由的，只要是在公海上，想停在什么方，漂到什么地方，基本都属于自己主权范围内的事情，与别的国家没什么关系，这样自身的决策就不会受太多干扰。既然航母的本质是一块移动的国土，为何不用同样的钱造更大的一块国土？

（14）进退自由。虽然历史上有将自己国家领土售给其他国家的实例，如美国阿拉斯加就是从当年俄罗斯沙皇那里用 700 万美元黄金购买的。但是，在今天历史条件下很难再想象一个国家会把自己的领土自由地出售给其他国家。虽然从法理上亿吨级航母表面也是属于一个国家的国土，但是把这样一个"国土"自由地出售或出租，就如同出售艘船给其他国家是完全相同的道理，因此是进退自由的。另一个进退自由的方面在于：它不是固定的国土，因其可移动而可部署在全球任何公海区域。

（15）技术上永远不会过时。这个听起来可能会让人很诧异，任何军舰包括航母因为要解决的问题极多，其中任何技术进步都会导致整个大型舰艇技术过时问题。有些技术可以通过不断升级来保持跟上最新技术，但

舰体结构和动力等基本技术是很难升级的。亿吨级航母因为仅仅解决浮岛面积问题，只是一个单点技术，其他所有技术都不考虑，因此所建立的巨型浮岛只要还能漂在海上，结构材料本身还没到报废年限，技术上就永远不会过时。

5. 亿吨级航母具体方案

这种浮岛式亿吨级航母的具体方案如下：

采用模块化设计。将一个10平方公里的浮岛划分成标准化的中空式混凝土模块，各个模块生产完成后拼装在一起就形成一个巨形的浮岛。如果不拼装，每个模块就作为民用或军队居住设施。

每一个模块都可安装动力，这样，整个浮岛会有大量动力系统。即使在战争中被损坏一部分，也不会导致整个浮岛航母不能使用。

整个模块式的浮岛是一个可像搭积木一样变化的设计，并不是固定的。如果被摧毁的只是若干个模块，用备用的模块把它置换掉就可以了，或者因这一部分的丢失并不影响整个浮岛功能，所以暂时丢弃它们也没有问题，其他模块稍做布局改变就可以继续使用。

这么大的体积如何通过世界上一些狭窄的航道呢？很简单，因为它是模块化的，因此，如果需要通过一些狭窄的航道，如苏伊士运河或马六甲海峡，可以把它分拆，像火车一样连接成单个模块的长链。想象一下一个几十公里长的海上巨型"火车"的样子。

以一个10平方公里浮岛式航母为例，混凝土主体水下加水上总计10米厚度考虑，其总的主体部分体积为$10 \times (1000)^2 = 1$亿立方米。以每立方米排水量1吨简化计算，最大排水量大约为1亿吨。

当然，如果需要，拼装出一个上百平方公里面积的10亿吨级超级浮岛技术上也不是什么问题。

现在我们来简单计算一下这样巨型浮岛式航母成本有多少。因为它的主体基本上就是钢筋混凝土建筑，因此其主要成本也就是钢筋混凝土模块的建设成本。以钢筋混凝土在整个空间中的占比为5%考虑，总的钢筋混凝土体积为 1 亿 ×5%=500 万立方米。目前民用建筑钢筋混凝土的成本大约为每立方米 300 元人民币，事实上模块化和工厂化大规模生产后，其成本是可以有显著降低的。但就算以此价格计算，以上总成本也就是 300×500 万 =15 亿人民币。

如果算上装修成本和其他民用化的基本装备成本，最多不会超过 20 亿人民币！当然，这是不包含战斗系统的成本考虑。现在一艘美国最先进的最大满载排水量为 11.2 万吨的 CVN-78 福特级航母，采购价格超过 110 亿美元，为 680 多亿人民币。这种航母 50 年全寿命成本约为航母采购成本的 4 到 5 倍，也就是 2700 亿 –3400 亿人民币，其中主要为人员成本。而亿吨级航母平时并不需要太多专门的海军人员在上面，甚至平时可以是纯民用而没有任何海军人员。因平时的民用经营所获经济效益的补偿，其持续维护成本不仅可以忽略不计，甚至还有利润可计入。

因此，如果以全寿命成本考虑，即使不考虑浮岛式航母平时经营所获利润补偿，采购和维持一艘现有技术的航母，可以生产和维护 100 多艘亿吨级浮岛式航母，这还不算维持一个航母战斗群的其他军舰的成本。以美国为参考，要形成全球的军事覆盖能力，需要 10 艘现有技术的航母战斗群。也就是说它们的总体成本相当于 1000 艘亿吨级浮岛式航母。而只要能有 100 艘亿吨级的浮岛式航母，以其作战半径考虑，早就把全球海洋的各个角落都同时覆盖到了，其战争效能远超过 10 个航母战斗群。

当然，这种浮岛式航母并不完全排斥现有航母技术，尤其中小型的海军装备，但如果大量采用这种装备，总的安费比会高得多。

击毁效能从根本上说是体现在战斗系统，而不是运载系统上。因此，在今天还在运载系统，尤其像航母这种专门军用的巨型运载系统上花太多钱是令人难以理解的。如果是要体现威慑力，是一个 10 平方公里的浮岛威慑力更大，还是与其相比就像蚂蚁一样的 10 万吨级航母的威慑力更大呢？

6. 与 MOBS 等的关系和区别

以上设计方案人们可能会马上联想到人工浮岛或美国、加拿大及日本曾研究的 MOBS（浮动式海上基地），也叫大型海上浮体（VLSFs）。加拿大和日本设想的浮岛式航母基本是固定式建筑，相当于在海上建造一个小型飞机场，跑道长 1000 米左右，可供各种飞机安全起降，造价只有几亿美元。美国 1995 年首次设想建造的 MOBS 排水量为 50 万吨，全长 900 米、宽 90 米、高 60 米，可搭载 300-500 架各种类型的陆基飞机，航速 6 节，造价约 12 亿美元，它由 6 个独立的组装模组拼接而成。

由中国冀东发展集团提出的"中国大型衍架式浮岛航母平台"在 2014 年的《海洋工程创新与建设海洋强国论坛》上披露。桁架的标准面积分 90 米 × 300 米、120 米 × 600 米和 120 米 × 900 米等多种规格。根据需求拼接组成，可无限放大，相当于多个船体并联，形成海上浮岛式的平台。码头、浮式船坞、可再生能源装置等功能结构模块可根据需要拼接在主体结构模块上，形成军民两用基地。如拼接成 50 万吨排水量的结构，投资大约为 200 亿元人民币，建设长度可达 2400-3200 米，这样可以很方便地起降 200 多架陆基战斗机、无人机、直升机、大型运输机、预警机和大型民用客机，也可以作为登陆作战舰艇和气垫艇的中转基地和前进要塞基地使用。

图 11-1　浮动式海上基地（MOBS）

很多国家的学者也曾提出过浮动式海上城市的设想，如法国著名建筑设计师文森特·卡勒波特设计了一艘"未来版诺亚方舟"Lilypad。它呈圆盘形状，直径达到1000米，上面修建有一些从数十米到数百米之间高低不等的建筑，犹如花瓣一样。可容纳5万人在上面生活和工作。

图 11-2　法国建筑设计师文森特·卡勒波特设计的"未来版诺亚方舟"

世界上首个真正意义上的人工浮岛于2010年2月6日在韩国首尔亮相。这个以钢铁制造的人工浮岛名为 Viva，重2500吨，面积3271平方米，大如足球场。它是耗资964亿韩元兴建的3座浮岛中的一个，可容纳2000—2500名游客。Viva 经过1年时间建造，靠底部24个直径2米的特制橡胶气囊浮起，今后将在江中组装岛上设施。为防止漂浮岛漂走，江底打下了500吨重的石礅，还有多条最长达69米的铁链系住。一旦洪水水位达16米，或是卫星定位装置发现漂浮岛离开原位超过1米，铁链便会自动锁紧，将岛拉回原位。

本书所设想的亿吨级航母与上述发展中的技术有相当多的联系，但也有一些重要的区别，这些将成为这类技术非常重要的一些特征：

（1）仅仅专注于解决更大的浮岛面积和排水量，在此前提下尽可能降低成本，而忽略其他所有技术问题。如传统军航的抗毁性、机动能力等。

（2）最好是规则的长方形，这样极易于接装成更大的岛体。

（3）主要以空桥方式获得应用，无论平时还是战时都是大量分散遍布于全球各大洋，而不是传统的航行于大洋上，主要是以定点于海洋特定位置提供其服务能力。航行速度是完全不需要特别考虑的问题，能移动即可。

（4）完全以民用为考虑前提，重要的是开发其商业用途。如远洋航行中途服务、旅游、远洋渔业加工、远洋油气或洋底矿产开采基地、海上救援基地、水上城市等是其主要用途。如果是用于人居住，未必是在上面建设楼房，这样会导致重量分布不均。只要以尽可能低的成本建设的岛体足够大，上面的生活空间并不是问题。

消耗

战争的军事本质是消耗

战争中的恢复并不是最终目的，最终的目的是要让敌方消耗，并且消耗到越过战损意志崩溃点，从而使敌投降、屈服，或放弃继续战争的意愿，双方进行和谈。

提到战争，人们总会首先把它与双方军队交战的战场（战争维）联系在一起。而事实上，战争维中的作战只是战争消耗本质的一种体现方式而已。战争的消耗体现在很多方面，它包括：战斗消耗、自然消耗、对敌方恢复能力的消耗、对战时军事供养成本的消耗、对平时军事供养成本的消耗、对战争意志的消耗、其他消耗。以下将分别讨论。

1. 战斗消耗

战斗消耗就是在战争维中，通过双方军队的直接较量进行的消耗。战斗消耗所获得的就是战斗成就。战斗消耗会比战争成就更能体现作战的本质。因为战争成就有可能会使很多人把战争维中地盘的得失看作是很重要的东西，但事实上，最重要的是消耗敌方的多少。即使占领一些控制点或地盘，如果它有价值的话，从根本上说也是体现在它更有利于消耗敌方，尤其消耗敌方有生力量。而如果能够更多地消耗敌方，即使放弃一些地盘也是值得的。这就是所谓不争一城一地的得失，而重在消灭敌方有生力量。

战斗消耗的确是一种最主要的战争中消耗敌方的方式，也是作为战争最终无法回避的事情。战斗是军事家们最为倾心的过程，是最容易看得见的、最能体现英雄气概的活动。但我们必须明白，它只是战争最基础的活动，也是最低层次的消耗敌方的手段。

2. 自然消耗

前面已经说过，自然的杀伤作用可以用"非战斗减员"来量化表达。自然的杀伤作用并不仅仅是人员的消耗，也可能会包括物质资源的消耗，但体现为非战斗减员的情况更为突出。自然的恶劣环境或自然灾害甚至可能会直接决定一场战争的胜负。例如，1274 年和 1281 年，元朝忽必烈两次对日本东征，都是因为海上突如其来的台风，导致元朝的舰队损失惨重，使得东征不得不告吹。这也是第二次世界大战中日本臭名昭著的"神风特攻队"里"神风"一词的来历。

3. 消耗敌方恢复能力

如果整场战争不是缩小为一场战役，那么反复的双方持续消耗就难以避免，在这种情况下，恢复能力就起到重要的作用。战争拖延的时间越长，恢复所起的作用就越大。因此消耗敌方的恢复能力，就会在持续较长时间的战争中起到决定性的作用。前面所谈到的所有恢复能力，都可以成为被消耗的对象。它们有：

降低修复能力：如攻击敌方医院等以降低敌方人员修复能力；攻击敌方武器修理厂，以消耗敌方武器装备的修复能力等。当然，降低敌方修复能力造成敌方消耗大量增加还是要以战斗为前提的。它只是使得敌方的毁伤加重，而不是新增。因为缺少修复能力，敌方会有更多伤员变成死亡，可以修好的武器装备变成完全被毁等。

为降低对方的"敌方资源转化率"，会有意在被迫撤退时毁灭自己的战争资源。这是很残酷的事情，因为这种毁灭同时也是毁灭了自己的资源。

为降低敌方转化我方人员的能力，对主要叛徒进行惩处。另外，更重要是加强己方忠诚度。

攻击敌方军事基地、武器库、军用粮库、油料库等，以及攻击敌方各个环节的运输线。对基地和运输线（补给线）的攻击会导致敌方的恢复能力在短期内极大下降，并且会极大动摇军心。尤其在漫长的运输线上，敌方往往很难完全提供牢固的防守。因此，攻击敌方补给线是一种极为重要的消耗敌方恢复能力的方法。无论是冷兵器时代的"劫粮草"，还是近代的"破交战""绞杀战""破袭战""封锁""后勤战"，二战中德军以潜艇针对盟军海上运输线的"狼群战术"……在和平时期对潜在敌国以各种经济制裁进行的"经济封锁""武器禁运""石油禁运"等，都属于消耗敌方基地和运输补充的恢复能力。这种消耗可以有三种不同的级别：

（1）封锁。使敌方的运输线停止。这样达到的效果只是使敌方补充停止，但并没有实质性的减少。它对当前战争维中的恢复能力有直接的作用。

（2）摧毁。通过摧毁敌方已经在运送物资的运输工具，使得敌方的补充物资遭受实际的损失。尤其当袭击敌方大型运输船、火车等时，由于船舶及火车的运输量极大，因此击毁的敌方战争物资也会很大。摧毁敌方军事基地或仓库也会带来敌方物资的巨大消耗。第一次世界大战时的凡尔登战役中，贝当元帅观察到德军阵地的一片树林后面持续飞扬的尘土，判断这可能是一个仓库。他命令炮兵瞄准此处开火，果然引爆德军弹药库，使500万发炮弹和其他大量军备物资毁于一旦，由此直接引发德军在凡尔登战役的最终失败。

（3）转化。通过俘获敌方军事仓库或运输工具，使得敌方大量物资转化为我方所占有。这不仅使敌方恢复能力受到极大消耗，同时极大增加自己的"敌方资源转化率"。

攻击敌方战争物资的生产设施。这一般是通过对敌后方的扫荡或战略轰炸来实现。

阻止敌方外援。

……

消耗敌方恢复能力的过程也可能会有战斗，但其主要方向并不是为作战，而只是使敌方的恢复能力降低。因此它们往往并没有体现为与敌人面对面的作战。但它们可能起到的作用绝对不亚于任何与敌人正面的作战。

4. 军备竞赛——消耗对手平时军事供养成本

根据统计，一般情况下，当平时军费开支占GDP的比例在1%-2%时，对总体经济的压力就较小；如果到5%，就会对整个经济产生一定影响；如果长期维持在5%以上，甚至10%、20%时，就可能对经济产生严重影响，甚至导致整个社会经济的崩溃。

20世纪80年代，里根政府上台后，开始对苏联采取强硬政策，以诱使苏联进行军备竞赛来拖垮苏联的经济，因而，开始大幅度增加军费开支。从1979-1983年间，连续5年保持两位数的军费增长，直到1989年，始终保持军费正增长态势。但因美国经济基础的强大，虽然军费连年增长，其占GDP的比重一直维持在4%-6%之间；苏联经济基础与美国有差距，为了保持甚至超过美国军费总额，其军费占GDP的比重强行地长年保持在15%-23%左右，以致经济不堪重负，引发了苏联一系列的社会经济问题，导致苏联最终解体。

在和平时期，保持过大的军备是不必要的。它不仅会导致过高的经济负担，而且在数量上过大的军备一旦技术上过时，会造成巨大的浪费。因此，在和平时期的经济建设过程中，应当使更多的民品生产企业具备军工生产能力，以获得更高的战时生产提升率和更短的战时生产提升时间。这才是平衡和平时期的安全与经济最有效的方法。尤其对于大国更是具备这样做的条件。

5. 经济制裁

通过军备竞争消耗对手平时军费供养成本，虽然可以有效增加对手经济负担，但同时也具有一定危险性。因为对手在增加平时军事供养成本的同时，也的确很可能极大增强了军事能力。如果这样的行为很快触发了真正的战争，对手的因军备竞赛而获得的军事能力正好就可发挥作用。因此，以军备竞赛方式打垮对手的前提是绝对要避免与对手发生实际的战争，从而使对手大量军费获得的军事能力，随时间推移完全浪费掉。

与军备竞争相比，经济制裁更具有直接的消耗对手经济资源的杀伤力，并且不会增加对手的军事能力。因此，我们可以看到，在对一个国家进行战争行动之前，美国往往会先对其进行很长时间的经济制裁，以首先使得对手经济崩溃，从而使其无法升级军事能力。如果军备竞赛能够配合经济制裁，就会更具杀伤力。

6. 增大敌方战时军事供养成本

考察一下第二次世界大战以及其他战争时期相关国家的军费变化就可以清楚发现，一旦战争开始，相应国家的军费增长都会非常迅猛。例如，第二次世界大战中的 1940 年，虽然第二次世界大战已经打了几年了，但是美国还没有卷入战争。当年美国军费支出仅有 16.6 亿美元，占联邦政府财政支出的 17.5%，占 GDP 的比重仅为 1.7%。1941 年苏德战争爆发，12 月，太平洋战争爆发，美国卷入战争。因而，从 1941 年开始，战争状态下美国军费支出急剧膨胀。第二次世界大战前后相关年份军费开支及增长率如表 11-1 所示：

表 11-1　美国第二次世界大战期间军费开支

年份	军费开支（亿美元）	同比增长	占 GDP 比重 (%)
1940	16.7	–	1.7
1941	64.4	2.9 倍	5.6
1942	256.6	3.0 倍	17.8
1943	667	1.6 倍	37.0
1944	791	18.7%	37.8
1945	830	4.8%	37.5
1946	427	−48.6%	19.2
1947	128	−70%	5.5
1948	91	−28.9%	3.5

从表 11-1 可见两个显著特点：

一是当战争开始后，军费开支的增长会非常迅猛和巨大。

二是在战争期间，军费开支会远远超过和平时期，最高峰时的 1945 年军费开支为战前 1940 年的正好 50 倍。在战争高峰期的 3 年里，美国战时军费开支占到整个经济规模的 37% 以上。这对整个美国经济也造成了巨大压力，以至于不得不大量发行国债来支撑战争的进行。如果这样长期下去，美国自身经济也是很难承受的。

但是，再来看下日本的情况会更严重。日本在第二次世界大战时军费占 GDP 的比例情况如表 11-2 所示：

表 11-2　日本在第二次世界大战期间军费开支战 GDP 比例

年份	军费占 GDP 比例（%）	重要事件
1931	3.76	九一八事变
1937	14	七七卢沟桥事变，日本全面侵华战争开始
1941	18	12 月 7 日偷袭珍珠港
1942	34.6	
1943	46.7	
1944	98.5	战争结束前一年

这意味着在战争结束前一年，日本是将整个国家的经济全部消耗在了战争上。在这样情况下，国家不亡才怪！

自从 1940 年始，美国的军费开支一直维持在相当高的状态。第二次世界大战结束经短暂的快速下降之后，1951 年到 1971 年，军费开支一直维持在占 GDP 大约 10% 左右的高昂比例。从 1972 年到 1993 年，则维持在大约 5% 左右的比例。此后，则在 3%-5% 之间波动。这表明，在过去的 70 年里，美国一直是一个军事化程度相当高的国家，这也与美国二战及战后一直不断在进行战争有关。

美国能长期维持如此高的军费开支，必然需要特定经济优势来补偿。

因美元作为国际货币具有的铸币税，普遍被认为是与其全球军事强势相对应的经济优势所在。从定性分析的角度说，这个因果关系在逻辑上是成立的。但几乎很少人真正计算过，因美元霸权而获得的铸币税到底有多少。因为只有计算清楚这个具体的数值，而后分析一下美国因此需要多增加的军费开支数据，才能真正理解采用这种策略是否是理性的行为。如果美国减少占GDP1个百分点的军费开支，将意味着的是1400亿美元。如果美元铸币税获得的利益每年不到1400亿，那还不如降低1个百分点的军费来得更为划算。因此，以军事优势获得国际货币地位而产生铸币税，这种投资的投入产出是否是一种理性的经济行为？其投入产出比是否值得？是否有效率更高的方式来获得国际货币的铸币税优势？还缺少实证数据分析的支持。

如果以低烈度的战争行动，迫使另一个国家长期维持在战争状态，其高昂的军费就会使其陷于经济上的困境。这使消耗敌方战时军费供养成本可以成为一种强力的战争手段。

如美军占领伊拉克后，塔利班的零星攻击从战术上说并不会对美军形成真正有效的打击，但却迫使美国长期在伊拉克保持12万人左右的军队，以维持占领状态，从而持续花费巨额的战时军事供养成本。

以空中优势打垮一个国家，与占领一个国家是完全不同的概念。因为空中力量具有的击毁距离，以及机动性，与占领一个国家后以陆军与被占国"亲密接触"时的击毁距离和机动能力是完全不同的。空中力量很容易获得战争维包含型0伤亡，以及武器代差型0伤亡作战能力。而占领一个国家后的陆军接触中，获得这样的0伤亡作战能力就非常困难了。一旦不再具有战争维包含型和武器代差型0伤亡作战条件，即使己方武器非常先进，与对方相比的击毁效率很高，但只要不再为零，就会有持续的伤亡存在。日积月累就会成为一个显著的数字。

塔利班在单纯的军事上根本不可能打垮美国，但却可以通过增加美国战时军事供养成本的途径，最终赢得对美国的战争。一旦我们从这个角度来理解，从而明白战争的真正本质，就会对每一次零星战斗的战果另眼相看了——在这些战斗中，美军和塔利班谁打赢谁打输根本就无所谓，只要这样零星的战斗存在下去，迫使美军大量军事人员部署在伊拉克战场不能脱身，最终美军的战败就是不可避免的。从经济消耗角度说，到目前为止，塔利班已经赢得了对美军巨大的胜利，使美军的军费消耗从最初开战时预算的 500 亿 –600 亿美元，最终变成了 3 万亿美元。而塔利班自身付出的经济成本虽然现在无人能算得清，但因其可以在极为贫穷的状态下生存，因此相比美军无疑要少得多。

"兵贵胜，不贵久。"任何战争一旦拖延久了，对占领国来说都是难以承担的经济成本。几千年前是如此，几百年前是如此，现在是如此，未来几百年，几千年还会是如此。

7. 消耗敌方战争意志

战争意志是一种精神上的东西，从表面看是难以量化的。但在我们以越过战损崩溃点的位置对其进行量化后，它就成为可测量的对象。战争意志降低，相当于战损崩溃点降低，也就是会在更高剩余资源点位置上崩溃或投降。因此，如果消耗或降低敌方战争意志，意味着不再需要继续消耗对方更多物的东西，就可使战争按自己的意愿结束。

第十二章

战争结束的层次

忽视结束的传统战争理论

伟大的军事家体现在其如何打赢一场战争，伟大的战策家则体现在如何结束一场战争。伟大的军事家多如牛毛，伟大的战策家则寥若晨星。能建立军事奇迹的伟大军事家比比皆是，而能成为像毛泽东、库图佐夫、格兰特那样的伟大战策家则极为罕见。毛泽东不仅知道如何在各种不利条件下打赢一场战争，而且更知道对战争行为进行有效和适当的节制。这体现为"有理、有利、有节"。

以往的军事理论绝大多数是研究如何打赢战争，甚至如何寻找"战争的借口"，但几乎很少看到军事理论家们研究战争如何结束。只有在战争中，伟大的军事家才有创立辉煌业绩的机会，他们对战争结束有一种内心深处的矛盾，只是很少像巴顿将军那样把这一点毫无掩饰地表达出来而已："一个职业军人的适当归宿，就是在最后一次战斗中，被最后一颗子弹击中而死去。"

战争按时间和阶段考虑，可分为三个部分的问题：

（1）战争如何开始？为什么开始？

（2）如何打赢战争？即战争如何进行？

（3）战争如何结束？

克劳塞维茨仅仅把签订合约看作是战争结束的标志，而事实上远非这么简单。

第二节

战争结束的五个层次

战争的结束有多种不同的层次和标志。我们可以把战争的结束分为五个等级，它们的层次由浅入深依次有：

第一级：实际停战。

第二级：停战合法化。如缔结停战条约。

第三级：关系正常化。如缔结和平类条约等。

第四级：战争遗留隐患解除。如，解决战争的所有法律问题。

第五级：完全结束。在前四级停战基础上，战争各方从内心和文化上完全结束战争，战争各方的人完全忘记战争的仇恨。

第三节

实际停战

这是最明显和最基本的战争结束标志，但也是最浅层的。如果战斗还没有结束，显然是不能说战争已经结束了。有多种原因会导致实际停战：

有一方战争资源耗竭。这就是克劳塞维茨所说战争内在目的对应的状态之一：有一方的军队被消灭，或陷入不能继续作战的境地。但是，停战也未必是因为军队的人力资源耗竭，因为战争的任何一种资源耗竭，都会使该军队无法继续作战。如军队人员及后备人员耗竭、武器装备耗竭、经济耗竭等，它们都会导致因一方无法继续作战而使交战停止。获胜一方控制整个战区。

有一方越过战损意志崩溃点。上面所说的原因是一方物质方面的战争资源耗竭，越过战损意志崩溃点相当于支撑战争的精神资源耗竭。这样即使他们还有物质方面的战争资源，也会无法再打下去。

理性协商中止。虽然双方都还有物质和精神上的资源打下去，但事实上战争过程使双方都了解到无法获胜。因此，即使很不情愿，但却理性地中止战争。这往往发生在双方以某种方式陷入一种近乎无止尽的互相消耗状态。或者是双方实力接近；或者是弱的一方通过不断地恢复，总是能具备对强势一方的打击能力。这样强势一方虽然在战役中占优势，但却无法承受长期的消耗，从而不得不考虑理性的中止战争。

空间上脱离接触。过去有很多战争，战败一方不断向偏远地区逃离，最终脱离与征服一方的接触而结束战争。

第四节

停战合法化

　　某些战争停止了，但却只是事实上停止，而双方可能并没有以任何条约形式将这种停战状态合法化。因此，虽然可能长期没打仗，但从法律角度说还是处在战争状态，甚至可能还会有零星的战斗存在。如中国的国共两党大规模内战，虽然在国民党退守台湾后就停止了，但几十年时间内并未将这种停战以任何条约形式明确下来。事实上后来还零零星星地发生过很多大大小小的战斗，甚至像金门炮战这样奇特的战斗模式，还有南日岛（1952 年 10 月 11 日）、湄州岛（1953 年 2 月 13 日）、东山岛（1953 年 7 月 16 日）、一江山岛（1955 年 1 月 18 日），以及后续至 1955 年 2 月 3 日攻占整个大陈岛群岛等战役，以及持续更长时间的侦察机对大陆的入侵侦察与击落侦察机等战斗。

　　而 20 世纪 50 年代初期的朝鲜半岛的战争，1953 年 7 月 27 日签署《朝鲜停战协定》，这就是一个有明确停战条约的战争结束标志。

关系正常化

　　缔结了停战条约，未必意味着各方关系就正常化。朝鲜战争虽然签订了停战协议，但并没有签订和平协议。因此，虽然朝鲜停战已经 60 多年了，但直到今天战争的阴影却一直没有散去，各方并没有签订和平协议使得关系正常化。

　　这一模式的停战未必一定是要有明确的和平条约，其更根本的标志是要关系正常化，不再互相明显地以敌对关系看待。

第六节

战争遗留隐患解除

　　各方处于关系正常化状态，并不意味着战争的遗留法律问题都解决干净了。如果还存在未解决完的法律问题，尤其是因战争带来的领土争议、战争赔偿、"慰安妇"赔偿等极为敏感的问题未得到有效解决，即使各方关系已经正常化了，也还会很容易重新激起各方的战争欲望和"热点"。如中国和日本关系早已经正常化，但直到今天还存在因 70 年前的战争而带来的钓鱼岛等领土争端问题。而韩国与日本不仅关系是正常化的，甚至还是盟国，但因领土、"慰安妇"等战争遗留问题还是不时爆发激烈对抗。

　　当今世界存在领土争端的情况很多。如英阿之间的马尔维纳斯群岛（英国称福克兰群岛）、日韩之间的独岛（日本称竹岛）、日俄之间的北方四岛、中印之间的边界领土争议等。

　　这些争议点，尤其领土争议点具有极大的危险性。因此，故意促使两个相邻国家间存在领土争议，就可以当成一种诱发某些国家间战争，或离间其关系的手段来使用。

　　即使各方签订了停战或和平条约，如果因战争结果的影响而使得签订的条约具有不平等条款，吃亏的一方在条件成熟后就会直接废除条约，或发起新的战争来废除条约。而战胜一方发起战争的目的就是为了获得有利于自己的不平等的条约。如果不能获得这种有利于自己的不平等条约，为什么要进行战争呢？而不管战争是谁发起，只要战胜一方，如果不能获得某些有利的条约，也会认为自己吃了亏。因此，一场战争结束后，往往也会人为遗留下潜在的战争触发因素，这些触发因素就成为下一场战争的导火索。第一次世界大战结束后，同盟国对战败的德国制定了过于苛刻的惩罚性条约《凡尔赛条约》，而这个条约一定程度上又成为第二次世界大战的诱发因素。

第七节
完全结束

战争，尤其不同民族间的战争，是一种很容易引起长久相互仇恨的过程。有的仇恨如果变成文化、宗教问题，甚至可能延续非常长的、以百年以至千年计算的时间长度，如中东阿以冲突，20 世纪爆发了 1948 年、1956 年、1967 年、1973 年、1982 年五次大的中东战争。直到现在依然在不时爆发大大小小的战争。而犹太人与阿拉伯人的恩怨都可以追述到 2500 多年前的巴比伦囚徒时期。如果人们内心里不能忘掉战争的仇恨，因此不断爆发的战争会不断加强这种仇恨，以至变成半永久化的状态。

由此可见，要达到战争第五级的完全结束是多么的困难。在每一个停战级别，如果相关问题解决不好，不能向更高一个级别的停战推进，就很容易降级到更低级的任何停战级别，甚至直接重新开战，结束停战状态。

如果以第五级的标准来看待历史上的战争，会发现很多战争都没有完全结束。人们不知不觉地陷在战策循环因果序列之中，并非理性思考而不断发起战争，前一场战争成为了下一场战争的诱因。前一场战争因双方耗竭而停止，待重新恢复又开始下一场战争。

要实现第五级的完全结束状态，必须实现以下目标：

（1）满足战争结束的第四级，及以下标准。

（2）各方完全消除以往战争引起的仇恨。

（3）完全消除文化、心理，尤其宗教上的任何潜在冲突因素。

第十三章

善战者不仅要赢，而且要赢得最高的利润

乐兵者亡，利胜者辱。

《孙膑兵法·见威王》

兵者，国之大事也。死生之地，存亡之道，不可不察也。

《孙子兵法·始计篇》

故不尽知用兵之害者，则不能尽知用兵之利也。

《孙子兵法·作战篇》

战争没有胜负只有互相的消耗

当我们建立起战策循环因果序列之后就会看到，只要战争中的各方没有消失，战争就没有胜负，而只有相互的消耗。一场战争的结束只是一直消耗到一方，甚至双方都受不了为止，和平或许只是两场战争之间幸运的"间歇"。

由于战争互相消耗的本质，在一般情况下，战争的成本都会巨高无比，如果没有极大的收获，根本不可能成为一种划算的投资行为。即使获得的有利于自己的不平等条约等长期胜利成就，它的期限也往往是相当有限的。因为如果在下一场战争中战败，或不利条件的一方很快强大后废除不平等条约，或因这种条约影响了第三方强国的利益，这种有利结果都可能会很快结束。战争赔偿因为计算了战争的实际成本后而提出，因此有可能会以此满足战争的绝对条件。但一般情况下，如果没有获取土地资源的"永久胜利成就"，基本上不可能满足战争的相对条件。

荒唐的问题只是，尽管人类有这么多的战争，可是至今人类在发起下一次战争前还是很容易搞不清楚即将发生的战争成本是多少。

第二节

美国南北战争消耗分析

美国南北战争是一场内战。在战争中，双方武器装备技术水平基本上接近，只是南方指挥员素质更高，军队训练更有素，但因经不起消耗，尤其优秀的军事指挥员的消耗而最终失败。这场战争发生在 1861 年 4 月 12 日至 1865 年 4 月 9 日，双方参战总兵力 326.4 万人，军人总伤亡 103.82 万人以上。历史学家约翰·赫德尔斯顿估计所有 20–45 岁北方男性的 10%，所有 18–40 岁南方白人男性的 30% 在战争中死亡。南方的伤亡率为北方的 3 倍以上。最终南方战败。

在战争初期，南军在罗伯特·李以及"石墙"杰克逊等杰出将领的指挥下，获得很多表面上辉煌的战役胜利。但如果我们从战争消耗的角度来看，这些战役的胜利就不像表面的胜利光环那么耀眼了。并且令人更加惊讶的结论是，尽管一开始南方获得了一系列表面上战役的胜利，事实上从第一场战役开始，南方就已经越过了胜利的顶点，开始走向最终失败的命运。

1. 从第 1 次布尔河会战说起

1861 年 7 月，南北双方在东部战场进行了第 1 次大规模交锋——第一次马纳萨斯之役（又叫"第 1 次布尔河会战"）。1861 年 7 月 21 日，林肯决定在华盛顿和里士满之间的交通枢纽马那萨斯地区同南军主力决战，以便扫清进军里士满的道路。北军由欧文·麦克道尔将军指挥，有 3.5 万人。南军由名将皮埃尔·博雷加德和约瑟夫·约翰斯顿指挥，有 2.2 万人。北军一开始以优势兵力向布尔河对面的南军阵地发起猛攻。南将托马斯·杰克逊顶住了北军的 5 次进攻，因而获得了"石墙"的称号。南军援军到来后，发起反攻，击溃了北军。北军仓皇逃回华盛顿，华盛顿全城陷于一片恐慌之中。

由于北军事先大肆宣传，认为会轻易取胜，因此许多华盛顿市民、议员、记者身着盛装，带着野餐，抱着看演出的心态前来战地观光。由此可见人们在战争发起之前对战争的认识与实际之间会存在多么大的差距，以及对战争本质的理解是何等的浅薄。

此战从战役上说南军获胜。但战斗结果，北方损失近 3000 人，丢失了大批枪炮弹药，南方损失也近 2000 人，与北军之间并不是天壤之别。

战争初期，南北双方力量对比悬殊。北方在人力、物力和财力上远远超过了南方。1860 年，北部拥有 23 个州、人口 2152 万人，包括毗连北部 4 个边境蓄奴州、白人 259 万人。南部有人口 953 万人，包括白人 548 万人，毗连的 4 个蓄奴州 43 万人。北方士兵估计有 232 万人，南方士兵有 90 万人。北方工业发达，拥有全国 90% 的制造业，掌握着充分的技术劳动力和雄厚的资金，11 万家工厂、130 万产业工人。南方只有 18000 家工厂、11 万工人，基础薄弱。北方控制了铁路运输和大部分商船，拥有绝对压倒性优势的海军，并且在攻占新奥尔良后完成了对南方港口的封锁。北部还有充足的粮食储备，而南方粮食不足。因此，北方的恢复能力远超南方。在这种情况下，长期交战的后果必然是非常不利于南方。

当然，在南部，奴隶也可以是一种军事力量，因为他们可以做北部自由人所做的战争后勤工作，从而使同等数量的白人解脱出来而到军队服役。但是，林肯发布解放黑奴宣言后，南方有 50 多万黑奴逃往北方，并有 50 至 70 万黑人加入了北方的军队。这不仅更加使南方兵源和劳动力陷于枯竭，而且极大增强了北方劳动力和兵源，更加强化了南方可动员兵力劣势。这意味着北方不仅在人力资源上本身就占优势，而且因发布解放黑奴宣言等政治工作，获得很高的敌方人力资源转化率。反过来，南方却没有任何可以大量转化北方人力资源的政治创新。

如果我们统计南北之间众多主要的战例就会发现，即使南方获胜、甚至看起来是辉煌胜利的那些战役，双方伤亡的交换比至多的也就在 2∶1（北方的伤亡比南方多 1 倍）的水平。很多南方获得非常辉煌胜利的战例里，双方伤亡甚至是差不多的。第 1 次布尔河会战中，双方交换比大约只在 3 ∶ 2。

在战争的最后阶段，1865 年 4 月，格兰特军向被围困 10 个月之久南方门户彼得斯堡发起总攻，4 月 3 日终于攻占该镇。在历时 10 个月的彼得斯堡攻守战中，双方都伤亡重大，北军伤亡 4.2 万人，南军 2.8 万人。北军伤亡虽然还是多于南军，但交换比大约为 1.5 ∶ 1。

双方的最后会战是 1865 年 5 月 12 日发生在得克萨斯州南部的 Palmito Ranch 战役。这最后一仗尽管实际伤亡人数很少，只在个位数字，北军被俘虏人数上百，从战术角度说，竟然还是南军获得"大胜"。

由于南方在初始兵力数量上少于北方的一半，即北南双方的人力资源存量比至少为 2.5 ∶ 1。因此，对南方来说，根据交换比定理，如果任何一次战役的交战结果，其交换比不能超过 2.5 ∶ 1（北方军队的损失超过南方 2.5 倍），那么每次交战事实上都会使南方离战策层面的战争失败更进一步。以这样的比例消耗，南方最终的战争失败就是必然的，这与每次战役从战术角度来看的胜负几乎没有太大关系。事实上，南军无论胜负，很少能获得相对北军 2 ∶ 1 以上的交换比。同时，北方军队，甚至林肯本人也对战争初期一次又一次战役的结果深感失望，并急切地希望北军能尽快来一次战役性的伟大胜利。这种情绪事实上产生了很多不良的后果。根据交换比定理，只要北南军队的交换比没有多于 2.5 ∶ 1，无论战役结果是什么，从战策消耗的角度看都是北军胜了。

2. 弗雷德里克斯堡战役（Battle of Fredericksburg）

这场战役发生在 1862 年 12 月 11 日 –12 月 15 日。军事史学家公认，在这场战役中，南军打了一个很漂亮的阻击战。

参战方兵力：北方军队 114000 人，南方军队 72500 人。北方军队总伤亡 12653 人，其中 1284 人死亡，9600 人受伤，1769 人被俘 / 失踪。南方军队总伤亡 5377，其中 608 人死亡，4116 人受伤，653 人被俘 / 失踪。

北方军队共 7 个师向玛莉高地发动了 16 次进攻，但因南军以火炮阻击，以及一堵石墙掩护的有利地形，使北军的进攻近乎自杀，不仅一无所得，而且承受了极其沉重的代价。北方军队的大部分伤亡发生在这些进攻中。其中伤重者两人为将军，乔治·贝亚德（George D.Bayard）及康拉德·杰克森（Conrad F.Jackson），而且无任何一人能够爬上石墙。

但是，即使如此，玛莉高地上的南军也有 1200 人伤亡。尤其南方军队的 Maxcy Gregg 及 T.R.R.Cobb 两位将军阵亡。

从战术上说，这是一次北方军队的惨败。但我们如果不考虑最后阵地是谁的，而仅仅考虑伤亡交换比的话，北方军队的伤亡数量也就是南方军队的大约 2.35 倍，交换比为 2.35∶1，勉强接近，但还是低于按交换比定理确定的双方平衡点。因此，从战策角度说，这一仗是接近打平了，而不是北方打败了，同时，南方军队有 2 位将军阵亡。如果从战争稀缺资源的指挥员损耗来说，却是南军超过了北军。综合从战策角度来看，此仗还是南军失败了。

3. 钱斯勒斯维尔战役（Battle of Chancellorsville）

这场战役发生在 1863 年 4 月 30 日 –5 月 6 日。

参战方兵力：北方军队 133868 人，南方军队 60892 人。

从战术上说，军事史学家们一致公认，这是一场南方军队以少胜多的辉煌战例。石墙杰克逊率 2 万人偷袭北方军队防卫薄弱的右翼第 11 军，将对手打了一个措手不及，并由此导致北方军队整个防线溃不成军。但如果比较一下双方伤亡情况，胜负就不像表面所显示的那样了。此战中，北方军队 1574 人阵亡，9554 受伤，5711 失踪。而南方军队 1683 人阵亡，9277 受伤，2196 失踪。南方军队除失踪人数少一半，受伤人数几乎一样，阵亡人数还略多一点。更重要的是，此战中南方军队最杰出的指挥官杰克逊夜晚侦察回队路上负重伤，后不治身亡。这种看似偶然的事情其实并不偶然，自己误伤是混乱的战争中极其常见的现象。即使近代战争中，3% 左右的误伤率（3% 的伤亡率是由于自己误击或己方自己原因导致的事故造成的）也非常正常。

此战北南军队的交换比大约为 1 ：1，远远低于 2.5 ：1 的平衡点。并且，南军损失了最杰出的将领杰克逊。因此，从战策的层面说，此战可以说是南方军队空前绝后的惨败。但是，罗伯特·李却深受这场战役表面胜利的鼓舞，并向北进攻。几个月后，在葛底斯堡打了一场巨大的消耗战，又是接近 1 ：1 的交换比。尤其对作为南军几乎唯一的战争稀缺资源优势——更杰出的优秀指挥员，罗伯特·李并未特别珍惜。持续的优秀将领损失并未引起李将军的高度警觉，表面战役胜利的假象使南军和罗伯特·李似乎浑然不知战争的消耗一步步将南军拖入耗竭的深渊。南军最终的失败虽然不能过多归结为过早失去像杰克逊这样的杰出将领，但这无疑是一个显著因素。南方给予了杰克逊国家总统规格的葬礼，但这丝毫无法弥补南军因此而造成的惨重损失。

4. 战策层面更胜一筹的格兰特

从战役指挥能力看，北军始终未出现像南军里罗伯特·李，尤其杰克逊这样杰出的指挥官，甚至包括格兰特（Ulysses Simpson Grant）、谢尔曼（William Tecumseh Sherman）等北军主帅战役指挥能力也达到不到南军杰出将领的水平。但是，格兰特等人却对战争在战策层面的理解更胜一筹，他们更加深知战争的消耗与恢复的本质，并且也的确在战争中最充分地利用了这个本质，对南军的一切战争资源进行最高效率地消耗，而并不局限于战争维中战役的胜负，甚至不局限于传统意义上的战役作战。

相比之下，尽管以李将军为首的南军指挥官在具体战役指挥上有很多杰出的表现，但综观整个南北战争，几乎找不到南军整编制歼灭北军的战例，其成功的，甚至表面看来辉煌成功（或南军自己认为辉煌成功）的战例最多都只是击溃北军。而格兰特领导的北军却能多次获得全歼南军的战绩。

发生于 1862 年 2 月 11 日至 16 日的唐奈尔森堡（Battle of Fort Donelson）战役，格兰特将军以损失 2832 人的代价，使联盟方的南军损失 16623 人，其实北军实际伤亡人数高于南军，但最后南军是有 13000 多人全军投降被俘。

消耗思想最初充分体现在对维克斯堡（Vicksburg）要塞的围攻中。在该战役中，格兰特将战略要地维克斯堡严密围困 7 个多月，使该城断绝与外界粮弹资源联系。期间不断地进行炮击，甚至拒绝南军要普通百姓迁出城外的要求，以增加城内粮食消耗的速度。最终，维克斯堡在弹尽粮绝之后，向格兰特无条件投降。此战北军伤亡 9000 多人，南军伤亡为 12000 多人。但南军却有 35000 千人全军投降被俘。

《孙子兵法·谋攻篇第三》说道："不战而屈人之兵，善之善者也。"但是，单纯想什么都不做就屈人之兵显然是不可能的。要屈人之兵，就得使敌方要么任何一种必要的战争资源耗竭，要么精神上崩溃。要想不通过作战就使敌方战争资源耗竭，绝大多数情况下的手段就是围困、封锁。

1864 年 4 月，格兰特被林肯升任美国陆军总司令，谢尔曼被任命为西部方面军最高司令。格兰特向谢尔曼下达了著名的命令"create havoc and destruction of all resources that would be beneficial to the enemy"——"破坏和毁灭一切对敌人有利的资源"。明确要求谢尔曼对南方进行毁灭性的、不计后果的、不惜代价的摧毁，即不但消灭敌人军队，还要摧毁敌人的经济基础和敌方居民的战斗意志。

"我就是要让整个乔治亚州都鬼哭狼嚎！我就是要让整个乔治亚变成地狱！我就是要让所有乔治亚人——不管男女老少，不管穷人和富人，都感受到刻骨铭心的痛苦！我的军团将毁灭乔治亚州而后快！""如果人们觉得我残酷和残忍的话，我就会告诉他们，战争就是战争，它的目的并不是要博得人们的好感！战争就是地狱！如果你们想停止这一切，想要和平的话，你们和你们的亲人就应该放下武器停止这场战争！"这些成为谢尔曼在内战时著名的语录。

在攻占南部工业重镇亚特兰大后，谢尔曼在撤离时将整个亚特兰大燃起大火，并且对一切试图救火的南方民众格杀勿论，使得大火连续烧了半个多月，昔日南方繁华的工业重镇最后只剩下一条地下街（The street under ground）。谢尔曼在南方所到之处实施行毁灭性的政策，不仅将一切南方抵抗者杀死，而且将一切经济资源彻底毁灭干净。在谢尔曼的大军还未到时，十几公里之外就可首先看见他的大军所到之处燃起的漫天大火。

破坏最严重的是南方邦联总统戴维斯家乡所在的密西西比州。内战之前，该州在全美富裕榜上名列第五。内战期间，该州60％的白人青壮年被杀，90％的城镇和种植园化为灰烬，平民的私有财产损失殆尽。战后，密西西比州不仅在全美最贫困的州中名列第一，而且这种贫困状况一直持续了一个世纪。

按今天的价值计算，谢尔曼大扫荡给美国南方造成了2万亿美元的财产损失，有数以十万计的平民直接死于谢尔曼军团的大扫荡和抢劫引起的大饥荒，上百万人沦为难民。从1830年战争起，在西方恐怕就不曾见过这样直接针对平民的战争暴行。当时邦联总统戴维斯称其为"美洲大陆的阿提拉"。谢尔曼的行为彻底地打破了旧时代战争的界限，他把战争扩大到了全体人民。一百多年来，美国南方民众的子孙依然对"谢尔曼大扫荡"耿耿于怀。

依赖李将军、杰克逊等一批杰出将领的指挥，南军仅在东部战场的弗吉尼亚、及西弗吉尼亚地区获得一系列突出的战术性胜利，而在西部战场，则处于很大劣势，尤其海军则是绝对的劣势。

即使李将军获得的绝大多数辉煌的战术性胜利，只要以交换比定理进行分析，就会发现他们在战策上大多属于失败之列，南北战争最终南方以失败告终也就很自然地不出意外了。

第二次世界大战中的恢复与消耗

1. 盟军的战略轰炸

战略轰炸之父阿瑟·特拉弗斯·哈里斯（Arthur Trayes Harris，1892—1984），在 1941 年升任空军副参谋长，第一次提出了"集中和战略轰炸"战术。即，皇家空军除保卫本土外，应大规模地使用重型轰炸机攻击德国的工业城市，使德军由于断绝军事物资供应而输掉战争。1942 年 2 月，在哈里斯的推动下皇家空军成立全世界第一个轰炸机司令部，哈里斯任司令，空军上将军衔。5 月 30 日夜，英国的庞大机群在哈里斯直接指挥下，向德国鲁尔工业区的重要城市科隆飞去，进入欧洲大陆后，飞在最前面的引导机首先投出燃烧弹，顿时，地面燃起大火。英机第二梯队在很远的地方就看到了大火，径直向目标扑去。1455 吨炸弹暴雨般自天而降，整座科隆被雷鸣般的爆炸声淹没。仅仅 90 分钟，科隆市区一半以上的街区被完全摧毁，科隆与外界中断联络达 9 天之久。这就是让很多德国人一生想起就怕的"千机轰炸"。

1943 年 1 月卡萨布兰卡会议上，在丘吉尔的一再耐心说服教育下，美国人接受了战略轰炸概念。哈里斯统一指挥英美欧洲空军的轰炸行动，采用特制的水上跳雷炸毁了鲁尔水坝，水淹德国鲁尔工业区。

对罗马尼亚普洛耶什蒂油田的轰炸战术效果最明显，因为该油田同时供应东线德军和德国非洲军团。

1945 年对德累斯顿大轰炸，投下的 1 万吨炸弹炸死了 10 万德国人。德累斯顿轰炸后，德国工业总监斯皮尔对希特勒说："德国经济已经崩溃，无力再战。"

在太平洋战场，美国采用 B-29 战略轰炸机，对日本进行了长期的战略轰炸。在发现初期普通炸弹效果不理想后，利用日本建筑大多采用木制结构、工厂零件生产在大量小作坊里的特点，改用燃烧弹进行战略轰炸。

1945 年 1 月底，美国陆航总司令阿诺德将军委任柯蒂斯·爱默生·李梅（Curtis Emerson LeMay）少将接任负责对日战略轰炸的第 20 航空军司令部指挥官。年仅 38 岁的李梅是当时美国陆航最年轻的将军，他曾在欧洲战场指挥 B–17 轰炸机部队对德国进行战略轰炸，取得了突出的战绩。

1945 年 3 月 9 日傍晚 5 点 34 分，在李梅指挥下，托马斯·鲍尔准将率领 334 架 B–29 "超级空中堡垒" 从马里亚纳群岛的塞班岛和提尼安岛机场起飞，扑向日本东京。东京时间 3 月 10 日零时 15 分，B–29 机群最前面的 2 架导航机飞入寂静的东京市区上空，在距地面不足 500 米空中呈十字交叉地投下了两串 M–47 凝固汽油弹，瞬即燃起了两条火龙，构成了一个巨大的十字，为高空中的 B–29 主机群标明了轰炸坐标。2000 多吨燃烧弹随后倾泻到东京市区。这就是二战中著名的 "东京大火"，它摧毁了东京 63% 的商业区和 20% 的工业区，战果远远超过了之前历次所有轰炸的总和。美军 3 年来一直想要捣毁的 22 个东京兵工厂被彻底焚毁。10 万东京人在该次轰炸中丧生。

3 月 10 日以后，李梅又指挥 B–29 轰炸机部队继续对东京以及名古屋、大阪、神户等大城市进行了持续达 3 个月之久的燃烧弹轰炸，使其遭受了毁灭性破坏。至 6 月中旬，李梅又将燃烧弹轰炸范围扩大到其他中小城市和交通线。烈火燃遍了整个日本。李梅通过火攻战术直接造成了近 50 万日本平民死亡，800 万平民流离失所，244 万幢建筑物被毁，还有难以计数的人死于营养不良、肺结核以及其他由无家可归和食物不足带来的疾病，这些人并未包含于上述伤亡数字。96 个日本城市遭到轰炸，其中，主要大城市的城区被烧毁面积均超过 50%，东京、横滨 56%，名古屋 52%，大阪、神户 57%；中小城市里，福井最高达 96%，甲府 72%，日立 71%。死伤程度远超核弹。

在广岛和长崎以原子弹进行的战略轰炸，使这两个城市成为人类历史上仅有遭受毁灭性核打击的案例。

1943 年 9 月 12 日 –10 月 21 日，为期一个月的对日本航空业的第三次行政考察得出结论，如果陆海军排除本位主义，统筹物资人员，力行节省，提高效率，日本可以在 1944 年达到年产飞机 5 万架。当时美国每年年产飞机 10 万架，可是要分配欧洲和太平洋战场。因此日本自以为只要能达到年产 5 万架，就可以在和美国的作战中不至于落败。可是，日本并没能顺利达成这个目标。到 1944 年 6 月，达到月产量最高峰值——月产飞机 2380 架，之后就开始急剧下滑，主要原因是美军潜艇战造成铝矾土等原料供应直线下降，精炼原料耗竭，工厂停工待料。日益严重的空袭造成出勤率不断降低，直至最后出勤率只有 50%，军工生产设施被严重破坏。到了投降前的 1945 年 8 月，日本月产飞机下降到只有区区 8 架。很显然，在这种情况下，面对月产近万架飞机的美国补充战争消耗的潜力，日本很快战败是显而易见的。

2. 潜艇对补给线的攻击

德国潜艇在第二次世界大战中以凶狠的狼群战术共击沉了 2828 艘商船，包括中立国的船只，总吨位共计 14687321 吨。在经济和后勤补给上沉重打击了盟军。如果不是后期盟军逐渐遏制住了纳粹德军的潜艇破交战，欧洲战场会艰难很多。

日本海军在开战时拥有各型潜艇 60 艘，其中 46 艘为"伊"型，14 艘为"吕"型，均可远洋作战。日军潜艇部队由于战前训练严格，所以水兵素质高，使用的鱼雷在性能上也比美国人的好得多，因此"伊"型潜艇平均起来综合战斗力比美军 S 级潜艇强一倍左右。

美军在战争中使用的是 MK10、MK13、MK14、MK18 等型鱼雷，以其中的 Mk14 型最为广泛，其质量在战争前期差得实在让人无话可说。舰载机使用的鱼雷和潜艇使用的一样存在严重的引信问题，经常命中不起爆。最极端的例子发生在 1943 年，一艘潜艇攻击日本油轮发射 13 枚鱼雷无一爆炸，愤怒的艇长将剩下的一条鱼雷带回去检查，发现用鱼雷射击海边的山崖同样不爆炸。这才最终确定触发引信的确有问题，匆忙进行改进，不过此时战争都过去一半了。

但是，美国人很快在战争中改进了鱼雷的品质。更重要的是，美军将潜艇和鱼雷用到了正确的方向——消耗日本的运输线。与德国海军一样，用潜艇大量袭击日本的商船。太平洋上日本被鱼雷送到海底的舰船占其总吨位的55%，包括舰艇201艘，运输船1113艘，共计532万吨。

反观日军，不仅在生产能力上很快远远落后于美国，而且始终在消耗对手的问题上漫不经心。日军虽然在开战之初及之后长期拥有潜艇和鱼雷技术上的优势，但几乎从没有将潜艇用于袭击美国的运输船队，消耗美国的战争潜力，而是仅用于配合其舰队进行海上舰队之间的作战。即使日军在受到美军潜艇战长期打击后，也未学着美军以同样方法还击。

日军不仅在战略上不太关注切断美军运输线，在战术上对打击美军的补给同样长期漫不经心。如在瓜达尔卡纳尔战役中，日军飞机攻击了美军的舰艇，使其重创后就扬长而去，却对已经卸载到岛上，非常容易攻击的物资装备视而不见。如果对这些物资进行攻击，引爆其中的弹药，无疑会对已经上岛的美军造成毁灭性的打击。

即使在日军获得全胜的珍珠港事件中，日军没有摧毁珍珠港的油库和维修厂，也被认为是该战役中最大的缺陷之一。

美军潜艇对日本运输线的封锁，导致日本军工原材料的枯竭。而李梅领导的空军战略轰炸又直接将日本军工生产能力破坏掉，因此导致日本的战争潜力迅速耗竭。事实上，无论最后是以原子弹攻击使日本投降，还是直接攻击日本本土，日本的战争失败都已经是注定的。即使攻击日本本土，盟军遭受的损失也不会像其预计的要达到牺牲几百万人。这只是因反攻日本本土初期，在硫磺岛和冲绳岛等几个战役中损失太大而导致的压力。在攻占这几个海岛的战役中，只是因日本利用岩石山体的天然洞穴长期修筑的极坚固防御工事而导致。但是，如果直接攻击日本本土，并没有这种广泛的防御条件。因为以上针对日本战争潜力耗竭型的打击，在日本国土上的战争很难再遇到像硫磺岛和冲绳岛那样实质性的有效抵抗，由此导致的日本军人和平民的伤亡必然会极大增加。

以潜艇破交战为主的封锁，和燃烧弹为主的战略轰炸如果再持续3个月到半年，日本的所有战争潜力都将被彻底耗光，弹尽粮绝，从而在总体战略上接近耗竭型0击毁效率状态。在这种条件下进行的战役中，大规模军人战死，加上日本武士道精神带来的军人和平民战败自杀，饥饿和疾病致死，会使日本远远超过纳粹德国后期柏林战役等时的死亡率。柏林战役时，因柏林城市建筑大多为石材建造，非常坚固，使盟军攻占柏林时付出极为沉重的牺牲。苏联红军为柏林战役付出伤亡30万人的高昂代价。但如果盟军攻占日本则不会有这个问题，因为在燃烧弹的战略轰炸中，日本城市建筑几乎都已经被抹平了，而有意修筑的军事工事，其实如果也用燃烧弹进行攻击，里面的军人都会窒息而亡或被烧死。二战时期的混凝土碉堡附近如果落下一颗普通炸弹，未必对它构成损伤，但如果落下的是一颗燃烧弹，无论碉堡本身是否受到损伤，里面则不会有人还能具备继续战斗的能力。在当时，火攻是打击碉堡、地下坚固工事等最有效的战术，但却不是在艰固城市建筑巷战的最有效战术。

3. 苏德坦克大战胜负由修理厂决定

1943年爆发的库尔斯克坦克大战，一些战斗数据常常引发困惑。苏联和德国宣称击毁对方的坦克数量，统统都超过了对方的实际数量。另一方面，德军坦克数量并不足，但经过无数次惨烈战斗，最终损失却并没有苏联宣传的那么夸张。而苏军方面，坦克损失几乎接近总数，然而仍能继续发起大规模反攻。

以普罗霍夫卡坦克战为例，苏联近卫第五坦克集团军的500辆坦克遭到德军沉重打击，几乎全军覆没，"四百余辆坦克需要大修"，事实上就是绝大部分坦克都被击毁。但是"需要大修"的另一层意思，就是这四百多辆坦克都是能够修理的。苏联尽管在库尔斯克战役中被"被击毁"坦克和自行火炮先后累计达6000余辆，超过5100辆的总数。但是经过连续抢修，反攻阶段并没有出现坦克数量不足的问题。7月12日前后几乎全军覆没的近卫第五集团军，在7月23日发起的反攻中仍再次作为坦克部队的两大主力之一出击，甚至还能再付出"数百辆坦克被击毁"的损失。

同样是普罗霍夫卡坦克战，德国第 4 装甲集团军也遭到较大损失，200 辆坦克被击毁过半。但由于德军装甲部队的修理技术更胜一筹，真正属于完全报销的坦克实际只有个位数。但真正决定最终胜负的，却仍是"修理"——由于德军在战役后期仓皇后撤，后方坦克修理厂被反攻的苏军占领，导致大约 70-80 辆维修中的坦克彻底损失。

决定坦克胜负的关键除了战场修理能力外，还有一个重要因素——就是战役最后谁能控制战场。需要特别注意的是，战场上大部分"被击毁"的坦克，都是能够修好的。

1941 年 6 月战争爆发时，苏联坦克无疑拥有数量上的绝对优势（2.2 万辆对 5 千辆），而且拥有更多的 T-34、KV-1 等新型坦克，后者性能远远优于德国当时最好的坦克。但苏军面对德军装甲部队，却节节败退。

而德国在巴巴罗萨计划的初期阶段，不仅没有坦克数量优势，质量优势也大大不及苏联。即使在 1942 年，德国坦克和突击炮全年产量只有 5000 余辆，苏联则有 2.4 万辆，而且苏联的坦克有 12572 辆是 T-34，也就是产量的半数。而德国方面，面对 T-34 的严重技术优势，生产的 III 号坦克和 IV 号坦克各自只有 1000 余辆，当年生产的虎式坦克则不过 78 辆。

但是，战争初期德军却占尽优势。原因如下：

巴巴罗萨计划的突袭，使苏联红军措手不及，德军占据战役突袭的绝对优势。由此带来一系列恶果。

（1）失去战场控制权使苏联红军的武器修复能力远低于对手，从而损失率远高于对手。

（2）失去制空权，使其战役控制力远低于对手。

（3）其他原因还有苏联红军因大清洗而严重缺乏有经验的战役指挥官，缺乏不同兵种间有效协同。

（4）坦克自身通信系统落后，也使协同作战能力受到很大限制。

1941 年战争初期的苏军坦克，很多都是因故障而失去战斗力，再加上德军迅速推进，战场上的大量本可以被修好的新型 T-34、KV 坦克，都被丢给了德国人。而德国恰恰相反，不仅后勤维修技术高超，而且节节推进确保了能够不断控制战场，妥善修复了大多数战场上受损的坦克，甚至将缴获的苏军坦克为己用。德军在 1941 年、1942 年的坦克产量均只有 3000 余辆，但经过无数次惨烈战斗后，东线仍能多次集中数千辆坦克。显然，其因修理能力带来的更高恢复率起到至关重要的作用。

在不能获得战场控制权的前提下，如果苏军能及时有序地撤退，也不至于将众多坦克等装备和物资丢给对手。

第四节

惨烈的苏德战争 ①

1. 斯大林的战略缺陷

在近代历史上遭受过三次来自欧洲入侵的战争中，俄罗斯（苏联）都打赢了，从这个角度说，俄罗斯都取得了卫国战争的胜利。但从纯军事角度说，以第二次法俄战争时，俄罗斯打得相对最好。此战双方统帅都非常杰出，尤其是库图佐夫。俄军初期是由巴克莱·德托利将军指挥，后在博诺迪诺战役之前转由库图佐夫领导。

从对人类社会发展的意义来讲，苏联在苏德战争中的胜利意义是最重大的，因为苏联军队对阻止和打败德军无疑做出了最大的牺牲，并起到最大的作用。这个胜利的积极意义和影响是全球性的。但从纯军事角度说，苏联在这场战争中的损失的确过高了一些，是惨胜。据统计，整个苏德战争中，苏军有一个方面军、19 个集团军、250 个师成建制被歼。整个 4 年战争期间，苏军死亡和失踪有 1001 万人，负伤 1818 万人。德军死亡和失踪 630 万人，负伤 900 万人。尤其该战争中单次战役的伤亡数量令人触目惊心，双方甚至一方伤亡高达百万的战例比比皆是。此次战争双方损失数量之大，几乎可以列为人类历史之最，其原因值得深入研究。

苏德战争中双方最高统帅斯大林和希特勒都不太精通军事，对各自力量计算不仅是经常超过实际，甚至根本就没有依据自身和对方实力在考虑战争的战略策略。双方在任何条件下都突出地强调进攻或反攻，白白损失大批有生力量，这是双方伤亡如此惨重的关键原因。

---

① 关于苏德战争历史资料主要取自军事史学家徐焰著：《铁血苏德》，辽宁人民出版社，2014 年 1 月。

1941 年 6 月 22 日，德军刚一开始实施"巴巴罗萨计划"，第二天斯大林就发布了"总军事委员公第 3 号命令"，要求西方、西北、西南三个方面军在 6 月 23 日至 24 日转入全面反攻，并将战争推进到敌方境内。尽管明斯克保卫战的失败有很多原因，如德军的突然袭击、苏军准备不足、苏军战前大清洗造成的指挥人员不足、当地人对斯大林政策不满等，但斯大林完全不顾实际的仓促全面反攻命令无疑是大大加重了西方面军的损失。

1941 年 7 月 10 至 9 月 10 日的斯摩棱斯克会战中，苏军也是自始至终都是一再反攻。连斯大林自己的儿子雅柯夫也在第 14 坦克师的反攻中被俘，后死在德军集中营中。苏军的反攻的确给德军造成了一定损失，如 7 月 13 日，苏军一个军反攻收复第聂伯河边的日洛宾市。但苏军的不断仓促反击给自身也造成了极大损耗，德军依然在 7 月 16 日占领斯摩棱斯克。斯摩棱斯克的丢失使斯大林怒不可遏，马上就强令反击，苏军竟然在大败之后仅一个星期，于 7 月 23 日就由铁木辛哥指挥 70 个师展开大规模反攻。这一仓促的反攻又遭致第 16、19、20、28 等几个集团军被德军合围。幸亏第聂伯河以东苏军救援，在 8 月 4 日和 5 日打开一个缺口，救出一部分部队。但在这个反攻中德军宣布仅俘虏的苏军就达 30 万人。此次反攻的确也给德军造成了巨大伤亡，并阻止德军向莫斯科的进攻。两个阶段的斯摩棱斯克战役，苏军伤亡 75.9 万人，德军也伤亡 25 万人，双方伤亡合计高达令人窒息的百万数字。

与斯摩棱斯克同时展开的基辅会战中，几乎所有高级将领都认为必须放弃基辅，但斯大林固执地坚持硬顶和反攻的战略，最终导致布琼尼元帅领导的 70 万最精锐的西南方面军成建制遭围歼。这是卫国战争中苏军在军事力量上最惨重的一次损失。像这样一个最精锐的方面军，竟然在一场战役中成建制遭围歼的战例在整个人类战争历史上也都是极罕见的。如果不是斯大林一再严令不许撤退，虽然遭受一定损失是必然的，但绝无可能遭受这么大的损失。而给德军造成的伤亡只是 10 万人。10 万人的数字在苏德战争中已经算是很轻微的。

在苏德战争中，即使在某些意义上算是苏军有些成功的战例，斯大林也是一味地急于要求反攻。如多次下令列宁格勒守军进行反攻，葬送了太多苏联红军的有生力量。

1941年12月5日，德军在莫斯科城外进攻中用完最后的预备队，12月6日苏军就马上转入反攻。反攻从12月6日持续到1942年1月7日，苏军损失37万人、歼灭德军不到10万人。这一反攻从战略上说还算是有积极意义的，因为苏军推进了120公里，但宝贵的有生力量同样是损失惨重。

之前在1941年10月间，德军在进攻莫斯科的门户维亚兹马的战役中，合围并歼灭了苏军70多万人。短短2个月之后，1942年1月初，苏军在莫斯科以西的维亚兹马地区继续展开反攻，伤亡77万人，歼灭德军不足20万人。两三个月的时间，苏军竟然在维亚兹马一个地方两场战役中伤亡两个70多万人。这些数字骇人的程度简直要达到让人发疯的地步。

惨重的伤亡对斯大林多少还是产生了强烈的震动，并且使他后来慢慢懂得听从将帅的建议，某些情况下不再那样不顾伤亡地一味蛮干。越到后来，斯大林越重视提升交换比。

1942年7月16日，苏军南方面军顿河防线被德军突破。为避免遭到德军合围，7月25日苏军主动放弃罗斯托夫，此后大踏步地后撤了400—500公里。虽丢失了大批平原上正待收割的农田，但苏军一直退到高加索山脉一线依据有利的险要地形进行防守后，德军战线也拉长到上千公里，对苏军就无能为力了。

斯大林格勒的反击是在开战后不久就一直在精心筹划，做了充分的准备。1942年7月17日，德南方的B集团军群发起斯大林格勒战役，到9月底苏军还在苦苦抵抗德军时，苏最高统帅部就已经启动反攻计划的准备。反攻准备用了2个多月时间，一直进行到11月中旬。原来反攻时间是10月20日，但因空军元帅诺维科夫等将领认为准备还不够充分，斯大林此时还是能够客观冷静听从部属建议，就将反攻计划一延再延拖后了整整一个月，于11月19日，苏军在充分准备之后才发起反攻的"天王星行动"。这比过去第一天德军进攻，第二天苏军就发起反攻的方式要好很多。天王星行动仅用4天时间就将保卢斯的第6集团军，罗马尼亚第3军团和第 4 军团，以及部分第 4 坦克军团 22 个师 33 多万人包围。此前苏军也曾成功合围过德军，但都未能将其全歼。此次围住苏军后，苏军并未急于发起总攻，而是在困住对手的前提下逐步分割和压缩包围圈，一直困了对手 2 个月，并围点打援。为解救被苏联红军包围的德军和罗马尼亚军队，德军将领埃里希·冯·曼施坦因受命指挥由德国第 4 装甲军团和第 6 军团、罗马尼亚第 3 和第 4 军团重编而成德国顿河集团军。曼斯坦因指挥该集团军于 12 月 12 日发起"冬季风暴"行动，但其第 4 装甲军团被苏军打退，其 6 个师被歼灭。第 6 集团军只能靠空运支撑，而此时制空权已倾向苏军一方。苏军直到保卢斯的第 6 集团军受到严重消耗后才发起总攻。最后直到 1943 年 1 月 31 日保卢斯率残部 9 万人投降。20 多万被包围的士兵大部分是在恶劣的天气和极度缺少补给情况下冻、饿、病死。

斯大林格勒战役，双方最后合计的损失差不多，苏军损失 111.7 万人，德军及仆从损失 110 万人！每一方损失都超过百万人，使苏德战争的惨烈程度达到了顶点！

斯大林格勒战役之后，德军迟迟不再有动静，此时很多苏军将领建议采取进攻行动。而朱可夫等提议让德军进攻，苏军采用防御战消耗德军，然后再反攻，斯大林终于同意了朱可夫的正确意见。

事实上，几乎在天王星行动同时，苏联红军还发起了另两个行动——"土星行动"和"火星行动"。但这两个行动最后都发展到苏军能力的极限，并招致了较大的损失。尤其火星行动最后招致惨败，苏联红军的损失又是伤亡 21 万多的庞大数字，歼灭德军却不到 5 万人。这次行动，在整个苏德战争中相对较为明智的朱可夫元帅也负有相当大的责任，这是其一生唯一的败绩。

最后进攻柏林时，因德军抵挡顽强，苏军完成柏林战役的时间比预期要晚两天。朱可夫请求宽限两天时斯大林也不再强求一定要按计划不惜代价地进攻。

但是，这种转变并不是完全和根本性的，而只是一种局部的调整。一旦条件稍好，急于进攻的老毛病就又会占上风。如在 1943 年 7 月的库尔斯克会战中，德军的进攻势头刚刚于 7 月 10 日停止，7 月 12 日苏军就马上转入代号为"库图佐夫"的反攻行动。经过 22 天猛攻，苏军收复奥勒尔，但却以伤亡 42 万人的代价歼敌只有十多万人。南线收复哈尔科夫的进攻，苏军伤亡 25 万人，德军伤亡十多万。整个库尔斯克会战，苏军总伤亡又是 84 万人这样骇人的数字，歼灭德军是 34 万。双方伤亡的总量也是百万量级。借用库图佐夫的名义实在名不副实，这种战法绝不是他老人家会赞同的战略战术。

事实证明，在一场对方的进攻作战失败后，发起反击不是没有成功的案例（如斯大林格勒战役后期的天王星行动，不过这是在准备非常充分前提下进行的），但绝大多数情况下过快的反击都是伤亡巨大，成本过高的。不仅苏德战场是如此，在其他战争中也同样是这个规律。

例如，在 1944 年 6 月 20 日的太平洋战争的马里亚纳海战中，美军在有效挡住了日军进攻后，于 15：40 分发现了 275 海里以外的日本航母舰队。美军第 58 特遣舰队此时若发动进攻则将使其舰载机面临夜间降落的危险，当时航母舰载机的夜降能力是很差的。美军第 58 特遣舰队指挥官马克·安德鲁·"派提"·米切尔（Marc Andrew "Pete" Mitscher，1887 年 1 月 26 日—1947 年 2 月 3 日）中将虽然感觉很为难，但在更大胜利的诱惑下还是勉强下令发起攻击。美军的攻击给日军带来了一定的损失，但在舰载机夜间降落航母过程中竟然导致了 80 架飞机的损失，而在攻击行动中的损失却只有 20 架。准备不足的仓促反击结果大多就是这样，因为各种问题而导致严重的损失。

很多人讲"斯大林格勒战役后期的反击出乎德军意外"是有些说不过去的，有几次德军的进攻战役不会面对苏军的反击呢？只不过是斯大林格勒反击的规模之大，实力之强可能让德军有些意外而已。遗憾的是，绝大多数情况下苏军的反击都是在匆忙之中发起的，像天王星行动这样准备充分、有条不紊的行动并不是普遍现象。

在敌方陷入耗竭状态时，及时发起进攻可得到耗竭型 0 伤亡作战的奇效。但要进行这种作战需要有两个前提：一是自己一方不能也处于耗竭的边缘。筋疲力尽的进攻方对战另一个筋疲力尽的防守方，被攻击一方的筋疲力尽问题和麻烦就没那么大了。二是必须在情报上确认敌方的确是处于真正耗竭的状态。即使对方还剩最后一口气，短暂的致命抵抗依然会给仓促进攻的一方造成巨大杀伤。

2. 希特勒的战略缺陷

希特勒的冥顽不化也同样让人难以理解。如果德军清楚并利用苏军的规律，故意在稍做进攻之后就做出撤退状，引诱苏军反攻，并预先在后方设下埋伏，一定能把苏军引入自己预设的包围圈予以歼灭，这样可以获得最大的投入产出比。但德军竟然很少这么做，只要攻占了的地方，德军就一定要死守住，绝对不能后退半步，直到被苏军完全消灭。对敢于后退的人，苏军和德军都是严厉地军法处置。苏德战争中，德军竟然有 2.7 万人被自己处决，苏军被自己处决的人员更是多到十多万。苏德战争中仅仅是双方被自己处决的人员数量，都已经与整个朝鲜战争里中国志愿军的失踪死亡总数差不多了！双方都是固执到如此让人头皮发麻的程度。

这种"正面强攻"加"绝地死守"的战略战术也并不完全只是最高统帅的性格，苏德双方的高级将领们也都多多少少有类似的风格，甚至相对最明智的朱可夫元帅也在诸如火星行动中有类似的问题。系统研究过苏德战争中双方伤亡数字的人，对其他战争中的伤亡数字就没太多感觉了。朝鲜战争打了整整 3 年，无论是以何种口径统计，双方的伤亡总数都各自在百万量级，苏德战争中一场战役伤亡就达到或接近这个数字水平的战役比比皆是。

希特勒在"无论自身实力状况如何，永远坚持进攻"这一点上比斯大林是有过之而无不及。希特勒在开战时是一直要求进攻，在战况不利时坚决不许撤退，到最后实力都快打光时还在不断地进攻。为阻止德军产生任何撤退的念头，希特勒甚至在具体战术上不容许德军在防御时建立多层次的防御工事。但这样一来就会使防线非常脆弱，一旦被突破就很容易导致全线溃败。

苏军渡过第聂伯河后，希特勒强令东线 2000 公里上的德军不得后撤、坚持固守。但随着苏军人员和武器装备的快速增多，且苏军放弃一线平推，选择集中优势兵力重点突破，至基辅会战时苏军以 3 万伤亡为代价歼敌近 10 万，俘虏 1 万多，交换比完全倒过来了，且仅用了 3 天时间便攻下基辅市。

在白俄罗斯战役中，1944 年 6 月 19 日苏敌后游击队展开大规模突袭战，苏军故意选择 3 年前"巴巴罗萨计划"开始的 6 月 22 日发起总攻。希特勒同样是下令决不允许撤退，错过撤退时机导致其精锐的中央集团军接近全军覆没，54 万人被歼。在相同的日子、相同的地方，以相同的方式，重演了 3 年前巴巴罗萨计划发起后结果几乎完全相同的一幕，只不过胜负的角色互换了一下，这样相似的两个场景不能不让人唏嘘感叹。

1944 年 7 月，在西乌克兰方向投入的苏第 1 乌克兰方面军 120 万人是苏军规模最大的一个方面军，由第 1 乌克兰方面军 7 月 13 日发起的战役，被斯大林称为"十次打击"中的"第六次打击"。战役发起后，希特勒当天就下令德北乌克兰集团军群的装甲部队发起反击，比斯大林在战争初期德军进攻的第二天开始反攻的行动更迅速。但苏军在 7 月 15 日出动了 1800 架飞机对德装甲部队展开一轮又一轮的轰炸，很快就瓦解了德军的反击。此时德军已丧失制空权，前出反击只会使其更快消耗和灭亡。到 7 月 18 日，德军的第 13 军 6 个师被合围，四天后被歼灭。第六次打击历经 48 天，德军被歼 20 万人，苏军推进 200 至 300 公里。

1944 年 8 月 20 日苏军以绝对优势兵力在罗马尼亚发起第七次攻击，23 日罗马尼亚军队战场起义。此战歼灭德军超过 30 万人，其中死亡超过一半，而苏军仅阵亡 1.3 万人，负伤 5.3 万人。

希特勒从来就没有认真总结过战争中的经验教训，自始至终都在不断进攻中耗光德军所有的力量。1945 年 3 月 6 日在布达佩斯已经落入苏军之手后，柏林战役之前，希特勒把从西线撤下的最后机动力量——拥有 20 万兵力和 900 辆坦克的党卫军第 6 装甲集团军调到匈牙利，在巴拉顿湖附近发起德军在第二次世界大战中最后一次进攻作战。第 6 装甲集团军有最精锐的"阿道夫·希特勒师"和"希特勒青年师",但是此时德军已完全没有制空权,坦克数量和兵员数量上都是绝对劣势,其进攻势头仅维持了一个星期。与苏德战争初期任何情况下都在开战第二天就展开反攻不同,苏军在拥有绝对优势前提下却让第6集团军的攻势维持6天直到德军攻势完全耗尽,3月12日苏军才以优势兵力展开反攻,第6集团军立即陷入崩溃。

研究二战的很多军事家们都对德军的这次进攻感觉很莫明其妙,为什么希特勒没有加强柏林的防守,却把最后的精锐全消耗在东线的进攻上。以当时苏德双方的军事实力对比,德军的这次进攻完全是拿鸡蛋碰石头。但如果我们考察整个战争中希特勒的一贯行为和军事思想,就不会有任何奇怪之处了。

他在西线已经接近崩溃的情况下同样发起了阿登森林的突出部战役的进攻,把最后的精锐坦克力量耗光。人们对他的这个行为有各种各样别的解释,如想去打开海上通路,想以胜利获取更多的谈判条件等。但这些猜测性的分析大多是仅针对这个战例本身的解释,缺乏其他方面的佐证。如果能明白希特勒就知道进攻,无论仗打到什么程度他都是固执地要求部队进攻,且绝不许后撤,这就是其一贯的军事作风,对这些战役的发起就没有任何不好理解的了。

在苏德战争中,只有极少部分前线指挥官明智的避敌锋芒的撤退要求得到容许,从而能全身而退。在苏联红军火星行动中与苏军交手的是德军第9集团军,指挥官是莫德尔。莫德尔始终就不赞同要耗费如此之大的兵力坚守勒热夫突出部。如果能将更多兵力投入到斯大林格勒,或许保卢斯的第6集团军就不会覆灭,甚至可能成功拿下斯大林格勒。他在成功抗击了朱可夫的"火星行动"之后,1943年1月终于得到希特勒容许后撤。随后,莫德尔制订了代号"水牛"的作战计划,经过一个月的精心准备,3月1日开始有序后撤。苏军发现德军的真实意图而全线追击,却为时已晚。莫德尔最终使整个第9集团军全身而退撤出危险的勒热夫突出部,成功以疲惫之师挫败苏军的火星行动,也使莫德尔赢得防御战专家的名声。

3. 如果毛泽东或库图佐夫来打苏德战争结果会如何？

我们可假设一下，如果德军或苏军采用毛泽东的军事思想和本书的战争理论来制订苏德战争的战略战术，结果会是如何？这样的分析可能会使我们得到很多非常有意义的结论。

在德军进攻苏联西部的时候，由于受到苏联大清洗、集体农庄政策、大俄罗斯主义等大量错误政策的影响，很多地方的人是抱着欢迎的态度迎接德军的。战争初期苏军投降的数量非常大，也是因为这些地区的士兵本身就对苏联政府有反感情绪。如果德军能够以敌方资源转化率为核心指标，对当时的民心加以充分利用，采用毛泽东的统一战线策略，苏联可能很快就一败涂地了。但是，让这些地区的人们没想到的是，希特勒比斯大林残酷百倍。斯大林是大俄罗斯主义，而希特勒的纳粹简直就是直接进行种族灭绝。这让本来可以成为德国同盟的人，最后大都坚定地站在苏联一边打击德军。

我们只要简单比较一下毛泽东指挥的中国共产党军队在所有战争中的表现，就可以清楚地看出非常重大的区别。毛泽东不仅绝对不愿意看到自己的军队遭受苏德战争那么大的伤亡，也根本就损耗不起，甚至远比这小得多的伤亡也不愿意看到。在中国共产党的军队几十年的战争历史上，只有四次师级规模在一次战役中成建制被歼的战例——长征途中的湘江战役、新四军皖南事变、金门战役、朝鲜战争第五次战役中 180 师被歼。从来没有过师以上规模在一次战役中成建制被歼的情况出现。

抗日战争中的百团大战，这个战役在地理范围上是接近整个敌后游击区范围，出动的兵力是 100 多个团，打了 3 个月。歼灭敌方是 1 万多人，八路军和新四军损失也是 1 万多人。在战略上迫使日军认识到后方所处的巨大威胁，从而使整个日军在中国战场由进攻转入防御。即使这样，毛泽东在肯定积极作用的同时，也对这样的损失感觉受不了，并对彭德怀进行了批评。

平型关大捷，林彪指挥的 115 师伏击了日军一个后勤大队，双方伤亡都在 1000 多人。虽然此次战役胜利在当时给全国以很大鼓舞，但毛泽东在积极评价的同时，也告诫八路军以后不要再打这种损耗太大的仗。

朝鲜战争中的第五次战役，中方自己上上下下都认为打得不好。此战志愿军伤亡是 8 万多人，歼灭对手也是 8 万多人。

另一场伤亡较大的战役是淮海战役，解放军伤亡十万多一点。而辽沈战役四野歼灭对手 52 万人，自身伤亡只有 3.9 万人。朝鲜战争中的第五次战役和淮海战役，基本上就算是共产党军队战争史上一次战役中伤亡的上限了，但它却是苏德战争中伤亡数字的下限，且淮海战役是解放军以 60 万人对 80 万人，战果是歼灭对手 55 万人，在歼灭对手的成果上却完全达到了苏德战争的数字水平。在朝鲜战争第五次战役之后，毛泽东和志愿军领导就迅速从根本上改变了战略战术，从此再也没有发起过全面地大规模进攻作战，完全放弃了当时曾规划的第六次战役，转入以坑道为主的小规模战役。

很多人认为，毛泽东作为一个军事家，最伟大的贡献是把游击战上升为一种战略，这种看法是有严重问题的。一方面，近现代大规模游击战，尤其是敌后游击战的老祖宗严格说来正是"老大哥"的俄国人，而不是中国人。不仅苏德战争中苏联进行了大规模的敌后游击战，而且早在拿破仑入侵俄国时期，库图佐夫就组织过大规模的敌后游击战。另一方面，共产党的军队也不是一直在打游击，而是有很多大兵团的主力会战、阵地战和大兵团的进攻作战，甚至是在朝鲜战争中面对全球最强对手成功进行大规模的进攻作战。在解放战争后期进行的几次决战行动中，参战人员规模都在百万以上，一次性歼灭对手的数量都在 50 多万人这样的规模。这种大兵团作战的规模不亚于历史上任何战争的规模。

毛泽东真正杰出的军事思想并不在于具体的战术和战役进行方式，而是最充分地体现战争的经济原则——不仅绝不去做亏本的买卖，甚至利润额，尤其是利润率不高的买卖也坚决不做。"打得赢就打，打不赢就走"，绝不在乎一城一地的得失。至于是用游击战方式，还是用其他方式去体现，那并不是问题的关键之处。因此，有很多西方著名的军事家认为在陆战中与毛泽东的军队作战是一个禁忌，从而试图在海战、空战或其他高科技战争中找便宜。但是，这种军事或战争的基本规律并非只适用于陆战，而是适用于一切以军事手段进行的战争形式。毛泽东作为人类有史以来最伟大的军事家或许会有人争议，但作为人类有史以来最伟大的战争经济学家和战策家，无人可以有异议，因为这可以有投入产出比和利润总额的精确数字为证。

库图佐夫可以不经交战就放弃莫斯科，毛泽东也可以只经过少量交战就放弃延安。在延安保卫战中，从来就没有提出过什么"我们已经退无可退，我们身后就是延安"这类激动人心的口号，而是在一开始就把主动放弃延安作为首要考虑的战略步骤。与斯大林完全相反的是，毛泽东是最强烈主张主动放弃延安的人，并且他极力说服了多数的军事将领，他们强烈地希望在延安与对手决一死战。在完全撤出延安之前，他特意嘱咐彭德怀最后撤退军队时，要把延安各个房屋的院子打扫得干干净净，以"迎接"胡宗南的部队进城。

无论抗日战争还是解放战争，他都是采取三个阶段的战略——战略防御、战略相持、战略反攻和决战。如果按毛泽东的军事战略思想，也采取三阶段战略来打苏德战争，情况就会大不一样。在一开始，苏军应依托有利地形和既有坚固工事有效杀伤德军，如果地形和实力不济，就应在实施有效抵抗之后坚决撤退，保存有生力量。即使具备有利地形对德军进行了有效杀伤，也需要在掩护主力、军工等生产物资、市民、军政人员等撤退后，就逐次有序地大踏步撤退，一直撤退500公里至上千公里。苏德战争中的部分战例也充分证明了，只要采取上述正确的军事思想，是可以用较小的伤亡获得更大战果的。

例如，具有坚固工事的布列斯特要塞，德军花了一个多月才攻下来，并遭受重大伤亡。苏联战前是建有坚固军事防线的，这就是斯大林防线。但真到开战时，因为一味强调进攻，并未充分利用这个防线给德军造成重大杀伤。因此，并不能简单地将苏军重大的伤亡原因归结为战前准备不充分，因为苏军重大战役损失的情况，在战争已经打起来之后依然大量地且长期地存在。

苏军南方面军放弃罗斯托夫后大踏步撤退到高加索山脉地区，也是积极战略防御的成功案例。遗憾的只是苏军并未能从这些战例中快速地充分吸取经验教训。

如果苏军能采取毛泽东的军事思想，就可以很快进入战略相持阶段，并在这个阶段保有远比当时充分得多的实力。同时，在这个相持阶段不应当盲目地快速反攻，而是大力开展敌后游击战，外加轰炸机的战略轰炸，以强烈破坏德军的后勤补给线，以小规模战斗大量消耗对手。

当德军战线和补给线拉长到上千公里时，他们自己都会把自己耗死。由于需要漫长的补给线，德军运送燃料的途中消耗非常大，一车油运到前线，一大半会被运油的车自己消耗了，最后不得不用牲畜来运油。因此，只要在相持阶段耗上不长的时间，德军自己就受不了了，哪里还需要通过实际战斗去解决问题？将德军的先进坦克、飞机、机枪等在厂房里、火车上、仓库里、机场上炸掉，远比在战场上打掉代价要小得多。既然如此，为什么不尽可能多做这种成本低利润高的买卖呢？待敌方实力已经严重不济时，再集中绝对优势兵力，选择敌人最弱小的一部发起战略反攻和决战并予以全歼，而后每次都集中绝对优势兵力将敌人逐个分割歼灭。这样苏德战争中苏军就会像中国解放战争时期一样快速地取得胜利，并且损失会远小于当年的实际结果。

甚至也可以采用库图佐夫的战法，在战略反攻阶段根本就不需要太多直接的进攻行动，只要赶着敌人跑就可以了。这个战争并不是内战，其根本目的只是要把侵略者赶出去，最终收复失地。当年库图佐夫放弃莫斯科后，并不急于和法军主力交战，而是通过大量游击战消耗法军，最后是拿破仑自己受不了主动撤出莫斯科。这才是高明的军事策略——"不战而屈人之兵"。不经交战就放弃的莫斯科，仅仅 3 个月后又不经交战就拿回来。毛泽东在 1947 年 3 月 19 日放弃延安，一年多后的 1948 年 4 月 22 日，不经交战拿回延安，而且在 1949 年 1 月 21 日，不经交战把北京也给拿过来了。

红场阅兵后士兵直接开赴前线场面的确壮观，莫斯科保卫战和斯大林格勒保卫战壮烈的胜利的确是第二次世界大战中的转折点。但是，即使我们以俄罗斯自身历史上最优秀的战例来分析，这些胜利也有些过于惨烈了。莫斯科和斯大林格勒有什么不可以放弃的？不经交战就放弃的东西，很快就可以不经交战就拿回来的。

在战略反攻阶段，库图佐夫除在红村等地打了少量战役外，绝大多数情况下是尽量避免同法军直接交战，只是在其两翼以快速机动的骑兵保持强大军事压力和拉开合围法军的架势，却并没有要求一定去合围。库图佐夫一直赶着拿破仑大军一路狂奔地逃回法国。在法军仓皇逃跑路途上，因其自身补给困难、行动混乱和伤病等带来的自然损耗，比通过交战带来的损耗要大得多。俄罗斯拥有恶劣天气的条件，库图佐夫最充分地利用了这些条件——天地万物皆可为兵，而一般的军事家却只是把作为人的士兵看作是兵。既然可利用如此恶劣的天气将敌人冻死、饿死、病死，何苦要浪费自己士兵的宝贵生命和子弹去歼灭敌人？

斯大林格勒战役中，士兵们喊着"我们已经退无可退"的口号同德军抗击到底，但事实上从战争一开始苏军就在喊同类的口号。其实没有什么不可以退的。如果斯大林也能拥有库图佐夫和毛泽东那样的智慧和勇气，把明斯克、斯摩棱斯克、基辅，甚至莫斯科、斯大林格勒、列宁格勒都给主动有序地放弃了，德军只会失败得更快、更惨。并且苏军的损失也会小得多。

但是，在第二次世界大战胜利之后，斯大林一句"胜利者是不受审的，不能谴责胜利者，这是一般的公理"即将苏联战争胜利模式的成本问题和投入产出比问题完全掩盖。

今天，中国的军事实力和武器装备越来越强，也有人开始喊出要"御敌于国门之外"的"响亮"口号。对此我们需要小心对待——如果真能做到御敌于国门之外的话，意味着根本就不会有敌人打来。但是，如果真有敌人会打过来，假若敌方有最基本理性的话，就表明你根本就没有能力或机会御敌于国门之外！你要御敌于国门之外，对手就正好希望是把你的精锐力量歼灭于坚城之外，省得再到你的地盘上打消耗巨大的攻坚战。退一步说，即使有能力御敌于国门之外，把敌人引到好打的地方打，也比在不好打的地方打，利润和利润率要高得多。既然如此，为什么不去追求利润额和利润率更高的买卖？

毛泽东军事思想最核心的精华并不是赢得战争，而是以利润率最大化、利润总额最大化、最高的投入产出比模式去赢得战争。百战百胜的军事家比比皆是，但能永远以最高的投入产出比、最高的利润率和最高的利润总额去赢得战争，这才是"善之善者也"！

朝鲜战争中，志愿军打得最好的战役是两个，一是第二次战役，二是后期的坑道作战。第二次战役是志愿军故意撤退，把敌方引到自己预设的包围圈里面再打。后期的坑道作战是以自身伤亡最小的方式去消耗对方，同时用更长的时间去争取苏联的更多军事援助。不能赚取更多利润的仗为什么要打呢？

相对来说，美军的战术比苏德以及日军要灵活得多，而与中国军队接近。在朝鲜战争中，美军在作战不利情况下，一般都会迅速有效地撤退。志愿军很少能成建制围歼美军团以上规模的军队，不仅是美军火力很强，更重要的是美军灵活机动的战术风格与志愿军可说是棋逢对手。如果美军在被志愿军包围后能像苏德军队那样顽强地坚持到底，绝不后退半步，被歼灭的美军就不会像朝鲜战争中那样少了。

毛泽东的军事思想之所以是不可战胜的，根本原因就在这里：永远只去打不仅能够打赢，而且是有高额利润的仗。"存人失地，人地皆存；存地失人，人地皆失"这话就是在主动放弃延安时，毛泽东说给其他人听的。如果打不赢就撤，甚至利润少了也不要去打，很简单。或者主动创造能够产生高额利润的条件，以能够获得高额利润的方式去打，挑好打的敌方部位去打。除此之外，不要再去奢谈其他任何听起来很激动人心的理论、道理和口号，那些理论道理和口号都是只能遭致自身灭亡或惨重损失的妄言和误国、误军的错误思想。

再对比一下巴顿将军在第二次世界大战中的战略战术，可更精细地看出对战争本质理解的差异。巴顿将军也是以持续的进攻作战见长。在1944年任第三集团军司令，作为第二梯队参加诺曼底登陆后，仅在9个月间，就歼灭精锐的敌军 140 万人，解放大小城镇 1.3 万座，且相对伤亡非常小。他之所以能做到这一点，并不是一味蛮干地正面强攻，而是因为采用了最有效的避实击虚的攻击战略战术，重点是在打击敌后方补给线。他很少直接攻击敌方防御强大的正面，主要是利用装甲主力的高度机动性快速绕到敌人背后，切断敌人补给线和退路。如此一来，敌方就不战自乱了。这样，他不仅高效地击败敌人，而且因尽可能地避开与敌方依托既设坚固阵地的主力直接交战而损失极小。

要尽可能去打击敌方的恢复能力，而不是直接打击敌方的打击能力，尽管对敌方打击能力的打击是不可绝对避免的——这是少战而以最高额利润屈人之兵的奥秘。少战，当然战斗损失就少。能避免同敌方主力正面交战，战斗损失就会达到最小。打击敌方的恢复能力所取得的效果，远比直接打击敌方的打击能力要好得多。

战争史上的天才们都是这样进行战争的高手。中国历史上的曹操同样是非常喜欢打击敌方恢复能力——打劫敌人的粮道。

尤其是在今天拥有空军、中远程武器的条件下，可以越过前线敌方重兵集团，直接攻击敌方后勤补给线、基地、军事生产设施等条件下，更是应当尽最大可能地避免同正面之敌的交战。即使敌方充分明白这一点也无济于事，因为分出重兵去保卫后方的话，前方的攻击力量就会严重不足了。

但是，整个苏德战争中，我们看到的战争双方几乎都是同一个模式——主力对主力、总攻对总攻、坦克对坦克、飞机对飞机、大炮对大炮。能迎着敌人炮口和机枪口直接冲锋的，绝不绕一点道。敌人的总攻命令，几乎就等同于己方的总攻命令。斯大林与希特勒的区别仅仅在于：斯大林是在敌人发起进攻的第二天就发起反攻，而希特勒是敌人早上发起进攻后当天下午就发起反攻。这样的战略战术，怎能不等同于绞肉机？这样的仗就是打赢了，也注定是惨胜，得不偿失。

第十四章

科学地总结战争历史

战争难以用实验去进行研究，因此战争史成为最重要的战争科学的测量数据。但如果不能对战争史的资料进行科学总结，可能会得出完全错误的结论。单纯地以史论史，会在表面上得出怎么说都有道理的结论。只有将相同的结论去应用于一切战争史进行验证，才能知道它是否是一个科学的结论。

战争意志

2014 年是中日甲午战争 120 周年，中国大众媒体上也出现大量对该场战争教训的总结。此前军事专业角度对该战争的分析已经非常多。但事实上，无论中国还是日本，都未能从甲午战争这个特殊战例中总结出真正的教训。对中国失败常见的原因总结为：

制度落后。

官员腐败。

准备不足。

迷信武器决定论。

军队指挥官贪生怕死、临阵脱逃。

过多寄希望于国外势力调停。

政府腐败。

弹药不足。

慈禧挪用海军军费造颐和园过 60 大寿，造成战前军费投入不足。

黄海海战中一系列看似偶然性的指挥失误。

……

黄海大东沟海战虽然清朝北洋水师遭受惨重伤亡，但人们认为"北洋水师在黄海海战中遭到全军覆灭的惨败"的看法即使从战术角度来说也是完全错误的。

不管怎么说，中国北洋舰队与对手进行了一番殊死较量。北洋舰队损失"致远""经远""超勇""扬威""广甲"（"广甲"逃离战场后触礁，几天后被自毁）5 艘军舰，死伤官兵千余人。而日本舰队"松岛""吉野""比睿""赤城""西京丸"5 舰受重创，死伤官兵 600 余人，甚至"赤城"舰长坂元八太郎也在此战中阵亡。因此，仅就黄海海战这个战役本身来说，即使我们承认北洋水师是失败了，但无论怎么说都不算特别到哪里去。北洋水师也并没有在这场海战中全军覆灭，而是最主力的 5 艘军舰都还在。

还有一点需要提醒一下的是，如果战役的成败是以"谁占领了谁的阵地""谁赶跑了谁""谁先败下阵来"等为判定依据的话，历史事实是，黄海大东沟海战结果是日本舰队受不了率先撤退了，而不是北洋水师受不了先撤退的。

在太平洋战争初期的珍珠港事件中，美军连还手的机会都很少。不管从什么角度说，此战美国海军不仅可以肯定是"完败"，而且损失要比黄海海战中国军队惨得多。仅仅 10 个小时之后，日军又突袭美军菲律宾基地，所有美军在菲军事基地的飞机全部被炸毁。此后美军无论在东南亚，还是在太平洋上一败再败，直到丢失整个菲律宾。黄海海战，中国军队在军舰上的损失的确远超日军，但人员上的损失是 5 ：3，基本上算是很接近了。相比珍珠港美军 3684 人伤亡，日军伤亡只有 65 人，约为 170 ：3。美军在珍珠港战役中交换比上的损失达到中国在黄海海战中的 34 倍！两者相比可算是天壤之别。但为什么从来没有人认为这是美国社会制度落后造成的？没有人认为是美军武器装备落后日军而造成的？没人认为这是美国政府腐败、官员腐败造成的？如果不是，那么就是说，人们总结的甲午战争中的教训原因所带来的恶果，比没有这些因素造成的恶果更小吗？

尽管战争的成败会涉及到全社会的各个方面，它们都会对战争进程产生影响。但无论如何，首先我们必须关注战争本身的规律。并且，作为一种科学的研究结果，其结论不仅应能符合正在解释的历史案例本身，而且同样的理论也应当符合其他的历史案例，而不是对每一个案例都是特定的解释。这样"就史论史"的结论毫无意义和价值。

北京电视台《青年》频道，2014 年 7 月 5 日开始，每周六、日晚 8 ：20 推出"甲午推想"，代表了中国无论官方还是民间，无论学术界还是军事理论界普遍的观点。片中尽管一再强调历史是不能假设的，但却还是不断去假设历史，如果"不是那么多炮弹不响""没有那么多日本间谍""北洋水师不是排出雁形横阵""李鸿章不犯那么多错误""不出现那么多临阵脱逃的将领""援军能够及时到达"……甲午战争结果是否会不一样？

北洋水师打到日本军舰上的炮弹有 134 发，研究者们提出设想，如果这 134 枚炮弹全都爆炸，黄海海战是否结果会不一样？但是，北洋水师的定远舰一艘舰就中弹 159 发，而镇远舰更是中弹 220 发，都没有受到致命伤害。北洋水师当时用的炮弹大多是实心弹，而日本海军也是大量使用实心弹的。当我们问如果打到日本十多艘军舰上的 134 枚炮弹都爆炸会是什么结果时，也要同时假设一下如果打到定远舰的 159 发和镇远舰的 220 发炮弹也都爆炸会是什么结果？日本要吃的后悔药不是更多吗？

的确，当时整个中国有很多具体战术上的错误教训值得深入记取。但是，我们必须看到，任何时候一定的错误都是难免的。第二次世界大战初期苏联和美国政府所犯的战术、甚至战略性错误又能比中国清政府少多少？

整个甲午战争中国军队伤亡 31000 多人，而日军伤亡也高达 13000 多人。中国军队总数为 60 多万人，日本军队总数为 20 多万人。因此，就双方的总体战损率而言应当是差不多的。可以说中国军队在初期遭受敌方突袭的情况下，能使对手受到这样大的伤亡和消耗，其战绩应当是相当可观的，尽管大部分的日军是因病而死的。当时中国军人，尤其英勇士兵们的表现值得我们今天足够的尊敬。客观讲，以其与对手相比较的损耗比或交换比来计算的战绩，远远超过二战初期苏联军队的表现，以及太平洋战争初期美军的表现。清军在军事上的失败与他们相比，根本就算不上什么。

苏联在德军实施巴巴罗萨计划之前也并未积极备战，甚至在军队中错误地进行大清洗，造成大敌当前时失去 80% 以上优秀的高级军事指挥人员。苏联在战争初期，甚至中后期，不断地遭受多次动辄几十万红军被德军合围歼灭的极端惨败战例。即使在获得胜利的莫斯科保卫战，仅苏联红军被德军俘虏的人员就高达 70 万人之多。后来在追击性的反攻战役中，又伤亡 50 万多人。在苏德战争中，苏军无论输赢，像这样损失几十万人，上百万人左右的战例比比皆是，单纯军事上的错误和值得吸取的战术教训远远比甲午战争中的清军多得多。

甲午战争期间的平壤战役、黄海海战的失败，以及其后的鸭绿江江防战役、旅顺口战役、威海卫战役的失败，就算全部加起来的总和，与苏德战争中任何一场大的战役相比，可以说根本就不值一提。

在欧洲战场，德军在初期绕过马其诺防线，一路打下整个法国。被称作"奇迹"的敦克尔刻大撤退，英法联军在海滩上尸横遍野，丢弃的武器辎重堆积成山。英国本土也遭受德国空军持续的狂轰滥炸，希特勒当时已经认为英国就要举手投降了。但英国没有投降，并坚持把战争打到底。

法国甚至已经整个国土沦陷，其第一次世界大战的英雄贝当领导的政府都已经投降，而流亡到英国的法国军队在戴高乐领导下还能成立抵抗组织，并最终打回老家，收回所有国土。

英国等盟国最后赢得战争，也是依赖了美国的外力介入。后来抗日战争的胜利，美国与苏联对中国的外援也起到巨大作用。甲午战争中中国政府希望获得外援，仅从其基本思路本身来看并非没有道理，问题是外援只是在你通过自己可以坚持把战争打下去的前提下才会出现的。

为什么苏联、美国、法国、英国等都在战争初期，甚至中后期遭受远远比中国甲午战争大得多的战役失败情况下却最终坚持战斗，直到最后赢得战争？而中国在甲午战争中仅仅是遭受了战争初期，在敌方突袭的几个完全微不足道的战役失败，并且在这个过程中已经使对手承受了巨大损耗的情况下就举手投降了？

任何政府都会多多少少存在腐败。如果下一次战争中，敌方乘机施放大量可能是真、更可能是假的消息，指责中国政府甚至军队官员腐败，是否中国政府、中国军队和中国人民也可以不再抵抗而举手投降了呢？

无论在平壤战役、黄海海战以及后来的陆上战役中，都有中国军队首领临阵脱逃的事情发生。如果没有这些军官临阵脱逃，使中国军队陷入群龙无首的状态，中国军队的战绩显然应当比实际战绩大得多。后来在《马关条约》签订后，日军占领台湾的过程中，仅民间的抵抗就使日军产生超过甲午战争1倍的伤亡。而如果以战死士兵计算，台湾民间抵抗使日军战斗死亡人数是甲午战争中战死人数的 10 倍。每个国家都会有贪生怕死的逃兵。但一个极其简单的问题是，这些临阵脱逃的军官为何没有被立即处决？相比之下，八年抗战时期，主动避战丢失整个山东的省主席韩复榘被逮捕处决。虽然有观点认为韩复榘自与冯玉祥决裂投奔蒋介石后不久就有矛盾，并且因西安事变中通电支持张学良而使矛盾更进一步加深，但客观上韩复榘的确存在消极避战的事实。因此，对韩复榘的处决给存有想保存实力、可能不战而退的各路军阀敲响了警钟。早年韩复榘在北伐时期也是一位英勇善战的将领，是靠战功一步步升上高位。甚至在抗战初期也对日军进行过积极的抵抗，如进行了夜袭桑园车站、血战德州、坚守临邑、济阳遭遇战、徒骇河之战、济南战役、大江口阻击战、配合台儿庄的外围战、夜袭大汶口等比较大的战役或战斗，重创了日军，他自己的部队也损失惨重。因此，在这一点上，他甚至比叶志超"更好一些"。叶志超同样是依靠战功一步步升上高位，但甲午战争初期在平壤战役等作战中不战而退，却未被立即处决。

中国军队与日本军队之间只能说有武器技术差距，但绝不能说是代差级的。中国军舰在炮弹（大多为实心弹而不是带火药的开花弹）、火炮射速、舰艇航速等几个指标上的确有显著差距。但这种落后仅仅是同一个军事时代的落后，都是热兵器时代的军舰对军舰、枪炮对枪炮。并且，北洋水师的军舰，尤其定远和镇远舰装甲厚实，抗毁性能远超对手。

美军在太平洋战争开始时，既不比日本穷，军事力量也不比日军差，但战争初期遭受的一系列战役失败的损失却远超过甲午战争中清军的损失。不贫穷落后也照样可能会挨打，并且也都可能会在战争初期遭受一系列的军事惨败。

如果我们以为只要开发生产了更多先进武器装备，解决了社会体制的问题，官员腐败的问题等，就可以解决挨打的问题，仔细研究一下太平洋战争就会得出完全不同的结论。军事准备只可能减少战争消耗的程度，却不可能从根本上避免战争的消耗，甚至也不能避免单纯军事上的失败，以致全军覆灭的惨败。

因此，甲午战争失败的根本原因，并不是中国军事的失败，甚至可以说与军事失败并无主要关系。

真正的问题是，为什么当时中国仅仅承受了如此微不足道的战争损失，就完全丧失了将战争持续进行下去的信心？其战争意志的战损崩溃点，为何低到如此弱不禁风的程度？这才是今天的中国人需要认真思考的问题。如果不能考虑清楚这个问题，其他一切经验教训的总结都可能是严重误导中国人的。

中国至今对于这场战争耿耿于怀是因为，在第一次鸦片战争和第二次鸦片战争中，中国军队已经与对手存在太大差距，从而入侵者可以武器代差型 0 伤亡作战方式打败中国军队。中国的失败至少可以主要归因于客观上的武器和技术落后。但在甲午战争中，中国军队的武器装备已经与对手处于同一武器时代。这场战争败得太没有道理，战败的损失也最大的，因此它败得太让中国人心有不甘。

如何看待军事能力

现在有中国军事家（甚至是一些被称为"鹰派"的中国军事家）提出要御敌于国门之外，不是要建立"海上钢铁长城"，而是要能够在外海将入侵的敌人歼灭，甚至有将战争引向敌方家门口的能力。作为一种军队建设的思想，这无疑是正确的。但作为一种战争和战策思想，却需要高度警惕。因为无论建设了多么强大的军事力量，任何某一部分看似强大无比的军力，都有可能在敌人最初突袭阶段面临全军覆灭的可能。辽宁舰，或中国更新的、甚至达到全球最先进的核动力航母战斗群，都有可能在下一次战争的一开始，就被突袭的敌人打沉或全歼。如果遇到这种情况，该怎么办？

当发起战争的敌方要进行突袭时，一定是做了非常充分的全力准备。无论如何开发海军装备，都不可能绝对避免一个潜在敌国举全国之力进行的突袭。他们可能会针对某个航母战斗群具体的技术状态，开发出有针对性的武器装备。从战术上说不可能绝对保证一个特定时代的武器装备无任何缺陷存在，那样做将会使成本高到任何国家都无法承受。因此，如果把像中国这样一个国家的安全，完全建立在获得一种可以"御敌于国门之外"的某种武器之上，这即会使潜在的敌人，也会使中国自己都产生完全错误的幻想：

潜在的敌国会幻想，只要以突袭方式毁灭了这种中国人作为国家安全基础的武器，就可以获得全胜。甲午战争中，日本正是认为只要全力打败北洋舰队，甚至只要打败定远和镇远这两艘亚洲最大的主力军舰，就可以打败整个中国。因此，这反而会更加鼓励其军事冒险的想法。而且这种想法，竟然在甲午战争中得到远超日本自己想象的成功验证。

而中国自己则可能会幻想，只要拥有了这种武器就可以获得国家绝对安全，如同甲午战争时期的中国人一样，将一个大国的安全战略，完全建立在某几件武器的战术指标之上。甲午战争之前，清朝上上下下对定远和镇远舰的自信并不是完全没有任何道理的。事实上，根据黄海海战实际的交战结果，如果当时定远和镇远开花弹的数量充足，仅凭这两艘日本舰队怎么打都打不沉的军舰，就可以坚盾型 0 伤亡模式全歼日本舰队。

但是，如果使自己获得过分自信的强大武器，于战争初期因对手的突袭而全军覆灭。甚至更进一步，一些小的，甚至大的海岛，沿海城市，以至内陆大城市受到快速的突袭而沦陷时，结果会是什么？甚至于我们还可进一步假设，如果造成这种局面的都不是现在中国设想的某些强国，而是某个中国完全看不上眼的小国进行这种突袭。如完全歼灭中国南海舰队，并攻占了中国南方几个重点的大城市和整个海南岛，结果又会是什么？

不可能吗？当初整个清朝就是完全看不上日本，认为凭日本这样的弹丸小国根本不可能进攻中国。

如果中国的国民，甚至中国的军人根本就不去做这种设想，就会在真遇到这种事情时，彻底手足无措，并迅速地丧失战争意志。

或者都将责任完全推卸到他人身上，反而在国难当头时到处相互指责，甚至自己内部又先打起来，从而使敌国初期战役性突袭的胜利，演变成整个战争的战略性，甚至战策性的胜利。直到今天，中国大量对甲午战争失败的总结，还是陷在中国人内部相互指责的泥潭之中。例如，无论是当时，还是在今天，大量中国的研究者仅仅是简单地把指责的矛头对准李鸿章等人。

第三节

避免简单的内部相互指责

在最初始的丰岛海战中，清朝海军仅派出三艘舰艇护送清军的陆军增援部队，在遭到以日本吉野舰为首的游击队袭击后，立即显示出中日两国海军武器装备上的实际差距。济远舰长方伯谦的临阵脱逃，固然有其本人贪生怕死的主要因素，但在实力不如对手时，有序地尽快脱离与敌方接触在客观上也是符合军事原则的。此后在失去海上增援路线的朝鲜清朝陆军，由此陷入孤立无援的境地，在此状态下作战军心极易动摇，曾经因作战英勇而被提拔成入朝作战总指挥的叶志超，此时却变成作战意志极为薄弱的将领，平壤之战也很快因其战争意志的崩溃而溃败。朝鲜地形是深入海中的半岛形，在失去制海权的情况下，日军可以很容易利用制海权绕过陆上的防线，而在后方登陆。这种模式此后也一再发生，著名的美军1950年9月15日的仁川登陆，太平洋战场上的"蛙跳战术"等都是如此。

方伯谦和叶志超被中国后人唾骂，但为什么一个国家的命运竟然可以系于一两个军队将领的作战意志上呢？如果丰岛海战时是整个北洋舰队为在朝陆军提供增援（当初李鸿章是有这个计划的），方伯谦就不会成为决定黄海海战命运的人，无论其本人作战意志高低，也无论这样做是否可以改变战争的结局。

我们可以设想一下，如果是毛泽东来指挥甲午战争初期的作战，他会做出什么的决定？以毛泽东惯用的战略战术，我们可以设想到的是，他会让叶志超迅速有序地撤离平壤，并利用朝鲜北部山多的有利地形打几个伏击战，而后大踏步撤过鸭绿江，甚至诱敌深入，在华北地区大打运动战，大量消灭敌方有生力量，而不在乎一城一地的得失，并留下一部分兵力，联合朝鲜游击队深入敌后方打游击。如果是有这样正确的战策、战略和战术指导，叶志超和方伯谦都可能成为民族英雄，而不是历史罪人。

有研究指出，方伯谦并不是在一开始就想到要逃跑的，丰岛海战开始时方伯谦指挥的济远舰是处于正常的作战状态，甚至将一发实心弹打入了吉野舰的轮机仓。而在其遭到重创后，作战意志崩溃并开始逃跑。

当后人简单去指责那些临阵脱逃的罪人时，需要去认真想一下，如果你是叶志超，处于朝鲜孤军作战的情况，而清政府也无明确战策和战略指导下，你会做出什么选择？指责他人是很容易的，把失败都推卸到实际处在第一线作战的人身上也是很容易的，但也是最无济于事的。左宝贵、邓世昌等战死疆场的将领成为民族英雄，失去北洋水师并且签订《马关条约》的李鸿章受万人唾骂，但历史不应是如此简单。

当历史过去，人们的眼光只是关注在第一线的人，对于那些在国家命运危亡时将自己置身事外的人则无人关注。但一个国家在战争中的成败不可避免地会影响到每一个人。

从未有任何人假设一下，李鸿章如果一开始根本就没有去建设北洋水师，也没有让自己的淮军处于战争的第一线，当时和现在的中国人还有机会去指责李鸿章吗？想把罪责都推到李鸿章头上，并不会使其他中国人免除自己的罪孽。如果当时的中国人不是把责任都推卸到他人头上，也不会在几十年后再次为日本付出比甲午战争高出上千倍鲜血的代价。

战争的心理准备

　　无论军事准备有多充分，都不算充分。只有整个国家不仅进行战争的充分物质准备，而且进行了战争充分的心理准备后，才算是准备充分了。

　　一个国家的根本安全必须是建立在其整体战争潜力抗消耗和消耗敌人的能力上。这个结论是非常残酷的，但战争本身就是极端残酷的，如果不能清醒意识到这一点，无论经历多少次战争失败，都无法认识到其真正的本质和规律。

　　直到今天，中国依然太过缺乏正确的国防教育，更别提战争意志训练。

　　美国好莱坞拍摄的电影中，有一类影片可以说是长盛不衰，就是美国遭受入侵，甚至国家被占领的题材。入侵者可能是任何对象，最多的是外星人，还有冷战时期的苏联。而最令人匪夷所思的是，很多电影竟然将占领美国国土、并统治美国的入侵者设想成朝鲜。但在这些电影中，无论何种情况，美国人都是在敌人强大到几乎令人绝望的情况下，依然坚持战斗，并取得最后胜利。为什么独立之后只有他去打别人，而本土从来没有遭受过任何国家入侵的美国要不断地拍这种电影？这就是在任何时期都对美国人进行战争意志和国防心理的教育，使其在任何时候，无论遭受未来任何意外的战争失败，都不要降低其战争意志上的战损崩溃点。

　　波黑战争中，南联盟在长期持续的空袭中军队损失并不是致命的，但对民用设施的攻击，导致城市内停水停电，使民众完全丧失战争意志，这才是致命的。

　　克劳塞维茨的论断并非绝对正确，显然并非所有大国都是不可战胜的。只有那些不管遇到什么艰难困苦的恶劣情况、遭受多大牺牲、自身犯多少错误、战役上遭受多么惨烈的局部失败，都会坚持抗战到底的大国，才是绝对不可战胜的。

毛泽东时期的中国经济和军事也都很落后，但却让所有国家畏惧，原因并非仅仅在于其具有相比清朝更强的军事能力，而是其战争意志力让所有潜在的敌人都看不到底。他具有准备让出中国几个省，牺牲数以百万，甚至千万计的人员，也要与入侵的敌人血战到底的坚强决心，并且没有任何人，包括所有潜在的敌人和中国人自己，会对这一点有丝毫的怀疑。不仅如此，他也拥有让入侵的敌人付出不可承受代价的充分智慧和战争动员能力。

中国八年抗日战争时，作为当时中国领导的国民党政府和蒋介石是丢掉半个中国，付出伤亡高达 3500 万人的代价，但守住了重庆，并与日本作战到底，直到最后胜利。与甲午战争时相比，临阵逃脱的叛将、政府腐败、制度腐败、官员腐败、全军覆灭的惨败、日本成功的间谍战、战前，甚至战争过程之中对战争错误的判断、战前准备的不足、武器装备的落后，甚至相比甲午时武器落后程度更大……所有人们对甲午战争所做总结的教训，有哪一个在抗日战争时没有继续存在？又有哪一个程度上比甲午时的清朝明显地更少？但为什么抗日战争中国就能打到了最后？

再往前看的明朝，同样是以朝鲜为起因同日本交战，当时的明朝国力同样非常衰弱，却大胜日本海军。

克劳塞维茨说："战争是将一切推到极端的方式。"这有两个含义：

一是当一方要准备主动进行战争时，必须充分考虑到另一方会把一切推到极端地与自己交战，而不是仅仅依据当时的情况假想出结果，更不要以为对手一两场战役的失败就会导致整个国家战争的失败。

二是一旦有敌人把战争强加于自己，必须迅速调动一切潜在战争资源，创造一切胜利条件，更关键的是要有把一切推向极端应战的战争意志和决心，否则就会面临亡国，或付出远比把战争打到底更加屈辱的条件。这在本质上与其他任何条件都毫无关系。其他条件所影响的，仅仅是带来数量上的差异。

另一方面，中国的国民也应因此充分理解，战争对中国的真正意义到底是什么，而切不可动辄轻言开战。如果未充分意识到中国需要准备付出百万，甚至千万计的人员伤亡代价，就不要去妄言战争。不要以为今天的战争规律与昨天会有任何不同，一旦大国之间战争循环因果序列的第一个时序开启，后面的突变过程就很难再受任何人的控制了。

我们当然不会否认从各个技术角度对此场战争的总结。从技术角度说，永远是需要改进的。不要说那些失败了的战争，即使是所有那些打赢了的，甚至打得非常杰出和漂亮的战争，也都有从技术角度改进的必要，都有教训存在。在甲午战争中，这些问题当然也会存在。但必须高度清楚的一点是，我们显然不是把甲午战争，放在与其他一般战争技术教训的意义上讨论问题，而是这场战争对于中国真正特殊的意义在哪里。

第五节

从日本角度应得到的教训

　　日本在第二次世界大战中不仅是与作为大国的中国开战，而且是先后与苏联、中国、美国、英国四个大国几乎同时开战，并且当时的日本完全不具备对美国本土和英国本土的军事恢复力进行消耗的任何能力，对苏联本土恢复力的消耗能力也几乎没有，甚至在战争中根本就没有对美国的军事和经济运输线进行攻击。据日本当时自己估算，发起珍珠港突袭时，当时美国石油产量是日本的 500 多倍、生铁 20 倍、铜 9 倍、铝 7 倍，美国平均工业产量是日本的 74 倍以上。当时日本曾自己估算过，如开战，日本年均损失战舰 140 万吨，远超补充能力，到第三年，所有民用船只都将消失。日本的军事生产潜力远远落后于美国，这是战前即使在日本内部也是人所共知的事情。事实证明也完全如此。以稀缺性的武器装备航母为例，在 1942 年 8 月瓜达尔卡纳尔战役开始时，美军在整个太平洋上有 4 艘航母，日军有 6 艘航母。在战争进程中美军损失了 2 艘航母，日军虽无航母被击沉，但有 4 艘受到重创，也只剩下 2 艘可以作战。但到了 1943 年年底，美军在太平洋上已经有十多艘航母，而日军直到 1944 年 3 月才有一艘新航母服役。在这样的巨大生产能力差距之下，日本根本不可能经得起消耗。

　　但是，日本却是主动挑起了太平洋战争。他们当时是怎么想的？为什么会有荒诞到这种程度的行为呢？

　　甲午战争的胜利，使日本完全冲昏了头脑，产生了太大的幻想，或者这种幻想之前就存在，但会被甲午战争无限地放大。那就是，总是寄希望于用简单几场决定性战役的胜利，就使对手越过战争意志的战损崩溃点，并达成战争赌博式的最终目标。他们完全忘记了克劳塞维茨"大国是不可战胜的"，以及"战争是将一切推向极端的方式"的警告。

日本几场相关战争的趋势分析

日本明治维新成功之后，连打了 5 场大的战争：甲午战争、日俄战争、八国联军入侵中国、第一次世界大战、第二次世界大战。其中八国联军入侵中国与一战，日本是以部分角色参与，因此不具有完整的意义，我们可提取甲午战争、日俄战争和第二次世界大战三场战争中日本的趋势做一个分析。

甲午战争，日本《马关条约》前伤亡 13488 人，占领台湾过程中伤亡 3 万人，因战争引起的国内传染病流行死亡 12 万人。当时日军与清军相比，以伤亡计算的交换比约在 3：1。当然，如果去掉疾病死亡，仅考虑战斗损失中死亡人数的交换比则会扩大一个数量级在 30：1。此战结果是签订《马关条约》，获得清政府前后合计 2.315 亿两白银，约合当时 3.6 亿日元。这些战争赔款的使用情况如表 14-1：

表 14-1　日本《马关条约》战争赔款使用情况

项目		支出额（千日元）	比重（%）
军费扩张	陆军扩张费	56799	62.7
	海军扩张费	139259	
	军舰水雷艇补助基金	30000	
临时军事费		78957	21.9
编入帝室御料（皇室内帑金）		20000	5.5
台湾经费补助金		12000	3.3
教育基金		10000	2.7
灾害准备金		10000	2.7

项目	支出额（千日元）	比重（%）
运输通信费	3214	0.9
八幡制铁所设置费	580	0.2
合计	360809	100

由 14-1 可见，这笔战争赔款的 84.6% 又都投入了日本的军费，成为发动下一次战争的投资。

所占台湾及澎湖列岛是日本真正获得土地的收益。尽管《马关条约》割让台湾及澎湖列岛给日本，但台湾本土的民间抵抗使日本实际占领台湾时付出伤亡 3 万多人的成本。因二战中战败，所占台湾及澎湖列岛土地又全部丢失，被日本占领的期限为 50 年。因此，虽然通过甲午战争获得该土地，但并没有完全成为"永久胜利成就"。

通过该条约获得的辽东半岛权益，受到俄罗斯、法国、德国三国干涉，史称"三国干涉还辽"。以 3000 万两白银换回了条约中割让的辽东半岛。这让日本极为不满，这种强烈不满埋下了 10 年后日俄战争的种子。

即使这个让日本占尽便宜的《马关条约》，其在谈判时，日本国内还是有人强烈不满。为促使战争继续打下去，右翼团体"神刀馆"的小山六之助，竟然对条约谈判的李鸿章进行刺杀。

日俄战争，日本伤亡 27 万人，以伤亡人数计算的交换比约在 1∶1。而如果以死亡人数计算，日军还要远远多于俄军，以战死人数计算的俄日交换比为 32904∶88429=1∶2.7。此战结果是：1905 年 9 月 5 日，日俄双方在美国经过了长达 25 天的谈判后，签订了《朴茨茅斯条约》。虽然该条约使日本获得了大量俄国在中国东北的权益，但与日本国民的认知却相差太远。日本战争费用高达 17 亿日元，是国家 6 年的预算，是从甲午战争中获得赔款 3.6 亿日元的 4.7 倍。其中外债 8 亿日元，9 亿日元内债通过征税取得。一般国民期望俄国赔款 50 亿日元、转让辽东半岛的权利、转让旅顺—哈尔滨间的铁路权利（后来只转让旅顺到长春段的南满铁路）、转让库页岛全境等，一部分右翼积极分子更主张将伊尔库茨克以东的俄罗斯帝国领土全都割让给日本。

日本国民为什么有这么高的期望值？显然是把《马关条约》当作正常的市场价格水平。这种强烈不满引发了1905年9月5日东京日比谷纵火事件。这次事件甚至导致1906年1月当时日本首相桂太郎内阁总辞职。这种强烈不满又埋下了不到30年后全面侵华的九一八事变。全面侵华引起美国的经济制裁，再导致太平洋战争，日本与美国和英国全面开战。

第二次世界大战，日本伤亡690万人。因二战中日本是与多个对手作战，因此交换比情况有很大差异。在中国战场，以作战死亡计算，中日军队之间交换比约在3.3：1到4：1；而在太平洋战场，美日军队之间作战的交换比却大约在1：9.2，也就是日军要用9.2个士兵的死亡才能换一个美国士兵的死亡。这是日本主动挑起的战争所打的结果。此战不仅使日本遭受军队和平民大量人员伤亡，本土遭受广泛的战略轰炸和两颗原子弹的袭击，此前两次战争获得的所有土地和其他权益全部丢失，而且国土至今被美军占领，不能以正常国家存在于世。

由此可见，这三次战争，日本每次自身伤亡人数皆以数量级增长，而收获却是数量级地越来越小，甚至到二战时完全为负。交换比也大幅度地越来越差。每次战争无论结果如何，日本都对所得收获极度不满，由此引发下一次战争，最终所有收益不仅全部付之流水，而且将老本输光。

很多人认为，甲午战争的胜利使日本获取巨大收益，成为暴发户，极大促进了日本的发展，并促使日本跃入世界强国行列。面对战争赔款，当时的日本外务大臣陆奥宗光高兴地说："在这笔赔款以前，根本没有料到会有好几亿元，全部收入只有八千万日元。所以，一想到现在有三亿五千万元滚滚而来，无论政府还是私人都顿觉无比的富裕。"

但是，如果日本把从甲午战争中获得的3.6亿日元，与下一场日俄战争中的17亿日元战争投资相比，还会有同样的感觉吗？更别提因发动甲午战争和日俄战争而增加的平时军事供养成本。

如果我们客观地看待历史的发展，需要将日本没有甲午战争的可能历史发展轨迹去进行比较。如果没有甲午战争，日本的发展会是什么样？可惜，历史并没有给我们这种假设的参考案例。但可以参考的实际案例却是以另一种形式存在。

在第二次世界大战之后，日本完全地惨败，但日本经历了远比甲午战争后更快的经济发展。按照同样的逻辑，难道可以说二战日本惨败极大地促进了日本的发展，并使日本一跃成为世界经济和科技强国吗？如果这个逻辑上难以说通，为什么可以认为甲午战争日本胜利就促进了日本的发展呢？日本真的就这么好运气，无论打胜还是打败，全都会极大促进自己的发展？如果没有二战，没有甲午战争，日本是否可以获得同样的，甚至更大的经济和科技发展成就呢？无论对这个问题的回答是什么，都只是一种假设和理论分析。因此人们可以去争论，但有一点是肯定不会有争论的：如果没有那些战争，日本今天不会是一个不正常的国家。

如果以上都还只是分析和推测，我们可以清晰看到的历史事实逻辑显然是：一场战争，无论胜负，都引发了下一场更大的战争，一切在上一场战争中的获得，最终全都丢失在下一场或更下一场战争里。日本陷到一个恶性的战策循环因果序列之中，直到二战后国家成为非正常状态。

第十五章

战争可获利的条件与反恐战争

战争利益性条件分析

1. 战争与和平所有理论逻辑状态

考察战争与和平投入产出比相对状态，以及相应的战争与和平决策，从纯理论上说有 5 种情况：

表 15-1　战争与和平所有理论逻辑状态

Rwt	Rpt	决策
≤ 1	≤ 1	不战不和
≤ 1	>1	和
>1	≤ 1	战
>1, $Rwt > Rpt$	>1, $Rwt > Rpt$	战
>1, $Rwt \leq Rpt$	>1, $Rwt \leq Rpt$	和

最终的决策结果会有三种情况：战争、和平、不战不和。

2. 认知因子与认知战争利益性条件

在前面我们已经谈到，战争如果可以成为一种划算的投资行为，必须同时满足绝对条件和相对条件。

绝对条件为战争投入产出比大于 1，即：

$R_{wt} > 1$

相对条件为战争投入产出比大于和平投入产出比，即：

$R_{wt} > R_{pt}$

战争利益的最终条件为以上两个条件的交集。即：

战争利益性条件＝"战争的绝对条件"∩"战争的相对条件"＝
" $R_{wt} > 1$ "∩" $R_{wt} > R_{pt}$ "

以上数据中的 R_{wt} 和 R_{pt} ，显然都是以客观的战争与和平投入产出比来计算的。问题就在于人们在做出决策时并非是以客观的数据为基础，而是以他们认知到的数据为基础。也就是说，人们是以他们认知的战争投入产出比与和平投入产出比来做决策，而实际的数据与认知的数据之间难免会存在差异。为准确体现这种差异，我们引入认知因子的概念。

假设人们认知到的（cognized）战争投入产出比为 R_{cwt} ，认知到的和平投入产出比为 R_{cpt} ，相应的战争认知因子 C_{wt} 与和平认知因子 C_{pt} 分别为：

$$C_{wt} = R_{cwt} / R_{wt}$$
$$C_{pt} = R_{cpt} / R_{pt}$$

即：

$$R_{wt} = R_{cwt} / C_{wt}$$
$$R_{pt} = R_{cpt} / C_{pt}$$

或：

$$R_{cwt} = C_{wt} \times R_{wt}$$
$$R_{cpt} = C_{pt} \times R_{pt}$$

认知因子不同数值条件下的含义为：

等于 1 ，表明是客观认识到实际。

大于 1 ，表明是夸大了客观实际。

小于 1 ，但大于等于 0 ，表明低估了客观实际。

小于 0 ，表明实际情况与预测完全相反。预测亏损，事实上获利，预测获利，事实上是亏损。

人们做出实际战争决策的条件为：

认知战争利益性条件 = "$R_{cwt} > 1$" $\cap$ "$R_{cwt} > R_{cpt}$"

= "$C_{wt}\,R_{wt} > 1$" $\cap$ "$C_{wt}\,R_{wt} > C_{pt}\,R_{pt}$"

由上可见，如果 $C_{wt} > 1$，即战争投入产出比被夸大，或 $C_{pt} < C_{wt}$，即对和平投入产出比的估计低于战争投入产出比，都可能会使战争利益性条件扩大。

认知因子也会对所有不同情况下的战争决策产生类似的影响。

从纯理论上说，C_{pt} 与 C_{wt} 的空间一样的。但是，因为战争的非理性远比和平要多，因此 C_{wt} 的波动幅度要远远比 C_{pt} 更大。甚至认为有很大收益的战争预测，最终结果却是 0，甚至为负。这意味着战争投入产出比被夸大了无穷大倍。

3. 不战不和

如果 "$R_{wt} \leqslant 1$" $\cap$ "$R_{pt} \leqslant 1$"，则既不满足战争利益性条件，也不满足和平利益性条件。在这种条件下，就会进入一种战不成，和也不成的状态。其实这种状态是大量存在的。如果是人们实际的认知决策，这种"认知不战不和"条件可换成：

"$R_{cwt} \leqslant 1$" $\cap$ "$R_{cpt} \leqslant 1$"
= "$C_{wt}\,R_{wt} \leqslant 1$" $\cap$ "$C_{pt}\,R_{pt} \leqslant 1$"

这种不战不和的状态，很容易会使各方处于既不能战，同时双方关系又不能正常化的状态。如果考虑正常商业交流可以获得的利益，一般情况下，这种不战不和的状态损失肯定会不断积累和增加，使得潜在损失不断加大。

4. 和平利益性条件

和平的利益性条件 = ("$R_{w} \leqslant 1$" $\cap$ "$R_{pt} > 1$") $\cup$ ("$R_{wt} > 1$" $\cap$ "$R_{pt} \geqslant R_{wt}$")

$$= \text{“} R_{pt} > 1 \text{”} \cap (\text{“} R_{wt} \leq 1 \text{”} \cup (\text{“} R_{wt} > 1 \text{”} \cap \text{“} R_{pt} \geq R_{wt} \text{”}))$$

$$= \text{“} R_{pt} > 1 \text{”} \cap \text{“} R_{pt} \geq R_{wt} \text{”}$$

从这个条件可看出：

和平绝对条件：和平投入产出比必须大于 1。

和平相对条件：和平投入产出比必须大于等于战争投入产出比。

两个条件必须同时满足。

相应地，**认知和平利益性条件** $= \text{“} R_{cpt} > 1 \text{”} \cap \text{“} R_{cpt} \geq R_{cwt} \text{”}$

$$= \text{“} C_{pt} R_{pt} > 1 \text{”} \cap \text{“} C_{pt} R_{pt} \geq C_{wt} R_{wt} \text{”}$$

这一和平利益性的判决条件，是为什么我们认为本书对战争所进行的研究，有可能减少战争的信心所在。我们无力去改变世界，也无力去改变政治家和军事家们的利益考虑，但我们有可能使所有利益方都清楚认识到战争的真正成本、战争的投入产出比，以及通过多大和平的手段改进就有可能替代战争手段。尤其这样做了以后，我们未必能改变战争或和平的投入产出比，但却可以改变认识因子，使其更加符合实际，其数值更趋于 1。如果客观上战争真的是需要的，很遗憾，我们真的无力去阻止它。但我们至少有可能阻止对各方来说都是不划算的战争。

尽管我们相信本书是人类历史上少有的以和平为目的而研究战争的书，但正是因为如此角度的不同，它才能把战争的所有细节和秘密，剥离得比历史上一切单纯军事角度的著作更加清晰、明了和系统。

5. 双方参与的最终决策

战争并不是一方可以完全按自己的决策行事的事情。根据战争的基本逻辑，我们可以总结出在红（R）蓝（B）双方参与情况下，最终的实际决策：

表 15-2 R 方与 B 方参与的最终决策

R 方决策	B 方决策	最终决策
战争	战争	战争
战争	和平	战争
战争	不战不和	战争
不战不和	战争	战争
不战不和	和平	不战不和
不战不和	不战不和	不战不和
和平	战争	战争
和平	和平	和平
和平	不战不和	不战不和

由此可见，在以上 9 种可能的逻辑状态中，最终决策状态如下：

有 5 种情况是"战争"。

有 3 种情况是"不战不和"。

只有 1 种情况才是"和平"。就是双方各自决策都是和平的时候。

如果仅从这个逻辑状态来说，和平是困难的，但是，战争同样不容易。尽管它的逻辑状态可能情况更多。

6. 满足战争利益性条件的困难

根据我们前面的分析即可看出，由于战争的成本是如此之巨大，并且后果是如此之严重，一般的短期和长期战争成就很难使战争的利益性条件获得满足。

短期战争成就一般还是用于战争，因此它一般难以最终变成转移政治收益。

在长期战争成就中，战争赔款无论多少，都只是暂时性的有限量。即使以普遍认为从战争赔款中发了横财，变成暴发户的日本，从其获得的甲午战争赔款来看，其绝大部分又变成战争投资而消耗掉。第一次世界大战中德国的巨额战争赔款刺激了第二次世界大战的爆发，使盟国从赔款中的收获又在第二次世界大战中倒贴了进去。

因战争而获得的有利条约，如果它是特别有利的，也就意味着它是不平等的，并且因战败国是在战败的屈辱条件下签订，也就意味着它很难持久。一旦战败国重新壮大，不是通过和平方式直接废除条约，就是会用另一场战争来结束它。这使从中获得的收益一是难以持久，二是很可能在下一场战争中所有收益又全都倒贴进去。

包括中国在内的很多曾经因遭受侵略而签订的不平等条约，在新中国成立后基本上都一笔勾销。

因此，如果没有土地这种永久战争成就作为补偿，战争很难成为一种真正获利的行为。甚至于如果对土地的占领不能有效地长期保持，在下一场战败时又会全都吐回去。如日本通过《马关条约》占据的台湾等地，在二战后又全都吐回去，仅占据了 50 年。

7. 土地作为战争成就的可行性

在古代，仅仅由于测绘技术的欠缺和边远地区控制的困难，国家间的边界本来就含混不清。在这种情况下，一国入侵另一国的领土就是经常性的事情。每一次的战争往往都很可能意味着领土的改变。因此，以战争作为获取充分转移政治收益手段的空间是大量存在的。

而在今天，随着测绘技术的不断发达，国家间边界的精确获得已经不存在任何技术困难。不确定边界的领土虽然还存在，但大多都是一些边界少量区域或岛屿等地方。另一方面，国际间对领土的法律条约规定也越来越多。如果违反这些条约，很可能会遭到国际间的广泛反对。这样，以战争方式获得领土就会显得非常困难。因此我们可以看到，20 世纪以来的战争，很少能使领土边界发生实质性改变。无论一战、二战、朝鲜战争、两伊战争、英阿马岛战争、海湾战争等，绝大多数战争中，领土边界打之前是什么样，打完了还是什么样。除了历次中东战争中，以色列新占了很多领土等极少战例外，其他战争很少能对领土有实质性的改变，除非之前领土边界就是未确定的糊涂状态。而真正成功获得了领土的以色列，与周边国家的战火一直就没有真正停过，并且纠结于是未来继续处于随时可能发生战争的状态，还是以"土地换和平"。

8. 边界争议及其解决

最近几十年，中国通过领土勘界谈判，与周边国家通过和平协商的方式精确界定了许多过去含混不清的边界。这些工作更多只是边界的精确化，并非大块土地的得失。它们一般也不会带来经济价值的大幅度变化。目前除与印度还存在一些陆地边界问题外，剩下的主要是海上的领土争议问题。

但凡涉及领土争议，都是极为敏感和复杂的，弄不好就会成为引发新战争的导火索。理论上说有四种方法处理这样的边界争议领土：

（1）和平解决。这必须有非常好的相互外交关系为基础，但这样是可以获得永久性解决的。因为双方在和平、平等环境下解决，双方都可平静地接受，没有后患。

（2）冷处理。如果一时不能和平解决，将它冷处理而暂时不解决，也是一种解决办法。这是一种需要高度政治头脑和智慧来对待的事情。因为不能以和平方式解决，往往就表明相互的外交关系并非处于最理想的状态。而在这种状态下要冷处理，本身就有相当大的困难。如果各方能够真正从理性的利益角度考虑问题，就不会因为部分领土的争议而失去其他正常的生意机会。邓小平在处理中日之间的钓鱼岛争议时，采取了"放一放，留待后人解决"的态度。这事实上就是一种冷处理的解决方法。如果双方不能同时保持冷静头脑，就会转向下面一种热处理的状态。

（3）热处理。双方存在任何哪怕一点点争议领土，如果有任何一方把相应的问题炒热的话，双方就会全都热起来。更糟糕的是，它也极易被第三方利用。在这种情况下，很可能意味着双方的整个政治和贸易关系都受到巨大影响。事实上，如果双方能够理性看待问题的话就会明白，这么一点领土能产生的经济价值相当有限，而因此长期影响整个两国的政治经济关系，由此导致的损失其实已经远远超过这一点领土本身可能产生的价值，并且双方的国民还无法冷静地理解这一点。因为领土问题一旦以热处理方式提到桌面上，那就是神圣不可谈判、是无价的、必须寸土不让的、就是牺牲生命也再所不惜的，这就很难再有理性价值分析的余地存在。但真去通过打仗解决，双方又都不情愿。事实上很多真想通过战争解决的，结果也极不理想，如英阿马岛冲突。和谈解决更是遥远，甚至在这种情况下还不如不谈。因为在这样的相互关系状态下去谈，肯定谈不出什么实际解决办法，最后的结果只会谈崩，弄不好会真打起来。

如果要谈，并不是谈怎么解决问题，而是能先谈出一个双方共同遵守的不要再恶化关系的行为规范就不错了。在这个行为规范前提下，先使双方关系正常化，由热处理状态变成冷处理状态，先做其他生意再说。这个问题解决不了，也别影响其他生意。如果连这种基本的共同行为规范也谈不出来，这种状态就是最糟糕的，既解决不了任何问题，同时正常的其他生意也都做不了，最后导致双方的实际损失其实已经远远超过这个争议领土价值本身。只有当双方都冷静下来的时候才会明白，没有任何东西是无价的，尤其双方边界上的小部分领土，其价值更是有限。

（4）战争。战争是最后的解决方式。但是，必须清楚地认识到的一点是：两个国家一旦为一小块领土进行战争，那战争很可能打得就远不止是这一块领土，而极容易变成是两个国家间的战争了。战争维可能限于这一块领土范围，也很可能超出，甚至远远超出这一范围。因为既然已经开打了，就得打赢。而要打赢，根据战策定理，你就得集结尽可能大的兵力、动员尽可能大的战争资源攻击对方，以获取战争胜利。对方也得这么想，否则就会吃大亏。一旦战争打起来，你就得忘掉为什么而打，先打赢了再说。因此，战争一旦打起来，它会怎么打，需要投入什么资源去打，打到什么范围，打到什么程度，与打起来的起因可能有关，但很可能也就完全无关了。

例如，英阿马岛战争尽管是为争夺一个岛屿，双方的地面战斗基本上算是局限在这个岛屿本身，但事实上双方动员的战争资源都是倾尽全国之力。

这样，战争的成本与战争的起因也很可能几乎是无关的。如果你投资一个酒店，投资的成本与酒店本身是无关的话，这样要计算投入产出比就麻烦了。

1987 年 7 月 23 日开始的两伊战争，最能典型地反映出以战争方式解决边界领土争议的结局是什么。两伊双方边界线有 1200 公里，小的边界争议广泛存在，这本来也很正常。最初仅仅是因为当时伊拉克总统萨达姆意图完全控制位于波斯湾西北部的阿拉伯河口而大打出手，很快发展成为两国全面战争。

阿拉伯河是伊位克两条著名的河流——幼发拉底河和底格里斯河汇集的入海口，也是伊朗境内卡伦河共同汇集的入海口。阿拉伯河有 100 公里长，是两伊自然的边界。问题就在这里，阿拉伯河入海口不仅仅只是这一块领土，如果它被某一方控制，意味着另一个国家境内河流的船只要入海就必须经过对方国家。阿拉伯河历史上就有复杂的争议，曾有一段历史上伊朗船只在这段通航还得要向伊拉克交租费，非常麻烦。局部领土有争议的话，如果只是涉及这部分领土，还可以比较容易放一放。但像阿拉伯河这个地方，一旦完全被伊拉克掐住，伊朗境内卡伦河流域的人们就"没法活"了。当你没给对方留下活路的时候，难免对方就要拼命了。

这个问题在解决边界争议时是有重要教训的。即使完全属于自己境内的、没有任何争议的领土，如果涉及其他国家人们的基本生活时，就算出于人道考虑也要适当照顾一下别人的活路，况且是在争议地区。

这场战争打了 7 年 11 个月。交战双方合计伤亡 148 万人，被俘 8 万人。两国军费开支和经济损失总计达 6000 亿美元。其中：

伊朗军队死亡 35 万人，受伤 70 万人，被俘 3 万人，损失作战飞机约 150 架，坦克 1500 辆，火炮 1200 门，舰艇 16 艘。

伊拉克军队死亡 18 万人，受伤 25 万人，被俘 5 万人，损失作战飞机 250 架，坦克 2000 辆，火炮 1500 门，舰艇 15 艘。同时，非交战国也蒙受巨大损失，被击沉击毁船只 90 艘，击伤 546 艘，另有 90 艘被困于阿拉伯河，大部分损坏。

双方的整体国民经济遭受倒退 20 年、接近崩溃边缘的惨重损失，不仅两国战前外汇储备全部消耗干净，而且反过来背负着沉重的外债。

战争的成就是什么呢？双方的边界与战前恢复得几乎一样。双方如此倾尽全国之力的巨大投入，产出基本为零！这个领土争议最后的结局：伊朗乘第一次海湾战争伊拉克危机的有利时机，与对方达成协议，阿拉伯河两家各分一半。如果他们两家当初能以协商态度和平处理，其实也应当是这个结局。早知如此，何必当初？阿拉伯河的价值能达到 6000 亿美元吗？

9. 边界争议战争的原则

因边界争议而进行的战争，因其所获目标领土的限制，会与战争循环因果规律促发的战争全面性之间很难达成平衡。因此，边界冲突的战争需要仔细平衡战争的目标。如果是被对方拖入战争，应战的目标与其说是追求以战争解决问题，不如说是要以战争手段让对方知道"战争解决不了问题"。它不是要追求占便宜，而只是要追求"不吃亏"。否则，战争的目标就会很快失控而变得无边无际。

两伊战争之所以从很小的领土争议，快速演变成两国全面性的战争，是因为双方都在战争中追求过高的目标，由此使战争打得无边无际。双方在战局处于稍占优势时，并不是中止于原有的实际控制线，甚至都不止是当初自己主张的边界线，而是向对方领土内深入很远。在这种情况下对方肯定难以咽下这个结果，必然拼尽全力地反击。双方都是如此，也就导致战争打得没完没了。

在朝鲜战争中，如果最初以美国为首的联合国军将北朝鲜军队赶过三八线后就停止进攻，中国就根本不可能参战。但是，一时的战役胜利，会使单纯的军事领导人很难控制自己追求更大胜利的欲望。如果麦克阿瑟在三八线及时停手，毫无疑问，也会受到美国国内和当时南朝鲜很多人的指责，追问他为什么没有乘胜追击以获得更大的利益。

无论早期的拿破仑，还是二战英雄麦克阿瑟，他们只是战术家，最多战略家，但都对战策没有什么感觉。因此，他们都会把战争一直打到自己下台为止，完全不知道何处是战争行为的尽头。他们尚且如此，大多数连战术和战略都不懂的普通百姓，就更不知道胜利的顶点和战争的合理边界在哪里了。

毛泽东及其以后的领导者们，在边界冲突中都严格遵守了"有理、有利、有节"的原则。如果因边界争议而发生战争，都不是要用战争解决问题，而只是在用战争手段告诉对方，战争解决不了问题。因此我们才能理解，为什么在这类战争中，中国总是在战争初期以猛烈攻击行动获取重大战役胜利后，就在战局最有利条件下主动地迅速撤出战斗而结束战争。

同样有很多人指责当时的中国领导者，当时在战局如此有利条件下为什么没有乘胜追击获得更大的战果？这些指责的人如果稍微想一下"中国军队应当打到什么程度止步才算合理？"的问题就会明白，他们能想象到的答案肯定就是开始打败仗的时候。而一旦开始打败仗，败仗可能就不止是一个两个的问题了。早在打赢最后几场胜仗之前，很可能就已经超过了以交换比计算的胜利的顶点。

10. 和平手段的增多使战争利益性条件被压缩

战争与和平的相对条件是很重要的。因为战争本身是否划算并不完全取决于战争本身，而且取决于是否有成本更低的和平手段存在。因此，和平手段的增多，会使和平投入产出比更容易超过战争手段的投入产出比，从而就会压缩战争相对条件满足的空间。当和平手段每增多一个，和平收益就可能更多，和平成本就可能更低，就意味着更多的战争可能性被压缩。如果我们能用和平手段解决所有问题，并且成本也不高，也就意味着消灭了战争存在的空间。这很困难，但可以让人类感到希望的是，它不是没有可能。

对战争正义性如何理解?

对于战争,以正义和非正义作为评价标准似乎是天经地义的。但是,当我们理解战争的本质后就会发现,单纯战争的正义和非正义评价会让人们模糊对战争本质利益的认知。

1. 无论战争中的哪一方,有谁会认为自己是非正义的?

一个显然的事实是,无论战争的任何一方,有谁会认为自己在战争中的角色是非正义的? 尤其在战争的开始和进行过程中。无论拿破仑还是希特勒,无论汉尼拔还是成吉思汗,无论从甲午战争、日俄战争直到二战中的日本,还是从独立战争、南北战争、美西战争、一战、二战、韩战、越战、海湾战争……一路打到今天的美国,请问有谁会不认为自己进行的战争是正义的呢?

被朝廷认为是草寇的"梁山好汉们",他们给自己战争冠上的名义是"替天行道",研究如何打家劫舍的作战指挥部名称是"忠义堂"。

2. 正义的又如何?

按照正义和非正义来区分的战争评价,中国在甲午战争中进行的是反侵略战争,当然是正义的。但最后战争的结局是那样悲惨,就算正义的又能如何呢?

3. 正义大多不过是战争借口

当某一方想发起战争时,总能找到冠冕堂皇的理由认为自己的战争是正义的。其实,那一切都不过是战争的借口而已。

4. 战争的道义性体现在哪里?

我们说战争无所谓正义和非正义,绝非是说没有人类公认的道义存在。正相反,只有当我们剥离掉战争本身定性上的正义和非正义,才能更清楚地解决道义问题,并更好地符合人类公认的道义。道义与否,只取决于战争行为的具体控制,而不是战争性质本身。即使反侵略的战争,如果在战争行为过程中乱杀人,它同样是不道义的。并不会因为你从事的是反侵略战争,就会使不道义的行为变成道义的行为。

希腊独立战争,土埃联军对起义进行镇压时,一定程度上说,在当时是属于其帝国内部的问题,是一个内战,其他国家的军队如果介入属于"干涉他国内政"。但当其把战争行为扩大成针对基督教徒普遍迫害行为后,其道义上就受到很大损害,并把战争对象扩大成了针对基督教的宗教战争。这样一来,就把帝国之外的其他基督教社会全拖入战争了。

因此,单纯指责这种扩大战争范围的行为"不正义",或"不道义"是意义很小的。在战争中激战正酣的一方不会听得进去你对他"道义"或不"道义"的指责,但他会听得进如何让他打赢战争、减少战争成本、扩大战争盈利的建议。你必须用战争狂人听得进去的语言与他们对话才有意义,否则不如闭上嘴,拿起枪杆子,让其战策循环因果序列中的对手恢复率的数据加大一点。

战争具体行为的不道义判断,其意义和价值并非体现在它对无辜者的伤害。战争本来就是一种暴力,战争狂人很可能不会在意对方死了多少人。但是,他会在意敌方力量恢复率的增加会使自己的战损加大。

5. 忽悠天下,最后把自己也给忽悠了

美国在越南战争的泥潭并不是机械化部队难以行进的崇山峻岭,而是完全失去战争合理目的,从而完全被动地深陷战争循环因果序列,迈向资源耗竭的变化趋势。因此,虽然伊拉克不像越南,几乎无险可守,美军在第二次海湾战争后依然再次陷入与越战同样的战争泥潭。它的作战目标是什么?是要完全消除塔利班的恐怖活动吗?但是,10年的漫长占领期间,

塔利班的攻击行动，都已经难以分清楚它们到底算是属于战争行为，还是属于与刑事案件类似的行为。低烈度战争与刑事案件行为区别是什么？低烈度战争理论并没有给出答案。如果低烈度战争大多就是属于和刑事案件行为差不多性质的话，问题就麻烦了。美国连自己国家境内的枪击、爆炸等刑事案件都无法完全消除，怎么可能完全消除伊拉克和阿富汗境内的枪声和爆炸声？！

在一战和二战中，正是美国的参战使盟国获得最后胜利。美国在这两场战争中的确充当了救世者的道义角色。但是在战后，美国这种救世者的自我感觉和情结依然久久难以忘怀。

战争的正义性或道义性不仅不会体现在战争的性质本身，更不会体现在谁出面进行战争。并非只要美国人、中国人，或其他什么人出面打仗就肯定是正义的。因为任何人都很容易认为自己本身就是正义的化身。所以，忽悠天下时，最后往往把自己也给忽悠进去了，以为自己怎么干都是正义的。

道义与否，仅仅体现在具体的战争行为本身。只有明白这一点，才会对自己战争的具体行为方式慎而又慎。今天小心谨慎仗打得很道义，明天稍不小心就可能不道义了。不道义，问题并不在于造成对他人的不利，更重要的是会使其自身遭受伤害。

第一次海湾战争时美国得到很多国家的支持，联合国也支持，但后来再打时，支持的人就越来越少了。甚至在 9·11 之后，国际社会普遍同情美国的前提下，真正支持其全面反恐战争的国际社会力量也远不如第一次海湾战争时期。全面反恐战争已经不是正当防卫，而是防卫过度了。

6. 道义制高点

试图以恐怖主义指责对方以占据道义制高点，事实上却很困难。对方会说战争本身就是恐怖的。你对我搞的就是霸权主义的恐怖战争，我就是以民族主义的恐怖应对你霸权主义的恐怖，你怎么办？他在自己组织内部是不会接受你"恐怖主义"指责的，他会有自己的一套说辞去反驳你的政治口号，并把自己的行为定义成正义的。

7. 战争最终只有盈亏

战争无所谓正义和非正义，甚至无所谓胜负。在战争中当然存在道义和正义，但那只是战争盈亏平衡表中的一个科目而已，尽管它是非常重要的一个科目。道义是用来定义战争的具体行为，而不是用来定义整个战争本身，更不可认为自己的整个战争财务报表全都充满正义。

战争投资过程之中只有消耗与恢复，战争投资过程之后只有盈亏。一切不是最终以盈亏作为唯一评价依据的战争，结局都肯定是荒唐的。美国辩称在阿富汗和伊拉克的战争不是为了石油，其实根本不需要去辩解。关键的问题反倒是如果真不是为石油的话，花这么大代价去干什么？如果真不是为石油，那就是在证明自己的不明智。

当认为自己所进行的战争本身就是正义的，甚至是"非功利"的时候，那就根本不会去计算投入产出了。既然连投入产出根本就不去计算，买卖最后做成亏损的也就是必然的事情。

认为美国在阿富汗和伊拉克的战争是为了石油，的确是太过于高估战争发动者的智商了。

第三节

反恐战争

1. 战争、恐怖、犯罪

"反恐战争"是非常糟糕的概念。"战争行为"与"犯罪行为"之间是有重大区别的。大多数所谓的"恐怖活动",其实只是一种刑事犯罪而已。但如果把这种本属于"刑事犯罪"的"恐怖活动",定义为"战争行为",将带来非常大的问题。

战争行为:

(1)它是正式的组织或国家之间的,有正式战争状态的暴力行为。

(2)进行战争的群体之间几乎所有人相互间都是正式的敌人。

(3)会进入战争循环因果过程,进而使暴力状态持续存在。

(4)战场上对相互士兵杀伤、破坏对方物质设施等行为并不违犯国际法。

(5)要么是通过战争暴力去解决问题,要么是通过条约结束战争。

刑事犯罪:

(1)它是非正式组织、个人,针对其他组织或个人的,不存在正式战争状态的暴力行为。

(2)即使属于犯罪团伙组织,不同人的罪责也是不同的。如果没有犯罪行为,即使人加入了犯罪团伙,也不应定罪。

(3)是应当被孤立看待的,就事论事。侦破解决了一个犯罪案件的个人或团伙,并给其通过法律定罪、判刑,事情也就结束了,不应进入循环因果状态。

(4)在非战争活动中,除了正当防卫,任何对生命的剥夺或财产的侵害、破坏等都是属于犯罪行为。

（5）应通过法律程序去解决。

2. 错误定性带来的问题

如果把恐怖活动定义为战争行为，将很容易造成如下问题：

（1）在法律上将把很多恐怖行为合法化，这是极为糟糕的事情。因为既然是战争性质，在战争活动中的单纯军事行为本身就不算是违法的。即使战争过程中杀伤了平民，也有可能称其为"附带损伤"。美国自己也都是这么认为的。而如果以刑事犯罪来进行定义，就不会有这种漏洞。

（2）把特定种族和宗教信仰者都潜在作为战争对象，从而导致打击对象扩大化。

（3）对虽然加入恐怖组织，但事实上并未实际做什么坏事的人，如果是法律框架来看，这些人应当按不同程度定罪，甚至被教育后无罪释放。而如果是战争性质的话，打死他们就不算什么。这会使打击恐怖活动杀伤行为扩大化。即使是法律诉讼，也不能绝对保证不会导致错误的处罚，也就是对无罪的人判了刑，或对有罪的人判刑过重。但不管如何，毕竟法律行动是尽最大可能把误伤范围减少到最小。而如果是战争行动来处理，很可能对很多无罪或很轻罪的人，事实上判处了死刑并执行。战争处罚的高度扩大化，由此会激发更多仇恨和恐怖犯罪，使恐怖活动与反恐战争互相循环放大。

（4）因为没有确切的唯一正式组织或国家政府来签订条约正式结束战争，因此，反恐战争将很难有确切的结束标志。以战争来定性会人为拖入战争的循环因果过程。它没有明确的界限，会毫无必要地把某个民族甚至宗教派别人为卷进战争中去。这将意味着这种人为定义的"恐怖战争"必然会永无止尽。如果一场战争是不可能终结的，没有任何国家能打赢这样的战争。

无论怎么定性，都不会影响打击手段的使用。可以通过任何手段去打击刑事犯罪，甚至可以动用航空母舰、隐形战机、军用卫星、特种部队等任何潜在可能的军事手段。但无论如何，针对刑事犯罪，一切军事手段都只是辅助，都必须是以警察职能为主导，最终都必须走司法程序解决问题。

而像解决本·拉登问题那样，派一个特种部队干掉对方就算完事，这是战争行为的解决方式。拉登的确被干掉了，但事情显然并没有完。战争的对手只是牺牲了一个军队的高级指挥官。他牺牲了很快有另外的人替代他，继续指挥战斗。

在9·11事件发生时，很多美国人惊呼又受到一次珍珠港式的袭击。但9·11绝对不是珍珠港事件，尽管它造成的人员伤亡程度甚至不亚于珍珠港事件，本质上它依然只是一次刑事案件。美国把它定位成战争行为是完全错误的，并导致了无可挽回的更大损失。尽管美国一再声称打击恐怖活动的战争并不针对特定的宗教信仰。但事实上，一旦以恐怖战争来进行定义，要进行这种区分就已经非常困难了。

"恐怖主义"并没有国际认可的公认法律定义。但刑事犯罪是有国际和国内法律界定的。即使把某些以恐怖为目的的刑事犯罪定义为刑事犯罪，它也只是刑事犯罪的一种类型，而不应归于一种战争行为。

3. 刑事犯罪而非"恐怖主义"

中国在解决糯康案时，也曾计划动用无人机以斩首行动方式进行猎杀，但最终还是采用将其活捉后，以法律手段解决，这是非常正确的。问题并不在于能否使用无人机，而是如果仅仅认为用无人机将对方击杀就算完事的话，这是以战争行动在进行定义，并且是在其他国家领土上进行战争行动，这是极为麻烦的事情。但将其捉拿归案后，以法律手段解决，这是以刑事犯罪在进行定义。两者的区别是非常重要的。以法律手段解决了，这个案子就了结了。一个法律行动并不能终止一切犯罪，但即使以后再出现其他犯罪，那属于其他案子，与本案完全无关。

即使是某些的确有政治企图的组织所进行的破坏活动，也应尽可能以刑事犯罪来进行定义和处理，这是有巨大好处的。它可避免把很多不同民族、不同宗教信仰，或拥有某些政治理念的人，给人为推到对立面去。

因此，中国不应去追随"反恐"的国际政治，当然也没必要去反对，因为那是别人的事情。如果需要，在合法的范围内还应当积极去配合。但对中国自己来说，刑事犯罪就是刑事犯罪，以国际和国内正式的法律来解决就足够了。

　　如果把一些刑事犯罪组织定义成恐怖战争组织，结果会是将其行为政治化。而不同政治观念在不同国家会有不同看法，受到一个国家反对的政治观念，会在另一个国家受到保护。但如果把本来就是刑事犯罪的活动还原为刑事犯罪，这在任何国家都是很容易达成认识上的一致的。

　　显然，随意杀害无辜的人在任何正常国家都是非法的刑事犯罪行为，无论其刑事犯罪是否背后带有政治目的。但是，如果将这种行为定义成恐怖主义战争活动，问题反而变麻烦了，它反倒会使其刑事犯罪的本质被弱化。背后支持这种政治活动的势力，也会被模糊其违反法律的性质。无论其政治观念是什么，只要你不去杀害无辜的人，是在合法的范围内活动，那没关系，那是你的自由。但只要你进行杀害或支持杀害无辜者的活动，那就是刑事犯罪。支持这种刑事犯罪的任何国家或组织都属于涉入了刑事犯罪。因此，如果很清楚地界定这种行为的刑事犯罪属性，将会有助于使不同政治理念的相关国家或组织有效约束自己的行为在合法范围内。

　　对于这种支持跨国的刑事犯罪，仅通过外交渠道是很难解决的，应通过国际刑警组织去通缉对方的相关个人、政府及民间组织。至少，通过国际刑警组织发出的通缉，远远比外交辞令的谴责和要求力量强大得多。

第四节

低烈度战争培育高烈度恐怖

1986 年 3 月里根政府时期，主要是为应对苏联的压力，提出了"低烈度战争"（Low Intensity Warfare）的概念。但在苏联解体后，低烈度战争突然间变成了美国与伊斯兰世界的冲突。用于对付苏联而培养的本·拉登和塔利班，转眼间变成美国的敌人。9·11 之后，"低烈度战争"概念又演变出了"反恐战争"的概念。但事实上，低烈度战争理论正是导致今天国际恐怖活动越演越烈的罪魁祸首。

最大问题是，对反政府组织只能支持武器、战术和资金，不可能约束其政治理念和信仰，甚至连美国倡导的民主、自由和人权理念也根本没办法去完整地传递。因为如果要是向被支持的反政府组织宣传民主理念的话，他们根本就不该去进行武装斗争，而应该去搞议会选举。如果要去宣传人权理念的话，对方根本就不该去杀人了。这样后面的工作还怎么干下去？中情局也根本不可能有心情去设立哲学理论、社会政治理论的部门，去对反政府组织的政治理念进行建设。他们只能单纯以"只要反政府，就提供支持"来考虑。因此，低烈度战争理论只能纯粹从战术层面考虑问题，而不可能有任何战略，更别说战策层面的考虑，甚至根本就顾不上任何人类道义。如果这些都照顾到的话，很可能就找不到能够提供支持的对象了。那样的话，低烈度战争工作的 KPI 指标还怎么去完成？

只关注找到反政府的人，就难以关注其为什么反政府。要找到当地反政府的组织或个人，纯属可遇而不可求的事情。碰上具有良好政治理念的组织和个人，这只能算运气，碰不上，那也没办法。这样的组织或个人，很可能本身就是天然具有对任何统治者都反感，或具有暴力倾向、极端宗教，甚至邪教组织的人群，否则怎么可能会在和平时期做出随意杀害无辜者的事情？

要想最大效率地实现低烈度战争的目标，就需要刺激起目标国家的各种社会矛盾。而这种人为激起的各类社会矛盾往往是完全不受控的。低烈度战争的操作者们，唯一能考虑清楚的问题只是如何搞垮目标对象的政府。至于以后会怎么样，各人都有各人自己专业的职责范围。你还能指望中情局或特战部队这些极为善长搞爆破、暗杀、操纵各类武器装备的人做什么？如果他们能在一个国家的政府垮台后还能有效的做点什么的话，他们早就去做国会议员，或到跨国大公司里做高管去了，哪里会进到中情局和特战部队里干这一行当？

这些受到支持的反政府组织，不会因为美国曾经支持过他们就会永远对美国友好。这些组织或个人，很快会在条件发生变化时，瞬间就转过头来去反美国。如：

当美国自身目标达到后，不再对这些组织提供支持。

美国一面私下对这些组织提供支持以反政府，但表面上却又高度维持其与被反对者的外交关系，甚至紧密的生意和政治关系。时间长了，这本身就会让被支持的组织内心产生高度的反感。一旦条件成熟，这种反感就会猛烈爆发。

......

恐怖犯罪并不是现在才有，也不是因为有了美国的低烈度战争理论才会产生。但低烈度战争理论却把本来处于"低烈度的恐怖犯罪"变成"高烈度"的了，结果就会把大量所谓的"反政府组织"培养成作恶能力极为强大的"恐怖组织"。而由此再产生的反恐战争，又进一步把美国拖入一个没有结束的循环因果深渊：

低烈度战争→高烈度恐怖→反恐战争→更高烈度恐怖→更多反恐战争

并且，以上每一个循环都具有高度的放大倍数，从而陷入一个加速的循环因果指数扩大过程。

塔利班、基地组织、ISIS……有哪一个在今日世界知名的恐怖组织，不是美国低烈度战争理论指导下一手培养出来的呢?

因此, 低烈度战争必然导致高烈度恐怖, 甚至就是专门针对美国的高烈度恐怖, 就是一个理论上必然的事情。并且, 它也被实践反复证明。

第十六章

和平之路

谁打赢了？

1. 战争的获益者是谁？

两伊战争炮火燃烧的 8 年，两伊自身没有胜利者，能从中得益的只是对双方都销售资源的人。人们或许知道他们在哪里，或许根本就不知道他们在哪里。

即使以美国为首的盟军赢得了第一次海湾战争的战术性胜利，他们从中得到什么呢？与付出成比例吗？美国没有公布第一次海湾战争全面的财务报表。但可以肯定的是：

以色列打赢了第一次海湾战争，因为他们坚持做旁观者，甚至在其受到伊拉克莫明其妙的攻击后依然能够坚持做旁观者。他们因此得到大量军事援助，得到国际社会，甚至其过去死敌的同情。

中国打赢了第一次海湾战争，因为中国借此顺利解除了此前西方社会对中国的经济制裁和封索，还顺便销售了大量战争物质，赚得盆满钵满。不仅不用承担任何道义责任，甚至因成为旁观者而受到西方社会的一再感谢。

现在有很多争论朝鲜战争胜负和是否值得的问题。美国胜了吗？显然不是，南北朝鲜胜了吗？也不是。中国胜了吗？可以说是，也可以说不是。但是，绝对可以肯定打赢了朝鲜战争的却是日本。他们不仅打赢了，赢得盆满钵满，而且对他们来说没有任何副作用和因此而带来的历史包袱，因为日本是旁观者。这才是日本近代历史上真正获得全胜的唯一战争。

2. 美国：判断中国参战还是避免中国出兵？

中国该不该去打朝鲜战争？当时中国多数高级领导人的确都不赞同去

打这一场战争。如果没有毛泽东的坚持，中国也许不会参战。那么这场战争中国参战盈亏如何呢？毛泽东为什么要认为"参战利益极大，不参战害处极大"呢？他所考虑到的利益是什么？

中国参战是在战火烧到鸭绿江，已经开始直接触及中国边界时开始的。在这个点上是处于临界点，中国可以参战，也可以不参战。但美国当时并没有尽快向中国最充分地表明他不会触及中国的利益，当时他绝对有这个义务主动地、极为充分地消除中国的担忧，但美国没有这样做。并且麦克阿瑟在已经打到鸭绿江时，也没有公开的、充分的宣誓，以表明他不会单纯去追求更多战争胜利。如果没有美国这些主动、充分和公开的宣誓，怎么知道他们不会进一步打进中国领土？

有一个故事说当初蓝德公司做出判断，中国会参战，但美国政府因为这个分析报告要价100万美元太贵了而没有去购买。这个故事真实与否其实并不重要，美国当时只是在判断中国是否会参战，但关键问题并不是去判断，而是他们是否希望中国参战。如果他们不希望，就应该按照主动避免中国参战的方式去做。如果他们希望中国参战，很简单，别说是故意刺激中国参战，只要他们什么都不做，其实就是在迫使中国参战。但美国当时是认为中国不可能参战，因此以为他们做什么事情，或不做什么事情都无所谓。

甚至于很多美国军方的人认为，只要充分地展示武力，就足以震慑中国不敢参战。因此，就不再需要费事做别的任何事情了。

但是，历史充分证明了如果想和平，必须充分做很多事情。展示武力是必要的，但寄希望于仅仅通过展示武力就足以解决一切问题，这种看法已经为朝鲜战争所彻底否定。

美国总统罗斯福有句名言："说话要和气，但手中要有大棒！"这句话也需要从另一个方面去理解，手中无论有多么强力的大棒，说话也一定要客气。如果你说话不客气，就不要怪他人不客气。当逼到他人连死都不怕的时候，也就没有任何东西好怕的了。

任何一方内部，甚至外部都有持各种各样观点和看法的势力，会有各种各样的人做各种各样的努力。如果美国政府没有一个主导的、力避中国参战的全面工作计划，并且坚定和系统地执行这一计划，事实上就会任由各种各样的势力随意发挥作用。这是一个历史的惨痛教训，战争是很容易被触发的。如果你不做最大的努力去避免它，事实上就是在故意触发它，尤其大国之间的关系上更是如此。

有很多历史资料显示，当时的美国杜鲁门总统和其政府完全不希望中国出兵，美国民众也普遍不希望与中国开战，并且是希望麦克阿瑟只打一场有限的战争。但是迈克阿瑟并没有理会和执行美国政府的意图。尽管美国政府真的不希望中国参战，也并不愿意发生与中国的直接冲突，但它还是被美国或许是漫不经心、或许是人为主动地触发了。因此，并不是因为美国做了什么才导致中国参战，正是因为美国为避免中国参战什么都没做，并任由前线指挥官随意发挥，才逼使中国不得不参战。

如果战线是停止在三八线，甚至于是严格停止在距离鸭绿江那怕几十公里的范围之外，中国无论如何是没有理由和可能直接参战的。

3. 毛泽东为什么认为应当参战？

如果仅仅是为参战而参战，完全不考虑从中得到的究竟是什么的话，这场战争对中国也是不值得的。

毛泽东并没有将他是如何计算参战利益得失的分析告之世人。显然，我们只有看看中国参战后实际所得到的东西，尤其是中国通过此战去主动追求得到的东西，才会理解毛泽东对为什么要参战的盈亏计算，才能理解他为什么要说"参战利益极大，不参战害处极大"。

（1）中国将战线推回到了三八线，这在当时使中国获得了400多公里的战略缓冲区。当时紧挨着鸭绿江的东北是中国主要的工业基地。如果敌方的战线推到鸭绿江，中国就没法安心地搞建设了。中国并没有为自己设定过高的，尤其是根本不属于自己利益范围的战争目标。该战争之所以最后稳定在三八线，最主要的原因是因为三八线以南并非属于中国的利益目标。能得到则得到，得不到或代价太大则绝不去强求。

（2）通过朝鲜战争，中国得到大量的、可装备 100 多个师的苏联军事装备。这些军事装备都是当时世界最先进，或接近最先进的军事装备。使中国的武器装备水平突然间提升到了世界先进行列。中方对苏联的军事装备要求狮子大开口，显然已经远远不止是为打朝鲜战争所需要，而是已经足以支撑整个中国所有国境线上，甚至包括与苏联接壤的国境线上安全需要了。这使新中国成立后马上获得了可以支持较长时间国防安全所需要的物质条件。虽然这些军事装备需要付钱，但如果没有朝鲜战争，中国根本连买如此大量先进武器装备的机会都没有。相比之下，伊拉克在两伊战争结束后也获得了大量先进的武器装备，但萨达姆没有用它作为自己国家安全的基础去发展经济，而是继续用它来入侵科威特，最终招致杀身之祸。自从朝鲜战争之后，中国自身至今再无大的国家间战争发生。打得一拳开，省得百拳来，要打，就打出一百年的和平。

（3）最重要的是，任何战争胜利的精神成就都只是暂时的，中国并没有太过于沉溺于这上面，而是利用这种精神胜利的成就不仅获得了大量苏联的军事援助，而且获得了 156 项重点工程的经济建设援助。这使中国在第一个五年计划期间经济得到突飞猛进的发展，并且迅速地全面建立了现代工业的基本体系。相比之下，越南在越战胜利后并没有快速将其转变成自己经济建设的雄厚基础，而是沉溺于战争胜利的精神成就继续对柬埔寨用兵，错失了当时良好的经济发展机遇，使自己转入经济建设的时间延后了十多年宝贵的精力。

（4）朝鲜战争虽然有其当时南北朝鲜内在因素的基础，但事实上是斯大林因其试图维持其在中国东北权益而故意触发的。他明知北朝鲜打不赢却鼓励其发起对南朝鲜的进攻。其意图在于当美韩军队打回到鸭绿江边时，斯大林也是断定中国不敢出兵，从而不得不依赖苏联维持在东北的安全，使其势力继续在东北存在。当时只有毛泽东等极少的中共领导人深知这一点，但却苦于无法明说。志愿军将美国势力打回了三八线，由此完全维护了中国东北的所有主权。美国被斯大林利用了，但毛泽东却没有。美国之所以被斯大林利用，关键问题并不是他们没有像毛泽东那样与斯大林当面谈过，而在于他们根本就没有认真想过为什么要打这一仗。就算要打，至少也得算清楚到底要打到什么程度，才算是一个可以盈利的战争投资，打到什么程度将会亏本。

毛泽东一生所打的仗，大致上都是精确算计了盈亏的，对亏本的战争买卖，毛泽东从来不会去做，或至少明确知道会亏损后就会立即止损而收手。他绝不是仅仅为了战争本身的胜利荣耀而进行战争的人。一切战争胜利的荣耀本身无论多么耀眼，都只是过眼云烟。无论是他"宜将剩勇追穷寇，不可沽名学霸王"地打过长江，还是在多次边界战争中令人惊讶地迅速收手，并主动撤回。无论是迅速夺取海南岛、大陈群岛，还是留下近在咫尺的金门不再去攻取，甚至宁愿因此而留下金门战役全军覆灭的惨败耻辱不去洗刷……他都是充分考虑和计算战争投资最终收益后，才做出战争决策的人。

朝鲜战争中国胜利了吗？如果我们能理解毛泽东为什么要参战就会明白，提这个问题本身就是多么的愚蠢。毛泽东参战是为了这场战争本身的胜负吗？那跟中国自身利益有什么关系？如果今天美国还在提这个问题，就表明直到今天都还没搞明白他们为什么要打这场战争，也完全没搞明白毛泽东为什么要参战。

第二节
中立国

1. 世界科技的真正领导者

如果我们仅仅从战争本身去研究战争，是永远也不可能认识清楚战争的，尤其是永远不可能将那些真正认识清楚战争本质的国家和人群纳入研究的视线范围。真正最高明的人，并不是胸前挂满胜利奖章的战争英雄，而是那些能够完全将自己有效置身战争灾祸之外的国家和人群。

瑞典的查理大帝曾经也是横扫欧洲，威不可挡，也曾有入侵俄罗斯全军覆灭的惨败。17世纪和18世纪，瑞典卷入了与拿破仑以及周边国家一系列的战争。但自1814年成立挪威－瑞典联盟，瑞典再未卷入任何战争。到19世纪末，瑞典人已经彻底参透世间冷暖，开始奉行明确的中立政策。一战和二战，整个欧洲炮火连天，而只有瑞典等极少国家冷眼旁观。他们向德国出口铁矿砂、纸浆和木材，又与同盟国明签商务条约，暗通情报款曲。

今天我们看到的，是一个区区上千万人口的国家，却是世界通信、汽车、航空航天、生物医药、坦克、雷达、战机等众多世界民用和军用科技的领导者。人们高度关注全世界最顶尖的科学家们，以能获得诺贝尔奖金为毕生追求，以能够将世界上大量最先进的科技成就推荐到诺贝尔奖评审委员会为无上荣耀，但人们很少关注到是谁在颁发诺贝尔奖。13亿人口的中国、上亿科技人员，直到今天也仅有屠呦呦一人获得诺贝尔科技奖。人们的目光只是关注在那些领奖台上获得荣耀的科学明星，以及用获得诺奖的数目去计算自身价值的世界顶尖学府。但是，无论拥有多少诺贝尔奖金获得者都不要忘了，无论是诺贝尔奖，还是奥斯卡奖，无论是奥运会冠军，还是什么娱乐选秀节目，真正的领导者，永远不会是获奖台上最耀眼的明星，而是那些坐在评奖席上的人。甚至是那些置身于评奖人后面，根本就不在热闹的晚会现场，外界极少能够看到的人们，尽管他们永远不会是聚光灯的焦点。

2. 全民幸福指数全球第一的国家

哥斯达黎加（Republic of Costa Rica），一个人口不到 500 万，国土面积 5.11 万平方公里的国家。这个小国曾经也是只要一个少校带领几百军人就可发动一场政变的地方。历史会有其共同的规律，但在某些时候，一些伟大的开国者个人的理念会成为完全改变人类历史的巨人。幸运的是，何塞·马利亚·伊波利托·菲格雷斯·费雷尔（José María Hipólito Figueres Ferrer，1906—1990）就是这样的人。他在 1948 年同样以领导一场武装暴动而掌权。但与其他开国者或政变上台的领导人完全不同的是，他做出了人类历史上一个惊人的创举：1948 年 12 月 1 日，他废除了哥斯达黎加军队，并把这一条写进了宪法。从此，哥斯达黎加成了人类历史上第一个没有军队的国家。

食叶之蚁取代了陆军，金刚鹦鹉替代了空军，鲸鱼取代了舰艇。

这样一个小国，真遇到外国军队大举入侵，在没有天险可守的情况下，其自身军队也很难起到真正的作用。而在今天人类社会历史条件下，如果真有其他国家入侵这样一个没有军队的国家，联合国安理会也绝对不会答应。因此，与其留着一个动不动就发起政变的军队，莫不如把它彻底取消了，以此完全省下平时军事供养成本。

哥斯达黎加奉行和平中立的外交政策，当然，没有任何人有任何理由怀疑这一政策。虽然她没有军队，但她却因此而获得永久的国防安全与和平，这不能不令人称绝。她不仅可以专心致力于经济发展，而且环境状态非常优美。

她的全民幸福指数排名世界第一。

难道这不就是人类需要追求的最大价值吗？

第三节

只有核武器才能毁灭世界吗？

对于大国来说，很难简单以中立来解决问题。大国必须承担起自身难以回避的安全责任。因此，对不同的国家来说，对战争的理解必然会有所不同。

今日大国间的国际政治角逐依然暗流汹涌。作为世界人口、经济和军事力量的几个大国，如果它们之间出现擦枪走火，人们万万不要想当然地设想成只是某个岛屿，或某一场海战的有限局部战争。在战策循环因果序列的作用下，大国间的任何战争一旦启动，都会把整个世界搅个天翻地覆。核战争并非毁灭世界的唯一可能，它只不过是毁灭的效率在数量上更高一点而已。任何毁灭世界的战策循环因果序列，仅仅与前后突变的状态有关，与中间过程和所用的武器手段其实没太大关系。

随着中国经济和军事力量的快速发展，美国焦虑之间盲目制定了所谓的"亚洲再平衡战略"。但是，无论是美国、日本、中国还是亚洲其他国家，都没有搞清楚问题的真相所在。

美国竟然明确无误地说"这不是针对中国"。

中国竟然会认为美国说得不是事实。

而日本和亚洲其他一些国家竟然真的认为这会改变什么。

如果人们理解到一些极为简单的军事事实后就会明白，以上所有这些都是何等的荒唐。随着现代武器击毁距离的增加，战争维的空间距离无疑会不断扩大。中国的常规中程导弹和空战武器击毁距离已经基本上覆盖了整个亚洲。如果美国把其更多军事力量公开地、大摇大摆地部署到亚洲，移动到中国的常规导弹射程之内，甚至是极为便宜的超远程火箭炮射程之内，这对中国的潜在军事压力是增加了还是减少了？

如果美国不是认为亚洲这地方很安全，怎么会把军队更多地公开驻扎在这里？

美国在这样做的同时，一边还在每年发布中国军力报告，一颗一颗小心翼翼地数着中国沿海地区导弹数量是多少。这有什么好数的呢？如果美国计算一下自己二战时的战时生产提升率，以及中国 VCD 从 0 开始到年产 3000 万台的时间长度是多少，就会明白，现在这个数量对于打一场短时间局部战争还有意义，如果是打大的、大国间的战争，这些数字也就是一个月，甚至一个星期的产量罢了。而对美国来说也差不了太多。

在今天的时代，要毁灭世界还用得着核武器吗？

只要这个问题想明白，关于中美之间战争的任何前景展望就完全清楚了。如果这个问题想不明白，其他一切设想都是不着边际的。

"亚洲再平衡战略"，以及各个国家的反应，充分表明了各国政治家们考虑问题的理智程度，远远不足以把今天的国际关系问题真正想清楚。但他们的手里却都操纵着一把致命的钥匙，他们都可以启动毁灭整个世界的战策循环因果过程。

第四节

现代战争旁观者胜

当土地难以再成为战争的永久战胜成就时，战争的利益性空间其实已经被大大地封闭了。唯一能从战争中获利的，只有战争的旁观者。

旁观，看似无为，但如果人们都理解到只有旁观者才能赢得战争时，又何来战争？没有必要去指责旁观者"搭便车"，因为如果没有战争，谁又能去旁观？旁观并非彻底放弃武力，正相反，对于负责任的大国来说，必须要有最强大的军事能力为基础，才能去有效地支撑旁观者战略。

冷眼旁观，正是阻止战争最强有力的利器。

通过最积极主动的旁观者战略，将那些战争发动者的潜在战争成就，尤其是转移政治收益彻底耗光，才能使得其发动战争的投入产出比不仅低于和平投入产出比，而且更有效地低于1。应充分地让世人和潜在的战争发动者明白，战争利益性条件不能具备。一切真正爱好和平的人们，都应去最冷静而精确地计算，最热情而广泛地宣传这一点，而不仅仅是奢望和祈祷和平。

这才是世界和平唯一的出路！

图书在版编目（CIP）数据

超越战争论：战争与和平的数学原理 / 汪涛 著 . —北京：
东方出版社，2016.5

ISBN 978-7-5060-9067-4

Ⅰ.①超⋯　Ⅱ.①汪⋯　Ⅲ.①战争理论　Ⅳ.① E8

中国版本图书馆 CIP 数据核字（2016）第 119071 号

超越战争论：战争与和平的数学原理
（CHAOYUE ZHANZHENG LUN: ZHANZHENG YU HEPING DE SHUXUE YUANLI）

- -

作　　者：汪　涛
责任编辑：辛春来
出　　版：东方出版社
发　　行：人民东方出版传媒有限公司
地　　址：北京市西城区北三环中路 6 号
邮政编码：100120
印　　刷：北京联兴盛业印刷股份有限公司
版　　次：2016 年 7 月第 1 版
印　　次：2022 年 6 月第 3 次印刷
开　　本：710 毫米 ×1000 毫米　1/16
印　　张：24.25
字　　数：349 千字
书　　号：ISBN 978-7-5060-9067-4
定　　价：52.00 元
发行电话：（010）85924663　85924644　85924641

- -